职业院校汽车类专业人才培养改革创新示范教材

车辆故障综合诊断

主　编　于海东

電子工業出版社
Publishing House of Electronics Industry
北京 • BEIJING

内 容 简 介

本书以车辆故障综合诊断为主线，分别介绍车辆故障综合诊断基础、车辆发动机的检测与诊断、车辆底盘的检测与诊断、车辆电气系统的检测与诊断、车辆环保与综合性能检测的相关知识，针对各种常见故障进行了较全面的分析，给出了合理的诊断检查步骤。

全书内容详尽，讲解清晰、简练，配有大量的图文，直观明了。具有较强的实用性和可操作性。本书可作为职业院校汽车类专业教材，也可作为社会培训机构或汽车维修从业人员的参考用书。

图书在版编目（CIP）数据

车辆故障综合诊断/于海东主编. —北京：电子工业出版社，2017.11
ISBN 978-7-121-32339-3

Ⅰ. ①车…　Ⅱ. ①于…　Ⅲ. ①汽车－故障诊断－职业教育－教材　Ⅳ. ①U472.42

中国版本图书馆 CIP 数据核字（2017）第 182923 号

策划编辑：白　楠
责任编辑：裴　杰
印　　刷：三河市君旺印务有限公司
装　　订：三河市君旺印务有限公司
出版发行：电子工业出版社
　　　　　北京市海淀区万寿路 173 信箱　邮编 100036
开　　本：787×1 092　1/16　印张：12.75　字数：326.4 千字
版　　次：2017 年 11 月第 1 版
印　　次：2017 年 11 月第 1 次印刷
定　　价：31.50 元

凡所购买电子工业出版社图书有缺损问题，请向购买书店调换。若书店售缺，请与本社发行部联系，联系及邮购电话：（010）88254888，88258888。

质量投诉请发邮件至 zlts@phei.com.cn，盗版侵权举报请发邮件至 dbqq@phei.com.cn。

本书咨询联系方式：（010）88254592，bain@phei.com.cn。

FOREWORD 前言

随着我国科学技术和汽车工业的发展，汽车技术日新月异，特别是大量新技术的应用促使汽车的结构和性能发生了根本性的变化，新的结构原理和电子控制装置不断出现。它们在大幅度提高汽车综合性能的同时，也使得汽车的故障诊断与维修问题日益突出。为提高职业院校汽车类专业学生及本行业技术人员的维修及故障诊断水平，提高汽车维修行业的整体工作效率，特编写本书。

为了适应新形势的发展需要，为汽车服务企业培养可用之才，本书力求贴近企业实际作业情况，融合作者多年教学与实践经验，力图体现学习与工作的完美结合。本着突出实践技能、理论知识够用的原则，在内容的编排上突出重点、新颖实用，力求构建具有职业教育特色的精品教材。

“车辆故障综合诊断”是一门理论性与实践性都很强的专业综合课程。本书以汽车故障检测与诊断为主要内容，以目前市场上常见的轿车为研究对象，面向职业院校汽车各专业，系统地介绍了车辆故障综合诊断基础、车辆发动机的检测与诊断、车辆底盘的检测与诊断、车辆电气系统的检测与诊断、车辆环保与综合性能检测的相关知识，通过本课程的学习，使学生具备从事汽车故障综合诊断的技能，同时培养学生具有一定的分析问题和解决问题的能力。

此外，本书在内容阐述上，力求简明扼要、层次清楚、图文并茂；在内容安排上，深入浅出、循序渐进；在内容设计上，强调典型性、实用性和可操作性。

由于编者水平有限，书中难免存在不妥与疏漏之处，恳请读者批评指正。

编　者

CONTENTS 目录

情境一 车辆故障综合诊断基础

任务一 汽车检测与诊断基础知识

汽车检测与诊断技术是汽车检测技术和汽车故障诊断技术的统称。它是研究汽车检测方法、检测原理、诊断理论及在汽车不解体条件下的检测，以确定汽车技术状况及其故障的一门学科。

一、术语解释

（1）汽车故障：汽车部分丧失或完全丧失工作能力的现象，如不能启动、不能行驶等。

（2）汽车技术状况：定量测得的表征汽车工作能力的某一时刻汽车外观和性能的参数值的总和，如外观尺寸、功率、油耗、车速、转速、制动性、操作平衡性。

（3）汽车检测：确定汽车技术状况或工作能力的检查和测量。

（4）汽车诊断：在不解体（或仅卸下个别零件）条件下，确定汽车技术状况或查明故障部位、原因所进行的检测、分析与判断。

（5）诊断参数：供诊断用的，表征汽车总成及机构技术状况的参数。

（6）诊断周期：汽车诊断的间隔期。

（7）诊断标准：对汽车诊断的方法、技术要求和限值等的统一规定。

（8）汽车检测站：从事汽车检测的事业性或企业性机构。

二、汽车故障的变化规律

汽车故障的产生是有一定规律的。要学习汽车故障诊断与检测技术，首先要掌握汽车故障的变化规律，而要学习汽车故障的变化规律，则须了解汽车故障产生的原因。

1. 汽车故障产生的原因

汽车故障主要是由于零件之间的自然磨损或异常磨损、零件与有害物质接触造成的腐蚀、零件在长期交变载荷下的疲劳、在外载负荷及温度残余内应力下的变形、非金属零件及电器元件的老化，以及偶然的损伤等原因造成的。磨损和老化是故障产生的主要原因，其中又以磨损为主，而汽车零件的磨损又是有一定规律的。

2. 零件的磨损规律

零件的磨损规律是指两个相配合零件的磨损量与汽车行驶里程的关系，又称为零件的磨损特性。图 1-1 所示的是两零件的关系曲线——零件的磨损特性曲线。零件的磨损可分为下面 3 个阶段。

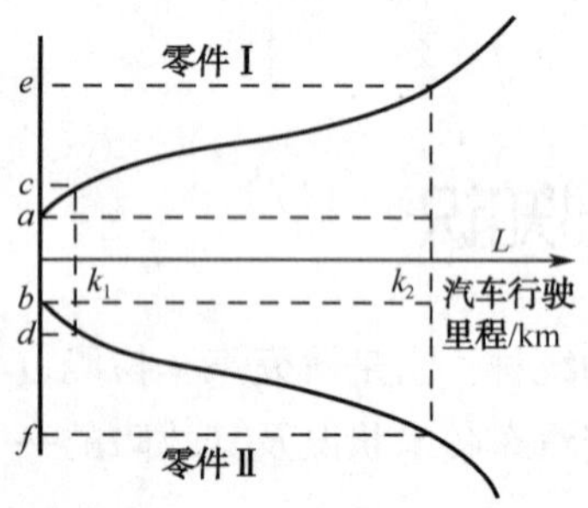

图 1-1 零件的磨损特性曲线

（1）零件的磨合期

由于零件表面粗糙度的存在，在配合初期，其实际接触面积较小，压力极高，因此初期磨损量较大，但随着行驶里程的增加，配合相应改善，磨损量的增长速度开始减慢。零件在磨合期的磨损量主要与零件的表面加工质量及磨合期的使用有关。

（2）正常工作期

在正常工作期（图 1-1 中的 $k_1 \sim k_2$），由于零件已经过了初期磨合阶段，零件的表面质量、配合特性均达到最佳状态，润滑条件也得到相应改善，因而磨损量较小，磨损量的增长也比较缓慢，就整个阶段的平均情况来看，其单位行驶里程的磨损量变化不大。零件在正常工作期间的磨损属于自然磨损，磨损程度取决于零件的结构、使用条件和使用情况，合理使用将会使正常工作期相应延长。

（3）加速磨损期

在加速磨损期，零件的配合间隙已超限，润滑条件恶化，磨损量急剧增加，若继续使用，将会由自然磨损发展为事故性磨损，使零件迅速损坏。此阶段的磨损属于异常磨损。与零件的磨损特性相对应，汽车也会产生相应的故障变化。

3. 汽车故障的变化规律

汽车故障的变化规律是指汽车的故障率随行驶里程的变化规律。

汽车故障率是指使用到某行驶里程的汽车，在单位行驶里程内发生故障的概率，也称失效率或故障程度。它是衡量汽车可靠性的一个重要参数，体现了汽车在使用中工作能力的丧失程度。汽车故障的变化规律曲线就是汽车的故障率与行驶里程的关系曲线，如图 1-2 所示。与零件的

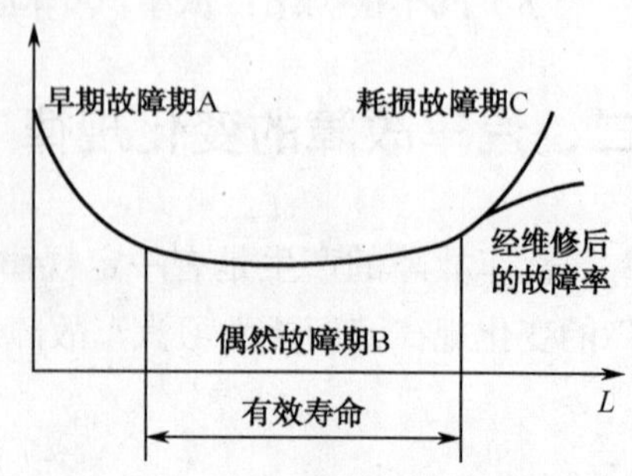

图 1-2 汽车故障变化规律曲线

磨损规律相对应，汽车故障变化规律也分如下 3 个阶段。

（1）早期故障期

早期故障期相当于汽车的磨合期。因初期磨损量较大，所以故障率较高，但随行驶里程增加而逐渐下降。

（2）随机故障期或偶然故障期

在随机故障期，其故障的发生是随机性的，没有一种特定的故障在起主导作用，多由于使用不当、操作疏忽、润滑不良、维护欠佳及材料内部隐患，以及工艺和结构缺陷等偶然因素所致。在此期间，汽车或总成处于最佳状态，其故障率低而稳定，其对应的行驶里程一般称为汽车的有效寿命。

（3）耗损故障期

在耗损故障期，由于零件磨损量急剧增加，大部分零件老化损耗，特别是大多数受交变载荷作用及易磨损的零件已经老化，因而故障率急剧上升，出现大量故障，若不及时维修，将导致汽车或总成报废。因此，必须把握好耗损点，制定合适的维修周期。

由上可知，早期故障期和随机故障期所对应的行驶里程即为汽车的修理周期，又称修理间隔里程。

三、诊断类型、方法及特点

汽车经过长期使用后，随着行驶里程增加，技术状况将逐渐变差，出现动力性下降、经济性变差、排气污染增加、可靠性降低和故障率升高等现象。汽车的这一变化过程是必然的，是符合发展规律的。但是，如能按一定周期诊断出汽车的技术状况，并采取相应的维护和修理措施，就可以延长汽车的使用寿命。

汽车技术状况的诊断是由检查、测试、分析、判断等一系列活动完成的，其基本方法主要分为两种：一种是传统的人工经验诊断法；另一种是现代仪器设备诊断法。

（1）人工经验诊断法是诊断人员凭借丰富的实践经验和一定的理论知识，在汽车不解体或局部解体的情况下，借助简单工具，用眼看、耳听、手摸、鼻子闻等手段，边检查、边试验、边分析，进而对汽车技术状况做出判断的一种方法。这种诊断方法具有不需要专用检测设备、可随时随地应用、投资少、见效快等优点。但是，也有诊断速度慢、准确性差、不能进行定量分析和需要诊断人员有较高技术水平等缺点。人工经验诊断法多适用于中、小维修企业和汽车队。该方法虽然有一定缺点，但在相当长的时期内仍有十分重要的实用价值。即使普遍使用了现代仪器设备诊断法，也不能完全脱离人工经验诊断法。即使是专家诊断系统，也是把人脑的分析、判断，通过计算机语言变成了微机的分析、判断。所以，不能忽视人工经验诊断法。

（2）现代仪器设备诊断法是在人工经验诊断法的基础上发展起来的一种诊断法。该方法可在不解体情况下，用现代仪器设备检测汽车、总成和机构的诊断参数，为分析、判断汽车技术状况提供定量依据。采用微机控制的仪器设备甚至能自动分析、判断、存储并打印汽车的技术状况。现代仪器设备诊断法的优点是检测速度快、准确性高，能定量分析；缺点是投资大、占用厂房，操作人员需要培训等。该诊断法适用于汽车检测站、大型维修企业和特约维修服务站等，是汽车诊断与检测技术的发展方向。

任务二　车辆检测与诊断参数及标准

汽车的故障检测与诊断是确定汽车技术状况的应用性技术，不仅要求有完善的检测、分析、判断手段和方法，而且要有正确的理论指导。因此，在检测与诊断汽车技术状况时，必须选择合适的诊断参数，确定合理的诊断参数标准和最佳诊断周期。诊断参数、诊断参数标准、最佳诊断周期是从事汽车故障检测与诊断工作必须掌握的基础理论知识。

一、汽车检测与诊断参数

汽车检测与诊断参数包括工作过程参数、伴随过程参数和几何尺寸参数等三类。

1．工作过程参数

工作过程参数是汽车、总成及机构工作过程中输出的一些可供测量的物理量和化学量。例如，发动机功率、驱动车轮输出功率或驱动力、汽车燃油消耗量、制动距离、制动力或制动减速度、滑行距离等，这些参数往往能表征诊断对象工作过程中总的技术状况，适用于总体诊断。

如通过检测，底盘输出功率符合要求，则说明汽车输出功率符合要求，也说明发动机技术状况和传动系技术状况均符合要求；反之，如通过检测，底盘输出功率不符合要求，则说明发动机输出功率不足或传动系功率损失太大，再通过进一步深入检测与诊断，就可确定是发动机技术状况不佳还是传动系技术状况不佳。工作过程参数是深入诊断的基础，汽车不工作时，工作过程参数无法测量。

2．伴随过程参数

伴随过程参数是伴随汽车工作过程中输出的一些可测量的物理量。例如，震动、噪声、异响、过热等，这些参数可提供诊断对象的局部信息，常用于复杂系统的深入诊断。汽车不工作时，伴随过程参数无法测得（过热除外）。

3．几何尺寸参数

几何尺寸参数可提供汽车总成及机构中配合零件之间或独立零件的技术状况。例如，总成及机构中的配合间隙、自由行程、圆度、圆柱度、端面圆跳动、径向圆跳动等，这些参数都可以作为诊断参数使用。它们提供的信息量虽然有限，但却能表征诊断对象的具体状态。

汽车常用的诊断参数如表 1-1 所示。

表 1-1 汽车常用诊断参数

诊断对象	诊断参数
汽车总体	最高车速/（km/h） 最大爬坡度/（°） 驱动车轮输出功率/kW 驱动车轮驱动力/kN 汽车燃料消耗量/（L/km）或（L/100km） 汽车侧倾稳定角/（°）
发动机总体	额定转速/（r/min） 怠速转速/（r/min） 发动机功率/kW 发动机燃料消耗量/（L/h） 单缸断火（油）转速 F 降值/（r/min） 汽油车怠速排放 CO 体积分数/（%） 汽油车怠速排放 HC 体积分数/$\times 10^{-6}$ 汽油车怠速排放 NO_X 体积分数/（%） 汽油车怠速排放 CO_2 体积分数/（%） 柴油车自由加速烟度/Rb
曲柄连杆机构	汽缸压力/MPa 曲轴箱窜气量/（L/min） 汽缸漏气量/kPa 汽缸漏气率/（%） 进气管真空度/kPa
配气机构	气门间隙/mm 配气相位/（°）
汽油机供给系	空燃比 汽油泵出口关闭压力/kPa 供油系供油压力/kPa 喷油器喷油压力/kPa 喷油器喷油量/mL 喷油器喷油不均匀度/（%）
柴油机供给系	输油泵输油压力/kPa 喷油泵高压油管最高压力/kPa 喷油泵高压油管残余压力/kPa 喷油器针阀开启压力/kPa 喷油器针阀升程/mm 各缸供油不均匀度/（%） 供油提前角/（°） 各缸供油间隔/（°） 各缸喷油器的喷油量/mL

续表

诊断对象	诊断参数
点火系	初级电路导通闭合角/（°） 各缸点火波形重叠角/（°） 点火提前角/（°） 火花塞间隙/mm 各缸点火电压/kV 各缸点火电压短路值/kV 点火系最高电压值/kV
润滑系	机油压力/kPa 机油池液面高度/mm 机油温度/℃ 机油消耗量/kg 或 L 理化性能指标变化量 清净性系数 *K* 的变化量 介电常数的变化量 金属微粒的体积分数/（%）
冷却系	冷却液温度/℃ 冷却液液面高度/mm 风扇传动带张力/kN
传动系统	传动系游动角度/（°） 传动系功率损失/kW 传动系机械传动效率 总成工作温度/℃
制动系	制动距离/mm 制动力/N 制动拖滞力/N 驻车制动力/N 制动减速度/（m/s^2） 制动时间/s 制动协调时间/s 制动完全释放时间/s
转向桥与转向系	车轮侧滑量/（m/km） 车轮前束/mm 车轮外倾角/（°） 主销后倾角/（°） 主销内倾角/（°） 转向轮最大转向角/℃ 最小转弯直径/m 转向盘最大自由转动量/（°） 转向盘最大转向力/N

续表

诊断对象	诊断参数
行驶系	车轮静不平衡量/g 车轮动不平衡量/g 车轮端面圆跳动量/mm 车轮径向圆跳动量/mm 轮胎花冠花纹深度/mm
其他	前照灯发光强度/cd 前照灯光束照射位置 车速表允许误差 喇叭声级/dB 客车车内噪声级/dB 驾驶员耳旁噪声级/dB

二、诊断参数标准

要定量地评价汽车、总成及机构的技术状况，确定维修的范围和深度，预报无故障工作里程，单有诊断参数是不够的，还必须建立诊断参数标准，提供一个比较尺度，这样，在检测到诊断参数值后，与诊断参数标准值对照，即可确定汽车是继续运行还是需要维修。

1. 诊断标准的类型

汽车诊断参数标准与其他标准一样，可分为国际标准、国家标准、行业标准、地方标准和企业标准等几类。

（1）国际标准

国际标准是由国际某地区或国家的汽车组织制定的相关国际通用标准，如《汽车微机随车故障自诊断系统欧洲统一标准》《汽车微机随车故障自诊断系统美国统一标准》等。

（2）国家标准

国家标准是由国家制定的标准，一般由某行业部委提出，由国家技术监督局发布，全国各级有关单位及个人都必须执行，具有强制性和权威性，如《营运车辆综合性能要求和检验方法》《机动车运行安全技术条件》等。

（3）行业标准

行业标准也称为部委标准，是部级或国家委员会制定并发布的标准，在部委系统内贯彻执行，在一定范围内具有强制性和权威性，有关单位和个人必须执行。

（4）地方标准

地方标准是省级、市地级、市县级制定并发布的标准，在地方范围内贯彻执行，也在一定范围内具有强制性和权威性，有关单位和个人必须贯彻执行。省、市地、市县三级除贯彻执行上级标准外，还可根据本地具体情况制定地方标准或率先制定上级没有制定的标准。地方标准中的限值可能比上级标准中的限值要求还要严格。

（5）企业标准

企业标准包括汽车制造厂推荐的标准、汽车运输企业和汽车维修企业内部制定的标准、检测仪器设备制造厂推荐的参考性能三种类型。

汽车制造厂推荐的标准是指汽车制造厂在汽车使用说明书中公布的汽车使用性能参数、结构参数、调整数据和使用极限等标准。汽车检测时可以把它们作为诊断参数标准来使用。该类标准是汽车制造厂根据设计要求和制造水平，为保证汽车使用性能和技术状况而制定的。

汽车运输企业和维修企业的标准是企业内部制定的标准，只在企业内部贯彻执行。该类标准除贯彻执行上级标准外，往往根据本企业的具体情况，制定一些上级标准中尚未规定的内容。企业标准中有些参数的限值比上级标准还要严格，以保证汽车维修质量和树立良好的企业形象。企业标准必须达到国家标准和上级标准的要求，同时允许高于国家标准和上级标准的要求。

2．诊断参数标准的组成

诊断参数标准一般由初始值、许用值和极限值三部分组成。

（1）初始值

初始值相当于无故障新车和大修车诊断参数值的大小，往往是最佳值，在汽车使用过程中，一些机构、系统在进行恢复性作业或调整作业后，测定参数必须达到初始标准值。诊断参数的初始标准一般在技术文件中给出。对于汽车的某些机构或系统，如点火系统和汽油供给系统，它的初始诊断标准是按最大经济性原则来确定的，最大经济性是指在各种不同条件下运行的车辆能够广泛采用的一个指标。

初始值可作为新车和大修车的诊断标准。诊断参数测量值处于初始值范围内，表明诊断对象技术状况良好。

（2）许用值

许用值是汽车维护工作中定期诊断的主要标准。这项标准能够保证汽车在确定的间隔里程内具有最佳的无故障率水平。在汽车运用过程中，许用标准是汽车在确定的间隔里程内是否出现故障的界限，诊断参数若在此值范围内，则表明诊断对象技术状况发生变化，但尚属正常，无须修理，按要求维护即可继续运行；超过此值，应及时进行修理，否则汽车的技术经济性将下降，故障率将上升。

（3）极限值

诊断参数测量值超过极限值，表明汽车技术状况严重恶化，必须进行修理。此时发动机的动力性、经济性和环保性大大降低，行驶安全得不到保证，有关机件磨损严重，甚至可能发生机械事故。

为了保证可比性，诊断标准的规定值应与诊断对象的运转工况相适应。在制定诊断标准时，对与汽车安全有关的诊断参数，其诊断标准要严格些。在制定标准时，应根据技术、工艺、经济、安全等各方面的因素，确定适合大多数汽车的诊断标准。

三、诊断周期

诊断周期是汽车诊断的间隔期，以汽车行驶里程或使用时间（月或日）表示。应在满足技术和经济两方面的条件下，确定最佳诊断周期。最佳诊断周期是指能保证车辆的完好率最高而消耗的费用最少的诊断周期。

为了保证车辆在无故障状态下运行，又能使我国维修制度中“预防为主，定期检测，强制维护，视情修理”的费用降至最低，最佳诊断周期的确定就显得尤为重要。

制定最佳诊断周期时应考虑汽车技术状况、使用条件、汽车检测诊断、维护修理及停驾损耗的费用等多项因素。

1. 汽车技术状况

汽车新旧程度不一、行驶里程不一、技术状况等级不一，甚至还存在使用性能、结构特点、故障规律和配件质量不一等情况，显然其最佳诊断周期也不相同。

凡是新车或大修车、行驶里程较少的车、技术状况等级为一级的车，其最佳诊断周期长，反之则短。

2. 汽车使用条件

汽车使用条件包括气候条件、道路条件、装载条件、驾驶技术、是否拖挂及燃料质量等条件。凡是气候恶劣、道路状况极差、经常超载、驾驶技术不佳、拖挂行驶、燃料质量得不到保障的汽车，其最佳诊断周期短，反之则长。

3. 费用

费用包括诊断检测、维护修理和停驶损耗等费用。若使诊断检测和维护修理费用降低，则使最佳诊断周期延长，但汽车因故障停驶的损耗费用增加；若使停驶损耗的费用降低，则使最佳诊断周期缩短，但诊断检测、维护修理的费用增加。

由此可见，制定最佳诊断周期应从单位里程费用最小和技术完好率最高两方面考虑，而两者往往是可以求得一致的。

根据交通运输部《汽车运输业技术管理规定》，汽车实行“预防为主，定期检测，强制维护，视情修理”的制度。该规定要求车辆二级维护前应进行检测诊断和技术评定，根据检测结果，确定附加作业或修理项目，结合二级维护一并进行。又规定车辆修理应贯彻视情修理的原则，即根据车辆诊断检测和技术鉴定的结果，视情按不同的作业范围和深度进行，既要防止拖延修理造成车况恶化，又要防止提前修理造成浪费。

从上述规定中可以看出，二级维护前和车辆大修前都要进行检测诊断。其中，大修前的检测诊断，一般在大修间隔里程行将结束时结合二级维护前的检测诊断进行。既然规定在二级维护前进行检测诊断，则二级维护周期（间隔里程）就是我国目前的最佳诊断周期。

情境二 车辆发动机的检测与诊断

任务一 发动机异响的检测与诊断

发动机异响是发动机产生故障的前奏，机械性的故障都有异响的前兆，因此正确、及时地判断异响，可预防故障的产生或减小故障的严重性，有利于提高汽车的安全性、可靠性和经济性。

一、发动机异响的原因

发动机各系统和机构中的某些故障，均可导致异响的发生，如发动机过热、气门间隙过大、曲轴或连杆轴承松旷、点火时间过早、机油严重不足、汽缸垫烧穿等，均可引起不同声响。引起发动机异响的原因归纳如下。

① 爆震。

② 机件磨损。

③ 机件装配、调整不当，配合间隙过大或过小。

④ 紧固件松脱。

⑤ 机件损坏、断裂、变形、碰擦。

⑥ 机件工作温度过高或由此而引起熔化、卡滞。

⑦ 润滑不良。

⑧ 使用材料、油料和配件的材质、型号、规格、品质不符合要求。

二、异响判断方法

1. 去除判断法

将怀疑存在响声的零部件取出，不让它们参与工作或减小其运动程度。

2. 比较判断法

例如，利用断火或断油的方法及按不同部位、汽缸的位置响声的特点，比较多缸发动机各个汽缸响声的差别。

3. 虚听与实听判断法

在发动机异常响声出现后，往往会出现这样的情况：站在不同位置，感觉到的响声部位不一样。这种情况称为“虚听”。“实听”就是利用探杆接触被听诊的部位，以确定异常响声的部位。

4. 扩大判断法

在某个响声出现后，可以用改变被怀疑部位的工作条件或尺寸等方法，使响声表现更加明显，从而证实判断。但应注意不能造成零件损坏。

5. 模拟判断法

模拟影响汽车异常响声的出现环境，如温度、转速、负荷、润滑条件、震动状态、运动状态和工作状态。尤其，在不稳定的工作状态情况下，汽车的异常响声明显。

6. 异响性质的判定

在众多混杂的发动机运转声响中，应判定哪些是正常的声响，哪些是异响。异响中哪些是允许存在的，哪些则是不允许继续存在必须予以排除的，这是异响诊断过程中首先应明确的。

（1）异响的判定原则

① 若声响在低速运转时轻微、单纯，在高速运转时虽发出轰鸣声但却平稳均匀，在加速和减速时声响显得圆滑过渡，则为正常声响。

② 若声响中伴随着沉闷的“锉、锉”声，清脆的“铛、铛”声，短促的“嗒、嗒”声，细微的“喇、喇”声，尖锐的“喋、喋”声和强烈的“嘎、嘎”声等声响，即表明发动机存在不正常的异响。

（2）异响是否允许存在，可依据以下情况判断

① 声响仅在怠速运转时存在，转速提高后即自行消失，在整个使用过程中声响又无明显变化的，则属于危害不大的异响，允许暂时存在，待适当时机再行修理。

② 声响在突然加速或突然减速时出现，而且在中、高速运转期并不消失，同时又引起机体震抖，则属于不允许继续存在的异响，应立即查明原因，予以排除。

③ 如果声响是在运转中突然出现的，且又较猛烈，则不应继续运转或试听诊断，而应立即停机拆检。一般拆检顺序是先拆油底壳，次拆缸盖，再拆气门室盖（罩）。

7. 异响程度的诊断

异响的确诊是指对异响进行特性分析，进而认定异响的部位、原因和程度。就异响出现

的时期和连续存在的时间而言，异响一般都分别存在于怠速或低速运转期间、高速运转期间、整个运转期间等。

（1）怠速或低速运转期间

如果遇到此种条件下出现的异响，可依以下顺序诊断。

① 单缸断火法检测异响与汽缸位置是否有关联。若某个汽缸断火后异响有明显的变化，说明故障即在该缸；若某个汽缸断火后异响并无明显变化，说明异响与该缸并无关系。继而逐个汽缸检查异响与工作循环是否有关联，判定出故障所在部位。

② 逐渐提高发动机转速，听查异响有无变化，根据异响随转速的变化，判断运动机件耗损的程度。

③ 在诊断过程中，还应注意观察发动机温度的变化对异响的影响。

通过上述过程的诊断，基本可查明异响与发动机的负荷、工作循环、转速、温度之间的关系。若异响与某种异响特性相符合，则可做出确诊结论。

（2）高速运转期间

如果遇到此种条件下出现的异响，可依以下顺序诊断。

① 从低速逐渐提高发动机转速，直至发动机高速运转。在此过程中，注意异响出现的时机。

② 当异响出现后，稳定于该转速运转，仔细听查异响，利用单缸断火法查明缸位。

③ 若难以查明缸位，则应用螺丝刀（或金属棒）听查法找到异响分布的区域。

④ 若在逐渐提高转速的过程中，并不出现异响，而在急加速或急减速时出现异响。

三、发动机各种异响排除与诊断方法

发动机主要异响有活塞销响、活塞敲缸响、连杆轴承响、曲轴主轴承响等。

1．活塞销响

（1）响声特征

活塞销响为一种较尖锐而清脆的金属敲击声，断火时，声响明显增大；在怠速稍高时，响声清晰。

（2）异响原因

活塞销响主要是由于活塞销与连杆衬套、活塞座孔磨损，使配合间隙增大，致使活塞连杆组在往复运动中互相撞击而发出声响。

（3）特点

① 逐缸断火试验，会明显上缸，点火瞬间有双响。

② 活塞销与活塞松旷，温度升高后响声会变大。

③ 活塞销与连杆衬套松旷，响声也受温度的影响，但不明显。

（4）异响诊断

① 使发动机稳定在响声明显的转速（一般比怠速稍高）下工作，并逐缸断火试验，会明显上缸，复火瞬间有连响。

② 使发动机的转速从怠速升高至中速，并在此范围内猛踩油门，转速升高的瞬间，会发出几声有节奏的、清脆的连响声。

③ 响声与负荷关系不大。

④ 内听比外听响声清晰。

⑤ 活塞销响会加剧曲轴轴颈与轴承的磨损及活塞座孔的损坏，甚至会引起活塞破碎和严重拉缸等事故。活塞销响诊断流程如图 2-1 所示。

⑥ 此故障发展变化较快，会很快从初期阶段进入后期阶段，属恶性异响，所以，一经发现就应立即排除。

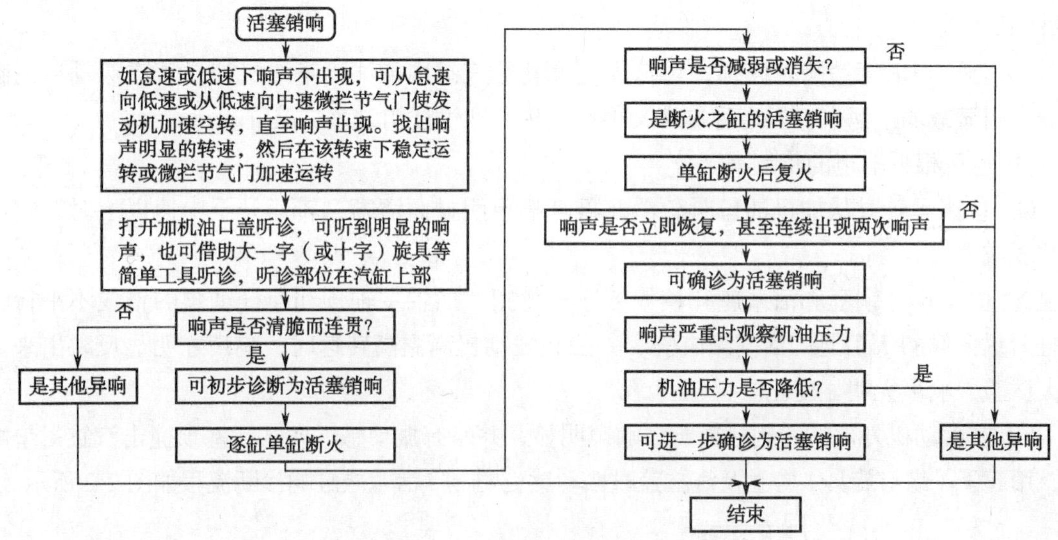

图 2-1 活塞销响诊断流程

（5）故障排除

更换活塞、活塞销、连杆衬套。

2．活塞敲缸响

（1）响声特征

活塞敲缸响是一种与做功次数相一致的敲击声，比活塞销响更重。

（2）异响原因

① 由于活塞与汽缸壁磨损，配合间隙超过一定限度。

② 连杆弯扭，使活塞在换向运动时摆动，敲击汽缸壁而发出响声。

③ 机油压力低，或者主轴承上油槽的深度和宽度不够而影响汽缸壁的机件润滑，润滑不良也会引起活塞敲缸响。

④ 保养、修理不当，如修理时连杆轴承选配过紧，会使活塞在运动中摆动而发出响

声，修理时活塞座孔过紧，活塞在工作中受热后出现反椭圆，从而使活塞与汽缸失去正常配合而发出响声。

⑤ 活塞锥度不符合标准和汽缸中心不标准造成“偏缸”（活塞偏向汽缸一侧），也会引起活塞敲缸响。

（3）特点

① 低温响声大，高温时响声减弱或消失。

② 怠速时敲缸响声明显而清晰，转速升至中速以上时，响声会减弱或消失。

③ 负荷增加，响声增大。

④ 内、外倾听检查异响无明显差异。

（4）诊断

① 将发动机异响控制在最明显的转速下，逐缸断火试验，响声减弱或消失，即为该缸敲缸响。

② 为了与活塞销响声区别，可从火花塞孔往汽缸内加注少量浓机油，若在启动后的瞬间响声明显减弱或消失，但之后响声又很快出现，即可证明是该缸敲缸响。

③ 也可根据响声的特点来区分。

④ 怠速运转时从加机油口听，活塞敲缸响声明显而清晰，转速升至中速以上时，响声会减弱或消失。

⑤ 由于连杆铜套和活塞座孔铰偏、连杆弯扭、曲轴主轴颈和连杆轴颈的轴线不平行、镗缸时纵向倾斜等引起的活塞敲缸响，一般在发动机高温高转速时，响声才明显反映出来。断火试验，响声无明显变化。

⑥ 在发动机外部的一侧导音听，响声明显，并略有振动感。尤其活塞顶撞击汽缸衬垫响声，用起子（螺钉旋具）等触及汽缸盖时振动感更明显。活塞敲缸响诊断流程如图 2-2 所示。

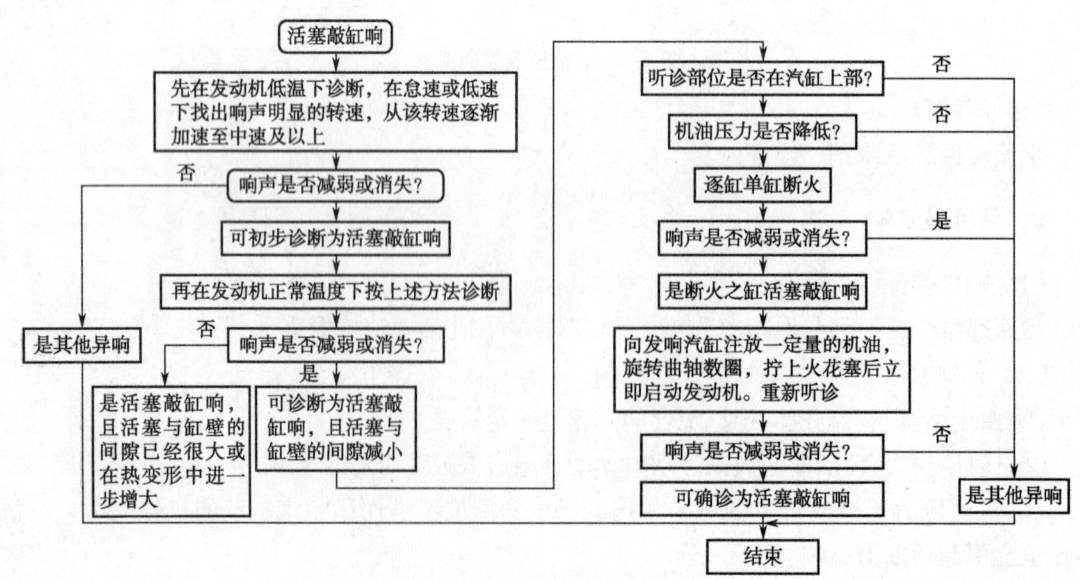

图 2-2　活塞敲缸响诊断流程

（5）故障排除

对于发动机温度低时出现活塞敲缸响，而温度正常后响声消失，属良性异响，有些发动机允许存在轻微的活塞敲缸响，可暂时不予排除。

若发动机工作温度正常后仍有明显活塞敲缸响，则属恶性异响，应及时查明原因并予以排除。恶性活塞敲缸响会增加燃油和润滑油的消耗，严重时还会造成“捣缸”等事故，应立即换汽缸套或镗缸、更换活塞连杆组件等。

3. 汽缸漏气响

（1）响声特征

汽缸发生漏气响声时，加大节气门，可从加机油口处听到曲轴箱内发出连续的“嘣、嘣”的响声。

（2）异响原因

异响产生的原因是汽缸壁与活塞环之间的密封不严，部分高压气体窜入曲轴箱，发出冲击的声音。具体原因如下。

① 活塞环磨损严重。

② 活塞环对口。

③ 活塞环卡死。

④ 活塞环折断。

⑤ 汽缸拉缸。

（3）特点与诊断

若随着响声的出现，从加机油口中脉动地往外冒烟，关小节气门响声减弱或消失，即可确诊是汽缸漏气。

（4）故障排除

① 发动机大修更换活塞环后，因未完全磨合而引起的轻微窜气响为正常，经过磨合能够逐渐消除。

② 更换活塞环。

③ 必要时镗缸、换活塞。

4. 连杆轴承响

（1）响声特征

连杆轴承响是一种较重而短促的金属敲击声。中速时响声明显，高速时因其他杂声干扰等原因而不明显。

（2）异响原因

① 由于轴承合金烧蚀、脱落和磨损使间隙超过极限。

② 连杆轴颈圆度超差。

③ 连杆轴承盖固定螺栓松动。

④ 轴承烧蚀的原因较多，如轴承配合过紧、轴承走外圆、机油压力过低、润滑油路被堵，发动机超负荷工作、长时间高速空转，寒冷地区冬季不经加温而强行启动并大加油门等，都会造成轴承烧蚀。

⑤ 轴承合金脱落。多因轴承质量不佳、配合间隙过大、修刮轴承不当，使轴承合金受到破坏，造成合金组织疲劳而脱落。

⑥ 轴承磨损。轴承和轴颈的加工表面粗糙度不合格，轴颈的圆度误差过大，润滑油质量差等。

（3）特点

① 冷启动瞬间发响最大，随后减弱。

② 温度上升，机油变薄而响声变大。

③ 轴承间隙很大时，声音钝实；间隙不是很大时，声音较尖脆。所以发响初期声音小而尖脆，发响后期声音大而重实。

④ 负荷增大，响声增大。

⑤ 机油压力有所下降。

（4）异响诊断

① 在中速或怠速至中速范围内做加减速试验，轻踩油门有连续的“哒、哒”敲击声，响声随转速升高而变大。

② 将转速定在响声明显位置，断火试验响声减弱或消失，复火后又随之出现几声强响，强响过后又复原，即为该缸连杆轴承响。

③ 在油底壳处响声明显，冷车响声清晰。

④ 增大发动机负荷时，响声会随着负荷的增大而加剧，但加剧的程度没有曲轴轴承响明显。汽车行驶中，当加速增挡、上陡坡或从泥泞中开出加大油门时，响声亦会变大。

⑤ 当轴承合金烧蚀脱落或间隙大到严重程度时，无论任何转速或负荷大小，在发动机周围均可听到响声。曲轴连杆轴承响诊断流程如图 2-3 所示。

连杆轴承响属于恶性故障，所以，当判明曲轴连杆轴承发响时，应立即停机，查明原因并及时排除。尤其当异响发展到在汽车周围能明显听到的程度时，应立即停止发动机运转，诊断时间不可过长，禁止猛加油门诊断，以防止发生连杆捣缸和轴承、轴颈烧毁等事故。

（5）故障排除

更换曲轴连杆轴承，更换曲轴。

5. 曲轴主轴承响

（1）响声特征

响声较曲轴连杆轴承响沉重而发闷，并随发动机转速升高而变大，中速向高速过渡响声最为明显，随负荷的增大而加剧。

（2）异响原因

除与曲轴连杆轴承响基本相同外，曲轴在修理时由于修磨和保管不当会造成弯曲，所以

在修配轴承时为了获得合适的松紧度，配合间隙必然放大，这样就在使用中早期出现磨损松旷而发响，曲轴轴向间隙过大时也会发响。

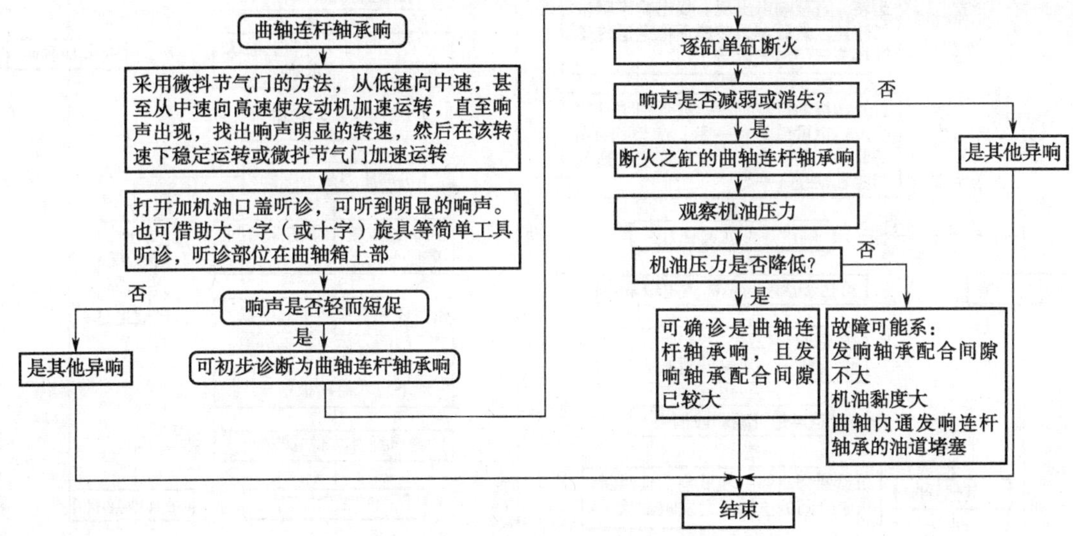

图 2-3 曲轴连杆轴承响诊断流程

（3）特点

① 负荷大响声会明显增大。

② 加速时发动机会抖动。

③ 曲轴主轴颈的相邻两缸同时断火时，响声会减弱或消失。

④ 机油压力会显著下降。

⑤ 因曲轴轴向间隙过大而发响，多发生在急剧加、减油门的瞬间。

（4）异响诊断

① 听响声是否比其他异响沉重。

② 看机油压力是否明显下降。

③ 相邻两缸同时断火试验，听响声是否会减弱或消失。

④ 怠速响声不明显，把发动机的转速提高到中速以上，异响随转速的升高而出现或变大。

⑤ 从发动机外部各轴承部位用金属棒导音听其响声较强。

⑥ 仅仅个别轴承间隙大，响声一般不会明显反映出来。

曲轴主轴承响诊断流程如图 2-4 所示。

当出现曲轴轴承响时，说明故障已发展到严重的程度，所以曲轴轴承响属于恶性故障，不仅会造成轴颈烧毁，而且会导致曲轴断裂，因此，一旦判断是曲轴轴承响，应及时排除。

（5）故障排除

一定要查明原因再更换主轴承、曲轴。

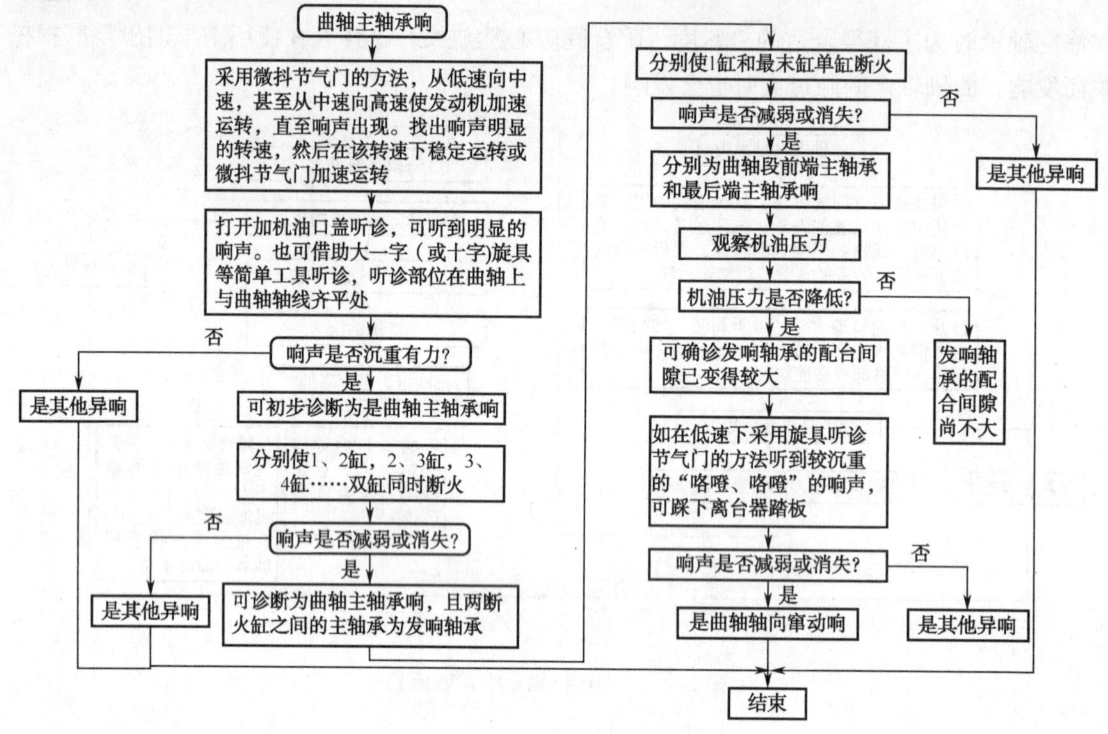

图 2-4　曲轴主轴承响诊断流程

6. 飞轮松动异响

（1）响声特征

沉重，类似曲轴轴承响，但比曲轴轴承响声音还大，且连续无节奏。

（2）异响原因

飞轮固定螺栓松动。

（3）特点

① 踏下离合器响声明显变化。

② 中高速响声明显。

③ 负荷大响声加剧。

④ 特别是靠近飞轮的缸断火时，声音加大。

⑤ 踏下离合器响声减弱或消失。

（4）异响诊断与排除

首先找最响转速，再进行逐缸断火试验，并虚实结合听查。若靠近飞轮的缸断火，声音加大，说明很可能是飞轮松动响。此时，再踏下离合器进行验证，声音减弱或消失，即可确定为飞轮松动响。

7. 汽油机点火敲击响

（1）响声特征

急加速或重负荷上坡时出现瞬间“嗒、嗒”响声。

（2）异响原因

① 点火时刻过早。

② 汽油辛烷值过低。

③ 缸内积炭过多。

④ 温度过高。

（3）故障诊断

① 急加速或重负荷上坡时出现瞬间响声，稍减油门或转速上升后响声即消失。通常是点火时刻过早或汽油标号过低。

② 大负荷时响，并且熄火困难。通常是汽缸内积炭过多、温度过高。汽油机点火敲击响诊断流程如图 2-5 所示。

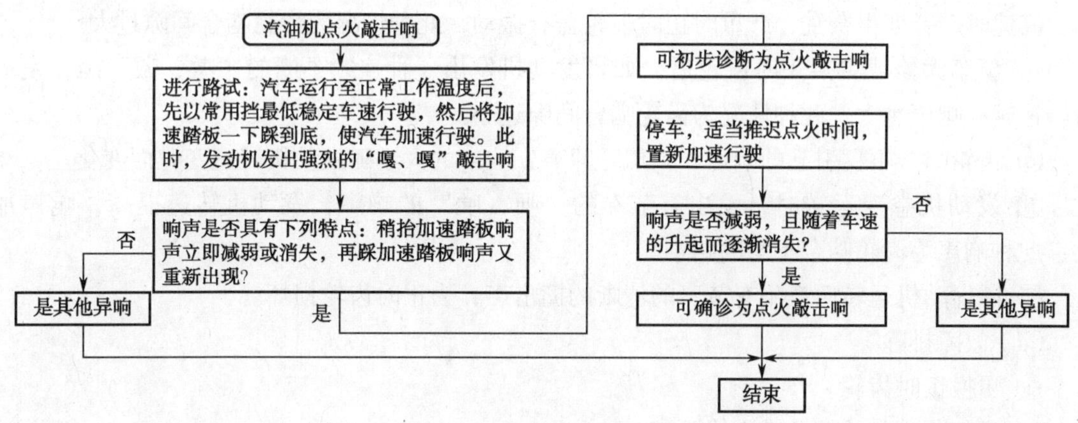

图 2-5　汽油机点火敲击响诊断流程

（4）异响诊断与排除

① 适当推迟点火时刻。

② 清除积炭。

③ 检查汽油的标号是否合适。

④ 查明温度过高的原因。

8. 正时齿轮响

（1）响声特征

① 这种响声比较复杂，有的有节奏，有的无节奏，有的间歇异响，有的连续响。

② 怠速或转速变化时，在正时齿轮盖处发出杂乱而轻微的噪声，转速提高噪声消失，急减速时，噪声尾随出现。

③ 较严重时怠速运转中发出杂乱的齿轮撞击声；中速更为明显，严重时正时齿轮盖处有振动。

④ 此响声不受温度和单缸断火试验的影响。

（2）异响原因

① 正时齿轮啮合间隙过大或过小。

② 曲轴和凸轮轴中心线不平行，造成齿轮啮合失常。

③ 更换曲轴和凸轮轴轴承后，改变了齿轮啮合位置。

④ 凸轮轴正时齿轮固定螺母松动。

⑤ 凸轮轴正时齿轮牙齿折损。

（3）故障诊断

① 用听诊器具在正时齿轮盖处进行实听，能听到明显的响声，手摸正时齿轮盖有振动感（须注意防止风扇打伤）。

② 发动机温度的变化对响声无影响，且在断火检查时，响声亦无变化。

③ 发动机在怠速时，发出有节奏的、轻微的“嘎啦、嘎啦”的响声，中速时显得突出，高速时声音变得杂乱，严重时正时齿轮盖有振动，此种情况为齿轮啮合间隙过大。

④ 新车大修或更换正时齿轮后，如果发动机发出一种连续不断的“嗷、嗷”声，发动机转速越高响声越大，此种情况为齿轮啮合间隙过小。

⑤ 齿轮啮合不良引起的响声，类似呼啸声，响声的大小随发动机转速变化而变化。

⑥ 发动机怠速运转时，发出有节奏的“哽、哽”的响声，发动机转速提高，响声加大，此种响声为齿轮啮合不均的响声。

⑦ 随发动机运转而产生有节奏的清晰的撞击声，为正时齿轮损坏。

（4）故障排除

① 更换正时齿轮。

② 调整曲轴与凸轮轴中心线距离。

9. 凸轮轴异响

（1）响声特征

① 在缸体侧可听到有节奏而较钝的“嗒、嗒”声。

② 中速明显，高速消失。

③ 单缸断火，声响依旧。

（2）异响原因

① 凸轮轴及轴承间配合松旷。

② 凸轮轴弯曲变形。

③ 凸轮轴轴向间隙过大。

（3）异响诊断与排除

① 启动车进行听诊，找出异响部位。

a. 用起子触试在气门室一侧异响明显。

b. 用起子触试凸轮轴的前、后衬套部位或触试正时齿轮盖部位，如果有异响，则可能为凸轮轴正时齿轮破裂或其螺母松动、凸轮轴衬套松旷引起的异响。

② 改变发动机的转速，听诊异响，中速时异响较为明显。

③ 单缸断火，听诊异响响声不变。

④ 检查发动机工作循环与异响的关系，火花塞跳火一次发响一次。

⑤ 检查异响与发动机温度之间的关系，响声与发动机的温度变化无关且响声在凸轮轴一侧。

一旦发现此类故障，确定后，应拆检，并更换相应故障件。

10. 气门挺柱响

(1) 响声特征

① 有节奏的“嗒、嗒”响。

② 怠速时响声明显，中速以上减弱或消失。

③ 温度变化或做断火试验与响声无关。

(2) 异响原因

① 挺柱与导孔配合松旷，当凸轮顶动挺柱时，横向力使挺柱摆动，撞击导孔而产生响声。

② 挺柱端头磨损有沟槽。

③ 挺柱不能自由转动。

④ 凸轮有线性磨损，顶动挺柱有跳动现象。

(3) 异响诊断

判断某一挺柱响，用铁丝径向钩住有异响的挺柱，若响声减弱或消失，即为该挺柱发生这种响声，可以继续使用。

(4) 故障排除

① 更换故障挺柱。

② 调整凸轮与挺柱的接触面，凸轮与挺柱的接触中心线是偏移的，这样才能使挺柱自由转动，且磨损均匀。

11. 液力挺柱响

(1) 响声特征

① 发动机怠速运转时在凸轮轴附近发出有节奏的“嗒、嗒”金属敲击声。

② 怠速时明显，中速以上减弱或消失。

(2) 异响原因

① 液力挺柱与导孔配合面磨损严重。

② 液力挺柱液压偶件磨损。

③ 发动机机油油面过高或过低，致使有气泡的机油进到液力挺柱中，形成弹性体而产

生噪声。

④ 机油压力低。

⑤ 由于机油泵、收集器损坏或破裂，使空气吸到机油中去。

⑥ 液力挺柱失效。

（3）异响诊断

① 检查机油油面，视情况添加或排放，使油量正常。

② 改变发动机转速并用听诊器听查响声的变化。

怠速时发动机顶部响声明显，中速以上响声减弱或消失，断油（断火）试验响声无变化。

③ 启动时液力挺柱有不大的响声（润滑油未充分进入液力挺柱），启动后响声消失，可视为液力挺柱正常。

④ 使发动机转速达到 2000 ~ 2500r/min 继续运转 2min，若液力挺柱仍有响声，应先检查机油压力。

⑤ 机油压力正常，则为液力挺柱故障。

⑥ 检查液力挺柱是否失效，方法如下。

a. 启动发动机，并使之运转直到散热器风扇运转。

b. 将发动机转速提高到 2500r/min，并运转 2min，若液力挺柱还有噪声，则拆检。

c. 拆下汽缸罩盖。

d. 旋转曲轴，直到待查的液力挺柱凸轮向上。

e. 用楔形木棒或塑料棒向下压下液力挺柱，气门打开前，如果自由行程超过 0.1mm，立即更换液力挺柱，换上新液力挺柱后，30min 内不得启动。

f. 拆下液力挺柱后，用手捏住上下端面用力按压，如有弹性，说明液力挺柱失效，应更换。

12. 气门弹簧响

（1）响声特征

① 与气门座响相似，但比其响声大，且有忽大忽小的“嚓、嚓”声；各种转速均有清脆的响声，拆下气门室盖更明显。

② 中速时响声清晰，高速时杂乱。

③ 单缸断火，响声不变，有时更明显。

④ 发动机低温时发动，响声易出现。

⑤ 数个汽缸不工作，加速困难，机体振抖严重。

⑥ 不同的车型响声是不一致的，有的车型表现出时响时不响。

（2）异响原因

① 弹簧装反（正确装法是：弹簧紧密的一端压在汽缸体或汽缸盖上），惯性力和振动力大大增加，很快使弹簧折断。

② 弹簧弹力太弱、生锈、弹簧圈间胶质太多，增加阻力。

③ 弹簧硬度过高。

④ 超过弹簧疲劳极限。

⑤ 发动机的转速达到弹簧临界速度时，弹簧剧烈振动（共振）折断。

（3）检查判断

① 拆下气门室盖（罩）查看气门弹簧有无折断。

② 用起子撬住弹簧，响声消失，为气门弹簧太软。

③ 某缸断火，响声加重或本无响声此时出现响声，为该缸气门弹簧折断。

（4）故障排除

① 弹簧折断必须更换气门弹簧。

② 弹簧过软。有条件则更换弹簧，如果没有条件更换，可在弹簧下部加平垫圈。

13. 水泵异响

（1）响声特征

发动机水泵部位发出“吱、吱”的异响。

（2）异响原因

① 轴承磨损松旷或烧毁。

② 水泵轴弯曲。

③ 水泵密封垫片过薄。

（3）故障诊断

① 响声与温度无关，断缸试验没有反应，转速升高异响增大。

② 解除水泵传动带，响声消失，可判定是水泵异响。

（4）故障排除

① 更换轴承。

② 校正水泵轴。

③ 更换稍厚的垫片。

14. 发动机外部附件响

（1）异响部位

① 传动带打滑响。

② 发动机轴承、转子、定子碰擦和炭刷响。

③ 风扇和其他附件碰擦、破裂、松动、滑摩响。

④ 附件连接螺栓松动碰撞响。

⑤ 进、排气支管，消声器漏气响。

（2）响声特征

① 传动带打滑，是一种“吱、吱”的响声，急加速或冷时尤其明显。

② 附件响，在发动机外部。

③ 出现的异响方向、部位感较明显。

④ 利用触觉及观察，便于判断。

⑤ 必要时切断动力源，停止运转怀疑的部件，即可辨明是否该部件异响。

（3）异响诊断与排除

发动机附件都是安装在发动机体外部的，不管是哪个部位出现异响，与发动机内部出现的异响相比，其方向、部位感都明显便于听查。加上触感和观察，只要稍加注意，不难判断。传动带打滑响更容易判断，只要用手按压传动带即可判断。况且这些附件都是由发动机驱动的，必要时只要切断动力源（取下传动带），停止其运转，响声便消失。值得注意的是，诊断发动机异响故障时，不可忽略或混淆外部附件响，而且要尽可能先排除外部附件响，避免外部附件响对发动机异响诊断的干扰。

四、发动机异响故障诊断技巧

（1）检查发动机及其与外部连接情况

① 发动机的点火系统和燃料系统工作不正常，会造成转速不稳、加速不良、进气管回火、消声器“放炮”等故障，这不仅影响对异响的诊断，而且能导致发动机出现不正常的响声，如点火过早和温度过高而引起的爆燃声。

② 发动机润滑不良，不但危害正常工作，加剧机件磨损，而且也会造成发动机各运动机件发响，如曲轴轴承和连杆轴承发响等。曲轴箱的机油加注过多，会造成汽缸窜机油、排气管冒蓝烟，还会造成连杆大头击打机油的声音。

③ 飞轮固定螺栓松动和变速器齿轮损伤会引起飞轮和变速器齿轮发响。

④ 发动机附件及外部连接不牢固，也会产生振动而导致异响。

通过以上分析，显而易见，点火系统、燃料系统和润滑系统的技术状况变坏，工作温度不正常，外部连接不可靠等，不但影响发动机的正常工作，而且会造成异常的噪声，也给诊断异响带来困难。因此，在诊断发动机异响之前，必须对以上几个因素进行检查，并力求加以排除。

（2）了解发动机的使用和维修情况

有些异响是由于在保养或修理时所换用的机件材质不佳或保养、修理质量差而造成的，如活塞反椭圆、连杆轴承与轴颈、活塞销与衬套及座孔配合过紧而引起的敲缸响等。当了解保修情况后，就能在诊断时少走弯路。详尽地了解发动机的使用与保养情况，可为诊断异响提供必要的依据，缩小诊断范围，从而能使诊断工作收到事半功倍的效果。

（3）抓住低温时机

由于机体的热胀冷缩，发动机某些异响随着温度的变化而变化。如因磨损间隙增大引起的活塞敲缸响，在冷车时响声明显，热车时响声减弱或消失，如果在冷车时没有注意听诊，就会失去最好的听诊机会。待发动机温度很快达到正常工作温度时，就很难捕捉到，因而极易造成漏诊。

还有些异响，如曲轴轴承响和连杆轴承响，间接受温度的影响，温度升高，润滑油膜变得稀薄，响声增大，所以从发动机一启动，就要集中精力，听诊异响故障出现的时机和异响故障与发动机温度的关系进行鉴别，才能迅速、准确地诊断出各种异响故障。

（4）正确利用转速

发动机的异响与转速有着极其重要的关系，甚至可以说，绝大多数的异响，或出现或增强，或消失或减弱，或清晰或混淆，都是在发动机特定的转速下产生和出现的。因此在诊断异响的过程中，必须正确利用转速的变换，让发动机的异响尽量充分地暴露出来，反过来，又以转速为依据，根据异响随转速变化的特点，辨明属于哪种性质的异响。

正确利用转速诊断的原则是由低到高，具体分为以下 4 个转速范围，即由怠速至低速、由低速至中速、由中速至高速和急加速。先慢加速再急加速，通常是分阶段灵活运用，即先在怠速或稍高怠速下稳定运转一段时间观察，然后再逐渐提高到低速、中速、高速，并对异响在各种转速区域的情况进行对比，最后再使用急加速。如果某异响在某一特定的转速中表现得尤为突出，则可反复使用该转速，以达到确诊。

综上所述，在诊断发动机综合异响过程中，必须对异响的音调、最佳诊断转速、断火试验、最大振动部位、温度影响、伴随现象等方面的特征全面观察，综合分析，才能做出正确的判断。

五、维修实例

案例一

1. 故障现象

一辆行驶里程约 10.6 万 km 的别克凯越 1.6L 手动挡轿车。用户反映该车发动机工作时有异响。

2. 故障原因

该车型规定，当行驶里程为 6 万 km 时需要更换正时带和张紧器。由于该车出现“断保”现象，导致正时带超过了正常的使用寿命，引发了正时带工作时爬齿等现象，进而造成气门被顶弯的严重后果，弯曲的气门在关闭时与气门座圈之间产生撞击，从而发出了异响。

3. 故障诊断与排除

当发动机工作时，在距离轿车 1m 处可隐约听见发动机舱内传出断断续续轻微的“哒哒”声，但打开发动机罩后，该声音变得模糊不清。用听诊器探查，发现第 4 缸喷油器处有类似于喷油器工作时产生的“哒、哒”声。对该车反复试验，发现在轻微加速或减速时都有该声音，而喷油器在减速断油瞬间是不工作的，由此可以排除喷油器出现故障的可能，初步认为是配气机构产生的噪声。

调阅该车的历史维修记录，发现从购车至行驶 3.7 万 km 期间，该车进行了正常维护，但在 3.7 万～7 万 km 无任何维修记录，而行驶 7 万 km 后维护又趋于正常。在行驶里程为 8 万 km 时，由于汽缸垫及冷却液泵漏液导致冷却液温度过高，汽缸盖受损而更换了汽缸盖。

检查机油油位和品质，正常，排除了由于机油量不足或过脏而引起的液压挺柱工作时异响的可能；检查机油压力，在正常范围内。于是怀疑液压挺柱故障，更换一组进、排气门液压挺柱后试车，故障依旧。

机油、机油压力和液压挺柱出现故障的可能被一一排除后，只剩下气门导管与气门杆间的间隙值得怀疑了。解体汽缸盖，测量气门杆及其导管间的间隙，间隙在正常范围内。进一步对各气门进行检查，结果发现第 4 缸进气门杆轻微弯曲，于是断定异响是进气门关闭时与气门座圈间产生的撞击声。

更换正时带、张紧器，并换上一组新气门，研磨后装车试车，上述故障排除。

案例二

1. 故障现象

一辆行驶里程约 3.5 万 km 的丰田凯美瑞轿车。用户反映该车在启动时就有“哗哗”异响，加速尤其明显。根据客户的描述，启动发动机后明显能听到“哗哗”的异响声音，发动机转速在 1000～2000r/min 时“哗哗”的异响声音更大。

2. 故障原因

水泵轴承损坏，造成异常磨损产生异响。

3. 故障诊断与排除

用听诊器进行诊断，发现声音从发动机内部传出，右侧最为明显。打开机油加注口听气流的声音，经验判断声音并不是发动机内或某一部件磨损旷动的声音。检查发动机机油，油位正常，无明显杂质。将发动机传动带拆下，启动发动机后“哗哗”异响声音消失，用手上下晃动检查传动带张紧轮轴承旷量，正常，检查水泵时发现有轻微的漏防冻液现象，检查旷量时能感觉到有明显旷量，检查空调泵及转向助力泵旷量，正常。

更换水泵总成后试车，故障消除。

案例三

1. 故障现象

一辆行驶里程约 10.7 万 km 的本田思铂睿 2.4L 轿车。该车速度加到 120km/h 时，发动机发出“嗡嗡”的响声，爬坡无力。

2. 故障原因

爆震传感器灵敏度不够。

3. 故障诊断与排除

（1）使用 HDS 读取发动机故障码，没有显示。

（2）拆下空气滤清器，发现很脏，将其更换。

（3）检查燃油压力，压力显示为 350kPa，为正常的技术要求。

（4）拆下节气门体，发现内部有积炭，清理干净后，进行试车，效果不明显。

（5）拆下喷油器，发现喷孔处有胶质物质，使用超声波清洗机进行清洗后，故障依旧。

（6）由于加速时，发动机内部出现“嗡嗡”的响声，说明发动机动力不足，怀疑点火正时调节不当，于是重点检查曲轴、凸轮轴位置传感器及爆燃传感器，当测量爆燃传感器时，发现灵敏度不够。爆燃传感器对提高发动机燃烧性能也起到关键性的作用。

更换爆燃传感器后，故障彻底排除。

任务二 启动系统的检测与诊断

一、启动电路的检查

1. 启动机及其电路检查思路

（1）短接蓄电池正极启动机主接线柱，如果启动机正常工作，则说明启动机的电动机正常，故障在电磁开关或控制电路；如果启动机依然存在故障，则说明故障在电动机，检查维修或更换电动机。

（2）在电动机正常的情况下，继续短接蓄电池正极启动机电磁开关接线柱，如果启动机工作正常，则说明电磁开关正常，故障在控制电路，检查电路，维修或更换。

2. 启动机电路的检查

（1）用万用表测量启动机接线柱 30 电压，正常值应为蓄电池电压。如果没有电压或电压不符合规定，则说明蓄电池正极接线柱与启动机接线柱 30 之间电路有故障。

（2）断开启动机电磁开关上的线束插接器 50，将点火开关置于“START”位置，并保持住，用万用表测量线束插接器 50 插座电压，应为蓄电池电压，否则说明启动机控制电路有故障。

3. 启动继电器的检查

拆下启动继电器，用万用表根据表 2-1 中的内容对启动继电器进行检查，如图 2-6 ~ 图 2-8 所示。如果检查结果与规定值不相符，则更换启动继电器。

表 2-1 启动继电器检查表

测量端子	检查条件	规定值
2-4	在端子 1 和端子 3 之间施加蓄电池电压	小于 1Ω
2-4	在端子 1 和端子 3 之间不施加蓄电池电压	10kΩ或更大

4. 点火开关的检查

拆下点火开关，其端子如图 2-9 所示，用万用表根据表 2-2 中的内容对点火开关进行检查。如果测量结果与规定值不相符，则更换点火开关。

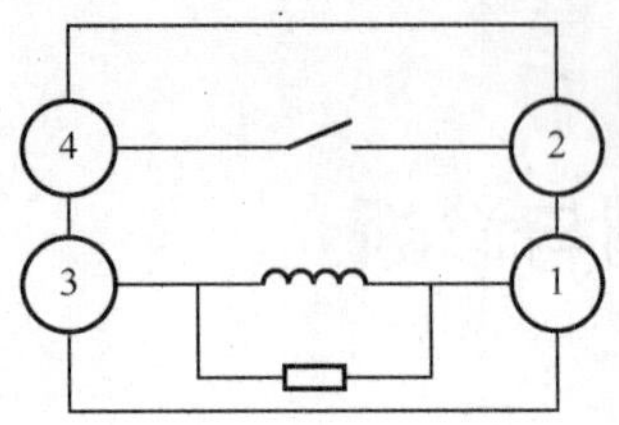

图 2-6　启动继电器内部电路

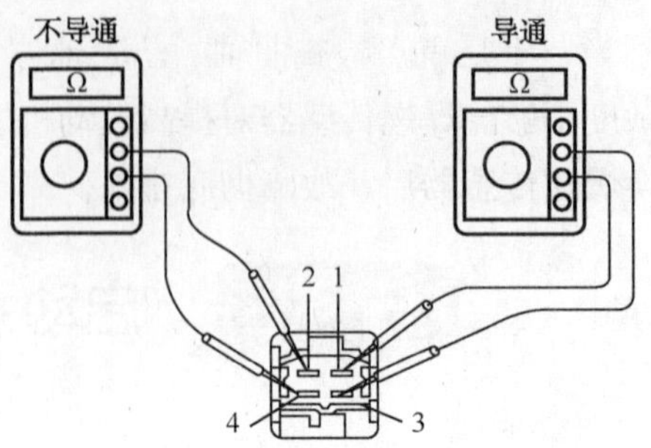

图 2-7　启动继电器线圈和开关的检查

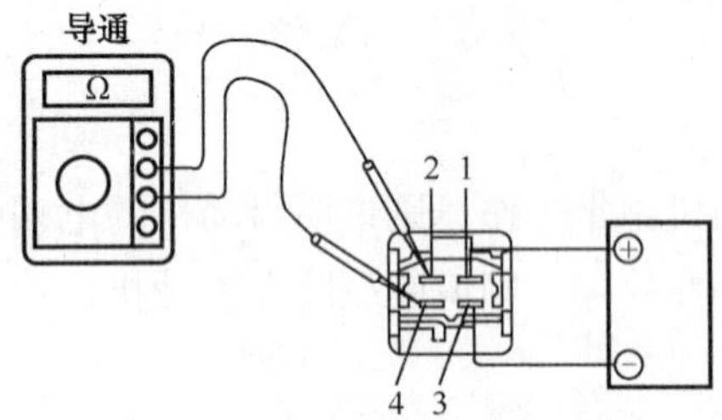

图 2-8　启动继电器工作情况的检查

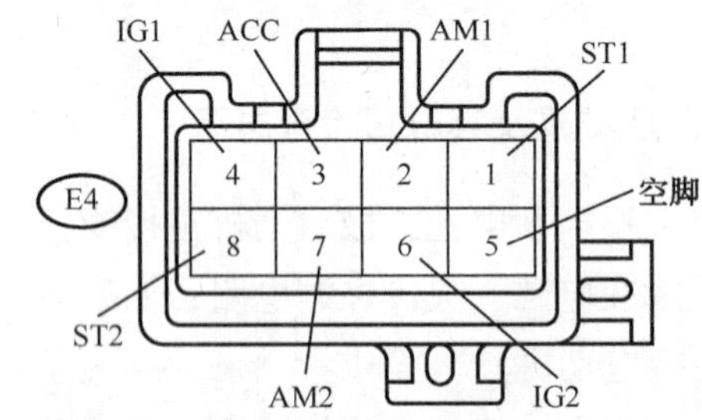

图 2-9　点火开关端子示意图

表 2-2　点火开关测量表

测量端子	开关状态	规定值
所有端子之间	LOCK	大于 10kΩ或更大
2（AM1）-3（ACC）	ACC	小于 1Ω
2（AM1）-3（ACC） 2（AM1）-4（IG1） 6（IG2）-7（AM2）	ON	小于 1Ω

测量端子	开关状态	规定值
1（ST1）-2（AM1） 1（ST1）-4（IG1） 6（IG2）-7（AM2） 6（IG2）-8（ST2）	START	小于 1Ω

二、启动系统故障诊断与排除方法

1. 启动机不转

（1）故障现象

将点火开关旋至启动挡，启动机驱动齿轮不向外伸出，启动机不转。

（2）故障原因

① 蓄电池无电。

② 启动机内部电路断路。

③ 启动机电磁开关故障。

④ 启动机控制电路断路。

（3）诊断与排除

此种故障可能由蓄电池及电路连接造成，也有可能由启动机本身造成，首先应进行区分，方法如下：用螺钉旋具或粗导线短接启动机电磁开关上的两个主电路接线柱。若启动机不转，说明电动机有故障，应解体检测；若启动机运转，说明电动机正常，故障在启动机本身以外的电路，在电磁开关或控制电路。

① 在车上检查蓄电池的状况和电源导线连接情况。可以按喇叭或开前照灯，若喇叭响

声变小或前照灯灯光暗，说明蓄电池容量过低或电源导线接触不良；也可以在点火开关位于启动挡时，测量蓄电池两端的电压，不应低于9.6V。

若蓄电池良好，应检查端子 50 的电压，若电压过低（<8V），应对蓄电池的正极线、搭铁线、各接线柱及点火开关进行检查，若接线柱有脏污或松脱，应清洁或紧固；若点火开关损坏，应进行修理和更换。

② 若故障仍然存在，说明故障在启动机本身，此时应进行启动机的性能测试（吸引和保持线圈测试等）或解体测试，进行故障诊断和排除。

2. 启动机转动无力

（1）故障现象

将点火开关旋至启动挡，驱动齿轮发出“咔嗒”声向外移出，但是启动机不转动或转动缓慢无力。

（2）故障原因

① 蓄电池亏电。

② 启动机内部电路短路（电枢绕组）。

③ 启动机电磁开关内部触点烧蚀或接触不良。

④ 电刷接触不良。

⑤ 启动机电源线路接触不良。

（3）诊断与排除

① 检查蓄电池容量和电源导线的连接情况，确认蓄电池容量是否足够，电路连接是否良好。

② 若故障依然存在，要区分故障在启动机或发动机本身，还是在主电路接线柱之前的电路，方法是用螺钉旋具短接启动机电磁开关的主电路两个接线柱。若短接后启动有力且运转正常，说明启动机电磁开关内主触点和接触盘接触不良；若短接后启动仍然无力，则可认为电动机有故障，需进一步拆检。故障可能是由主开关接触不良、电刷和换向器之间电阻过大或接触不良、单向离合器打滑等引起的。

③ 如果在接通启动开关后，启动机有连续的“咔嗒”声。短接启动机电磁开关的两个主接线柱，启动机转动正常，说明电磁开关保持线圈断路或短路。

3. 启动机空转

（1）故障现象

接通点火开关启动挡，启动机只是空转，不能带动发动机运转。

（2）故障原因

① 启动机空转时，有较轻的摩擦声音，原因是启动机驱动齿轮不能与飞轮轮齿啮合。

② 启动机空转时，速度较快但无碰齿声音，原因是单向离合器打滑或电磁开关铁芯（开关盘）程太短。

③ 启动机空转时，有严重的碰撞轮齿的声音，原因是飞轮轮齿或启动机驱动齿轮严重磨损。

（3）诊断与排除

① 启动机空转时，有较轻的摩擦声音，启动机驱动齿轮不能与飞轮轮齿啮合而产生空转，即驱动齿轮还没有啮合到飞轮轮齿中，电磁开关就提前接通，说明主回路的接触盘行程过短，应拆下启动机，进行启动机接通时刻的调整。

② 启动机空转时，有严重的碰擦轮齿的声音，说明飞轮轮齿或启动机驱动齿轮严重磨损，应拆下启动机进一步检查，根据实际情况更换驱动齿轮或飞轮齿圈。

③ 启动机空转时，速度较快但无碰齿声音，说明启动机单向离合器打滑，即驱动齿轮已经啮入飞轮轮齿中，但不能带动飞轮旋转，只是启动机电枢轴在空转，应更换单向离合器总成。

4. 启动机不能停转

（1）故障现象

启动机启动后，松开点火开关，驱动齿轮不能退出，依然和飞轮啮合，启动机不能停转。

（2）故障原因

① 点火开关不回位。

② 电磁开关触点烧结不能分离。

③ 电磁开关活动触点回位弹簧太软或折断。

④ 单向离合器在转子轴上卡滞。

（3）诊断与排除

启动机不能停转时，首先应迅速拆除蓄电池搭铁线，以防启动机被烧毁。接着应检查单向离合器在转子轴上是否卡滞，点火开关是否回位，电磁开关触点是否烧结不能分离，电磁开关活动触点回位弹簧是否太软或折断。

三、维修实例

案例一

1. 故障现象

一辆上海桑塔纳轿车在使用中间歇性地出现启动无力，曾进行过检测，且换上新的蓄电池和启动机时，间歇性启动无力故障现象依然出现。

2. 故障原因

启动机前端支承铜套与座孔间松旷，使启动机的转子在工作时因与定子不同心而发生碰擦，启动机的阻力矩增大，电动机的转矩不足而导致启动无力。

3. 故障诊断与排除

用万用表测量蓄电池电压，正常；测量启动时的蓄电池电压，为 11V，说明蓄电池不亏电，也没有故障。

检查启动电源连接线路，没有发现有破损、松动之处。

反复进行多次启动试验，并测量启动时的蓄电池电压。试验中间歇性启动无力现象再现，在启动无力时，蓄电池电压急剧下降，且低于正常的启动电压。鉴于启动机是新更换的，排除了启动机本身故障的可能性，那是不是启动机的安装方面有问题而导致启动机旋转运动不协调，影响了启动机的转矩输出？于是对启动机的安装部位进行了仔细的检查，但未发现有异常情况。

拆下启动机后重新安装，故障依旧。再一次拆下启动机检查，才发现启动机转子在变速器壳体上的前端支承座孔有异常磨损，镶入标准支承铜套后，铜套与座孔之间有轻微的松旷，故障的原因终于找到了。

根据支承座孔的磨损情况，选择了适当加厚的铜套镶入座孔，使铜套与座孔配合紧密，不再有松旷现象，确保了工作时转子与定子始终保持同心，间歇性启动无力的故障排除。

案例二

1. 故障现象

一辆现代索纳塔（SONATA）2.0 型轿车，将点火开关转至“START”位置时，启动机有时工作，有时不工作。

2. 故障原因

点火开关故障。

3. 故障诊断与排除

检查蓄电池极桩和启动机上电源接线柱的线路，连接良好；将蓄电池正极用导线直接与启动机电磁开关接线柱相连，启动机转动，反复试验均如此，说明电磁开关、启动机无故障。

检查离合器开关，在踩下离合器踏板时导通，正常；再检查启动线路，无接触不良之处；最后分析故障可能出现在点火开关上。

取下转向盘下的护罩和点火开关，发现点火开关上的塑料凹形方槽已磨成椭圆形，故障原因确定。用环氧树脂依照原来凹形方槽的形状，将点火开关修复，故障排除。

案例三

1. 故障现象

一辆长安福特福克斯 1.8L 自动挡轿车，出现在启动时启动机不运转的故障现象。

2. 故障原因

熔断器断路

3. 故障诊断与排除

检查蓄电池电量，充足；检查启动继电器工作情况，正常；检查 F13 启动熔丝，完好。怀疑启动机有问题，但拆下启动机后，直接用备用蓄电池接线试验，启动机能运转。用万用表测量蓄电池到启动机间的导线，发现有断路的情况。查阅资料得知该导线在靠近蓄电池极柱处有一个 150A 的熔断器。检查该熔断器，发现已经熔断。分析导致该熔断器熔断的原因，应该是启动机内部存在短路。

更换启动机和蓄电池至启动机间的导线及熔断器，故障排除。

任务三　冷却系统的检测与诊断

一、冷却系统的检测

检查冷却系统时，要认真清除散热器和水套中的水垢，同时对散热器、散热器盖、水泵、风扇和节温器进行检查。

1. 散热器的检测

（1）外表检查

散热器的异常主要是指管道沉积水垢，散热片与散热管堵塞；散热管因裂纹或脱焊而漏水及机械损伤。

从外部查看散热器上、下水室及芯子，不得有渗漏现象，散热器框架不得有断裂和脱焊现象。散热器芯上如果嵌有杂物，可用细钢丝进行清理；如果散热器片有倒伏、扭斜，则应予扶正。

检查散热器紧固情况，散热器应当紧固可靠，前后晃动应无松动现象。散热器与水泵风扇叶片间应保持适当距离。

检查散热器盖，散热器盖与散热器加水管间的密封垫如有损坏应更换。在车辆使用中，如果发现发动机出水管被吸瘪，则说明散热器盖的进气阀门损坏，应检测或更换散热器盖。

检查补偿水箱到散热器的连接管是否有漏气或堵塞现象，发现有漏气或堵塞现象应予以排除，以防补偿散热器的冷却液回不到散热器内。

（2）清洗散热器

先拆除节温器，往冷却系统加入专用清洗剂和水后，运转发动机 20min。待冷却后排出水和清洗剂，再把水流从软管上直接引入散热器，冲洗出松动脱落的水垢。还要进行逆向冲洗，即水在压力作用下以与正常流向相反的方向冲洗散热器。

（3）检查散热器泄漏情况

散热器经外部清洗及清除水垢后，进行水压试验，检查是否漏水。其方法是，在散热器水道中通入 117kPa 的压缩空气，并浸在水中，观察散热器冒气泡的情况及部位，冒气泡处即为漏水部位，应及时做出标记，以便焊修。

（4）散热器损伤的修理

上、下水室和外层散热管破漏可用锡焊修复。破漏处较大时，可用铜皮烫锡后，对破漏处进行锡焊修补；如果内层水管破漏，则可将外层散热片剪下，用尖烙铁直接焊修。在损坏严重时，允许将个别水管压扁，焊死继续使用或更换新水管。这种方法会使散热器的散热效率降低，所以更换和堵焊的散热管数量受一定限制。一般散热器散热管的更换数量应不多于 25%，堵焊的散热管应不多于 3 根。超过此限度，应更换散热器。

散热器修复后，应再次进行密封性试验，按规定压力加压后，1min 内不允许有渗漏现象。对多处有泄漏的散热器应予更换；对少量几处泄漏的散热器，应予以焊补或用散热器堵漏剂进行修复。

2. 水泵的检测

（1）水泵的检查

① 检查泵体及皮带轮有无磨损及损坏，必要时应更换。

② 检查水泵轴有无弯曲、轴颈磨损程度、轴端螺纹有无损坏。

③ 检查叶轮上的叶片有无破碎、轴孔磨损是否严重。

④ 检查水封和胶木垫圈的磨损程度，如超过使用限度应更换新件。

⑤ 检查轴承的磨损情况，可用百分表测量轴承的间隙，如超过 0.10mm，则应更换新的轴承。

（2）水泵的修理

水泵拆下后，应按顺序进行分解。分解后应将零件进行清洗，再逐一检查，看其是否有裂纹、损坏及磨损等缺陷，有严重缺陷者应予更换。

① 水封如磨损起槽，可用砂布磨平，如磨损过甚应予更换；水封座如有毛糙刮痕，可用平面铰刀或在车床上修理。

② 在泵体上具有下列损伤时允许焊修：长度在 30mm 以内，不伸展到轴承座孔的裂纹；与汽缸盖接合的突缘有破缺部分；油封座孔有损坏。

③ 水泵轴的弯曲不得超过 0.05mm，否则应更换；水泵轴孔径磨损严重时应更换或镶套修复；检查水泵轴承是否转动灵活或有异常响声，如有，则说明轴承有问题，应予更换。

④ 叶轮叶片破损后应予更换。

⑤ 水泵装配好后，用手转动一下，泵轴应无卡滞、叶轮与泵壳应无碰擦。然后检查水泵排水量，如有问题，应检查原因并排除。

3．散热器盖的检测

（1）检查散热器盖上的密封垫是否有老化变形、弯曲、起泡等现象，如有应予以更换。

（2）检查散热器盖上压力阀和真空阀是否有变形、损坏和锈蚀等现象，如有应予以更换。

（3）检查弹簧是否有变形、弹力失效和阀门工作不正常等现象，如有应予以更换。

（4）检查散热器盖与阀座间水垢存积状况，清除水垢，保持阀的正常工作。

4．节温器的检测

（1）外观检查。检查节温器的阀门、弹簧是否有变形、失效、污物等，如有应予以清理或更换。

（2）检查节温器。将节温器置于盛水容器内，逐渐加热，观察节温器开始开启和全开时的温度，如果开启温度不符合规定，则应更换节温器。

5．风扇的检测

（1）检查风扇皮带张紧度是否符合标准。

（2）检查风扇温控开关或硅油风扇离合器工作是否正常。

（3）检查散热器风扇电动机工作状态是否正常。

二、冷却系统故障诊断与排除方法

1．发动机温度过高

（1）故障现象（图 2-10）

① 发动机大负荷低速行驶时冷却器沸腾。

② 发动机大负荷工作时出现爆震异响。

③ 汽车行驶无力。

图 2-10　发动机温度过高

（2）故障原因

① 节温器泄漏或装反，冷却水只进行小循环。

② 风扇转速上不去。

③ 电控风扇作用时间过短。

④ 风扇传动带过松。

⑤ 缸体水套内水垢过多。

⑥ 冷却水循环量过小。

⑦ 冷却液不足。

⑧ 混合气过稀或过浓。混合气过稀燃烧速度慢，在做功行程中燃烧放出的热量增加，也会导致发动机过热。

⑨ 点火时间过迟、过早都会引起发动机过热，燃烧室积炭过多、严重超载等多种原因也会造成发动机过热。

⑩ 汽缸盖垫破损或汽缸盖破裂。大量的高温气体进入冷却器，也会导致发动机过热。

（3）诊断与排除

① 检查冷却系统，冷却液是否充足、风扇传动带是否过松，电子风扇应检查转速是否达标。

② 检查节温器是否正常。节温器检查方法：准备一只电热杯和一支温度计，将节温器放入电热杯，加水至浸没节温器，同时放入温度计，然后加热至 80℃，再测量节温器的开度，是否符合标准，不合格只能更换，节温器如图 2-11 所示。

图 2-11 节温器

③ 冷却水循环量是否足够。

④ 如果水温不高水箱就沸腾，说明汽缸垫破损或汽缸盖破裂。

⑤ 最后检查点火时刻是否正常、混合气浓度是否正常。

2. 发动机温度过低

（1）故障现象

发动机升温缓慢或工作温度过低。

（2）故障原因

节温器损坏或温度显示系统故障。

（3）诊断与排除

① 发动机启动运转 10min 后工作温度应达到 85 ~ 90℃，否则应检查水温表和水温感应器是否有故障。

② 检查水温表水温感应器是否损坏，指示系统损坏对发动机工作影响不大。可以在发动机工作 10min 后测量发动机温度，也可凭经验判断发动机实际温度来确定指示系统是否有故障。

③ 节温器调压阀损坏后与发动机的工作温度有关，工作时间长，水温才能升高，工作时间短，水温升到 45℃时变化不大。

④ 检查机械方面。主要是节温器卡滞不能闭合，使冷却液始终进行大循环。

⑤ 检查电气方面。发动机冷却液温度传感器是否工作不良，信号不准确，而造成无高怠速、散热风扇长时间高速工作等。

⑥ 如果节温器损坏，应更换节温器。

⑦ 如果温度传感器损坏，应更换温度传感器。

3．冷却液泄漏

（1）故障现象

水量不足引起发动机过热。

（2）诊断与排除

① 检视冷却软管是否破裂，卡箍是否松动。

② 检查水泵是否漏水，用洁净木条伸到泄水孔处，木条上无水迹则说明水泵不漏水。

③ 检查冷却系统内部有无漏水，拔出机油尺，若发现机油中有水，则气门室内壁或进气通道内壁有可能破裂漏水。

④ 打开水箱盖，如果有翻腾剧烈冒泡则是汽缸垫损坏或汽缸盖变形。

⑤ 检查散热器盖的排气阀是否松动、胶圈失效或密封不良，若冷却水容易从加水口处飞溅出来，则说明散热器盖的排气阀失效，散热器盖如图 2-12 所示。

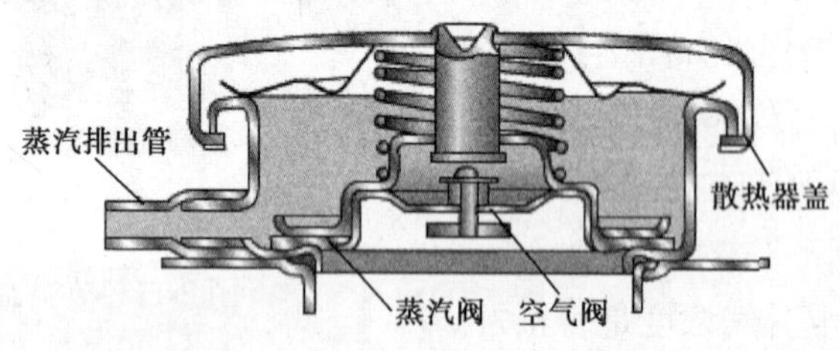

图 2-12　散热器盖

⑥ 查看水箱是否有渗漏，如果有水渍就一定有渗漏。

⑦ 查看储液罐是否有裂纹，盖是否松动或密封不良。

4．在行驶中突然过热

（1）故障现象

发动机运行中突然过热，或者冷启动时发动机水温迅速升高并沸腾，在补足冷却水后才转为正常。

（2）分析诊断

① 行驶中发动机突然过热，应首先注意电流表动态，加大油门时电流表不指示充电，且表针只是由放电 3～5A 间歇摆回“0”位，说明风扇传动带断裂，如电流表指示充电，则应使发动机熄火，用手触摸散热器和发动机，若发动机温度过高而散热器温度低，说明水泵轴与叶轮松脱，使冷却水循环中断；若发动机与散热器温度差别不大，则应查找冷却系统有无

严重漏水处。

② 冷却水在初发动时温度很快升高，致使冷却水沸腾，这是因为节温器主阀门脱落并横卡在散热器进水管内，阻碍了冷却水的大循环。

③ 水泵损坏，不能泵水。

④ 在行驶过程中若总是发现冷却水沸腾，应立即停车，使发动机低速运转几分钟后再熄火检查，不能立即加水降温，以防温差变化太大造成有关零件由于内应力而发生裂纹，也不能立即熄火防止温度骤然上升。若汽缸垫烧坏，水箱口会向外溢水和排出气泡，呈现出冷却水沸腾的状态，启动时排气管会排出水分，工作时冒白烟。

（3）诊断与排除

① 水泵损坏更换水泵。

② 节温器损坏更换节温器。

③ 汽缸垫烧坏更换汽缸垫，并查明烧坏原因（汽缸盖或汽缸体平面度超过限度，较长时间缺水使发动机高温工作和急加水冷却等）。

三、维修实例

案例一

1. 故障现象

一辆行驶里程约 10 万 km，搭载 L1 3Z 发动机的广汽-本田飞度轿车。用户反映：该车冷却液温度偏高。

2. 故障原因

散热器故障。

3. 故障诊断与排除

维修人员试车，发现该车怠速时，冷却液温度正常。但经过激烈驾驶后，冷却液温度略微偏高。在故障现象出现时，观察冷却风扇，发现没有运转。检查冷却液温度传感器，发现插针处有渗液的痕迹，更换温度传感器后试车，故障依旧。令发动机以高怠速运转，当仪表板水温表指示温度偏高时，观察温度传感器的数据，发现缸盖冷却液出口温度达到 105℃时，冷却风扇仍然没转。回到正常怠速后，当出口温度降低到 95℃时，风扇反而开始运转了。温度迅速从 95℃降到 83℃后，风扇停转，仔细观察发现，该车发动机缸盖出口处的冷却液温度与散热器出口的温度相差 30℃。虽然当时正值冬季，但如此大的温差仍显得有些异常。如果发动机怠速运转时，其功率按 5kW 计算，那么冷却系统的最低流量应为 7L/min。但是按照 30℃的误差计算，冷却液的流量却仅有 2.3L/min，这才是问题所在。检查节温器和水泵，均正常，说明问题在发动机散热器上。更换散热器，反复试车确认故障排除。

案例二

1. 故障现象

一辆行驶里程约 9.1 万 km，配置自动变速器的福特蒙迪欧 2.0L 轿车。用户反映：该车发动机冷却液温度高，冷却风扇不转。

2. 故障原因

散热风扇损坏。

3. 故障诊断与排除

断开冷却液温度传感器连线，接通点火开关，观察冷却风扇不转。检查熔丝 F8，完好。取出高速发动机冷却风扇继电器，用测试灯检查继电器端子 5 的供电电路，正常。用跨接线直接跨接继电器端子 3 和 5，冷却风扇不转。升起车辆，断开冷却风扇线束，用测试灯取代冷却风扇，测试灯能正常点亮。判断是冷却风扇故障。

更换新的散热风扇。试车，风扇正常运转，发动机冷却液温度恢复正常。故障排除。

案例三

1. 故障现象

一辆行驶里程约 11 万 km，配置 1.8T 发动机的大众宝来轿车。该车冷却液温度高。

2. 故障原因

自动变速器散热器损坏。

3. 故障诊断与排除

检查发现冷却液内有油污，而机油和自动变速器油质及油量基本正常，没有进水污染变质、乳化发白现象，而且启动时观察膨胀水箱也没有翻腾冒泡现象，这说明汽缸垫没有因高温而冲坏。该车装备自动变速器，有自动变速器散热器和发动机机油散热器两个热交换器，而且这两种油的压力都比冷却液的压力大，油可能会进入冷却系统，而冷却液不会进入发动机系统或变速器内，所以综合分析故障可能的原因：缸体或缸盖内部润滑系统的机油油道和冷却系统的水道之间有砂眼；自动变速器散热器内部穿透，发动机机油散热器内部穿透。

经拆检发现，机油散热器内部已穿透，机油进入冷却系统，产生油污，更换机油散热器后，故障仍然存在，再更换自动变速器散热器后，故障排除。进一步分析故障原因可能是冷却系统被误加了非原厂防冻液，导致产生酸性物质，不断对金属件进行腐蚀，因为铝制构件相对于铸铁构件（如缸体）更容易被腐蚀，又因为上述两个热交换器内壁很薄，最先被腐蚀透。

任务四　润滑系统的检测与诊断

一、发动机润滑油质量的检查

润滑的目的在于减少机件的摩擦和磨损，以提高机械效率和延长发动机的寿命。摩擦所造成的机械功率损失为发动机总机械功率的 25%～29%，其中消耗于发动机摩擦的为 19%～23%，通过改善润滑状况，可减少 30%的摩擦损失，相当于总机械功率的 6%～9%。发动机润滑油的选择，主要是以黏度、性能水平、换油周期来决定的。

1. 机油中金属含量的检查

根据机油中所含金属量的多少判断发动机的磨损情况和金属的类别来判断磨损部位。当机油中某种金属含量增加时说明发动机内有关摩擦副异常磨损，必须立即查明原因进行处理。

（1）目测检测法

热机时放出机油静置沉淀数小时，然后慢慢倒去上层机油，根据底部的金属沉淀物，判断各摩擦副的磨损情况。

① 黑色粉末：缸套和活塞环磨损。

② 白色粉末：铝，表示活塞磨损，铬，表示活塞销或第一道环磨损。

③ 白色片状：主轴或连杆轴承脱落，必须立即修理。

④ 黄色铜质粉末或片状：连杆衬套磨损，应立即修理。

（2）仪器检测法

目前润滑油质量检测仪器很多，对于金属含量的检测以光谱分析仪为佳。

（3）技术指标

各种金属含量不同，通常某种金属含量的质量分数为 0.001%～0.005%时，称为正常；为 0.005%～0.01%时，称为异常；大于 0.01%时，称为极限。

2. 机油品质检查

检查机油的颜色和黏度。黏度的变化能反映机油被污染、氧化或油被稀释的程度。常用方法有目测法、滤纸斑点分析法和电阻法。

（1）目测法

① 颜色变黑：通常为机油中碳含量偏高，表明汽缸密封不良或工作温度过高。

② 颜色变黄：通常为机油中有水分，表明汽缸体、汽缸盖、汽缸垫有裂纹或破损。

③ 黏度过高：通常为机油中胶质含量高，表明发动机工作温度过高、燃料不合格、封存时间过长等。

黏度过低：通常为机油中混入燃料或水分，表明燃料雾化不良或汽缸裂纹漏水。

（2）滤纸斑点分析法

滤纸斑点分析法是测定在用机油的等级或润滑油的性能是否失效、油品是否变质的一种简单的方法。

材料：机油测试滤纸，如图 2-13 所示，要求质量好，无污染，干燥防潮。

检测方法：如图 2-14 所示，在一张专用的滤纸上滴一滴需检测的发动机机油，1～2h 后观察油斑扩散情况。

根据图 2-15 中机油扩散情况可以做出判断：

一级：非常健康，油斑的沉积区和扩散区没有明显界线，油环淡而透明，油质非常好。

二级：健康，机油沉积环色深，扩散环宽，油环为黄色，油质已经有轻度氧化和污染，机油还可以使用。

三级：亚健康，沉积环深褐色，沉积物密集，扩散环窄，机油颜色变深，油质已经中度氧化，建议更换机油。

四级：油质恶化，只有沉积环和油环，没有扩散环（机油失去清净分散能力），氧化沉积物密而且厚稠，油环呈深黄色，油质已经高度氧化，失去了对机械的润滑保护，必须立即更换。

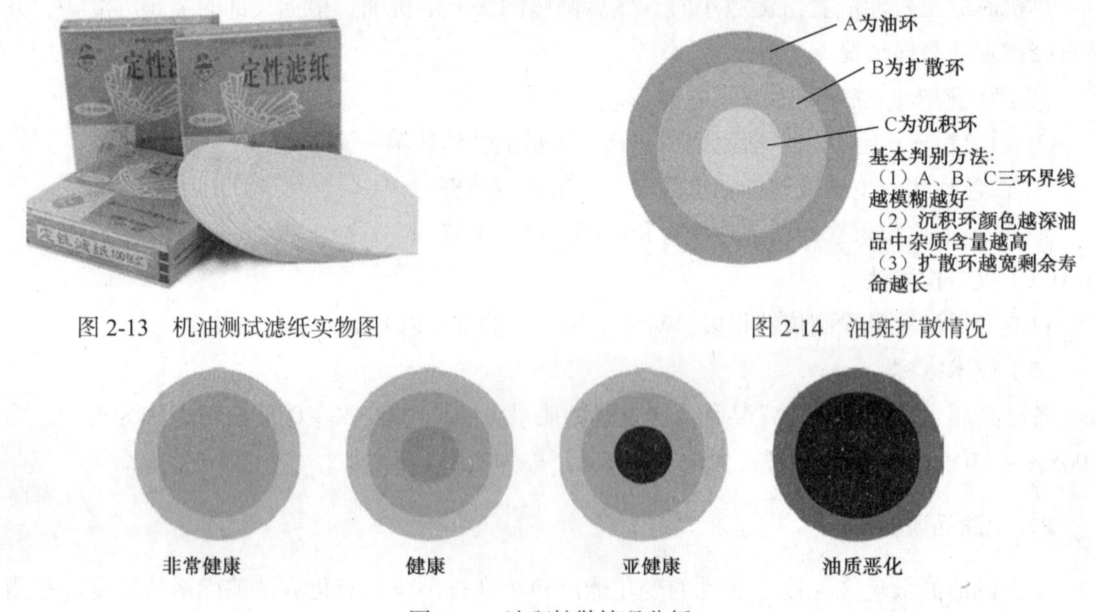

图 2-13　机油测试滤纸实物图

图 2-14　油斑扩散情况

图 2-15　油斑扩散情况分析

二、润滑系统故障诊断与排除方法

1. 机油压力突然过低

（1）故障现象

汽车在运行中当仪表盘上的机油压力警告灯亮，机油压力表指示为“0”，如图 2-16 所示。

图 2-16　机油压力实物图

（2）故障原因

① 油底壳撞击异物而破裂使机油漏完。

② 机油泵齿轮轴键折断或脱落。

③ 油路、油管破裂或脱开。

④ 传感器仪表故障。

⑤ 机油量过少，机油泵吸入大量空气。

（3）诊断与排除

立即停车熄火，检查机油油面是否过低。若过低应按规定补充机油，然后再启动，观察警告灯是否熄灭或是否有机油压力或压力是否上升。若有压力，应按机油压力过低故障进行排除。但刚启动的短时间内有时怠速运转也会出现警告灯亮的情形，若稍加速后灯便熄灭，则属正常现象。

若还是无压力又不缺机油，应拆开气门室盖，启动发动机，若有机油飞溅则是传感器或仪表故障，可继续行驶，进厂检查。若无机油飞溅，则不可行驶，必须检查机油泵和油路系统，排除故障后方可行驶。

2. 机油压力高

（1）故障现象

检查机油压力超过 0.4MPa；机油警报灯闪亮且蜂鸣器响。

（2）故障原因

机油质量问题：机油黏度过大。

机械故障问题：限压阀调整不当；缸体或缸盖油道堵塞；机油压力传感器失准；机油滤清器堵塞；旁通阀打不开。

（3）诊断与排除

① 机油等级不符合的更换机油。

② 更换机油压力开关。

③ 更换机油限压阀。

④ 滤清器旁通阀堵塞的应该更换。

3. 机油消耗超标

（1）故障现象

发动机功率下降，排气管冒蓝烟。

（2）故障原因

发动机机油超耗，一般为密封或衬垫失效的渗漏和汽缸磨损过甚所引起，如图 2-17 所示。

① 活塞、活塞环与汽缸壁严重磨损而使配合间隙过大。

② 活塞或汽缸拉伤。

③ 活塞环（特别是油环）弹性差。

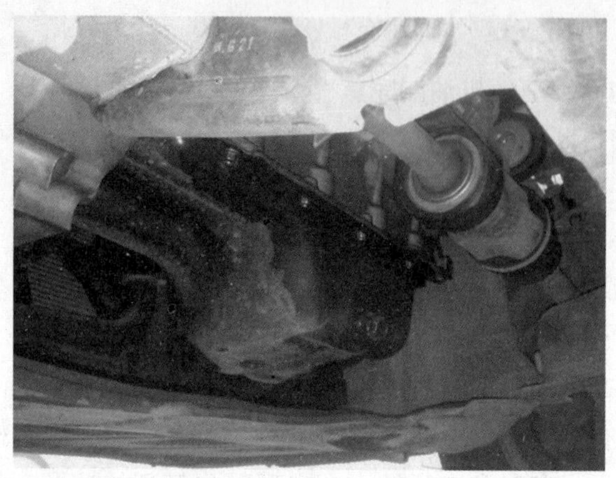

图 2-17 机油渗漏

④ 活塞环与环槽的边隙、侧隙过大。

⑤ 活塞环被积炭卡死或对口。

⑥ 扭曲环装反。

⑦ 气门杆与导管配合间隙过大或油封失效。

⑧ 各密封垫破损、变形、腐烂、老化造成密封不良而漏油。

（3）诊断与排除

启动发动机预热至正常工作温度。

① 怠速运转 5min，拆检各缸火花塞。若某个缸火花塞中心电极上沾有油污（机油），则该汽缸窜油。

② 无负荷高速运转发动机，若出现发动机排气管冒蓝烟，而加机油口不冒蓝烟，则为气门导管有渗油现象。

③ 发动机高速运转，若发动机排气管冒蓝烟，加机油口也脉动冒烟，则为活塞环配合间隙过大。

④ 用汽缸压力表检测汽缸压力以确定汽缸是否密封良好。

机油消耗超标故障诊断流程框架图如图 2-18 所示。

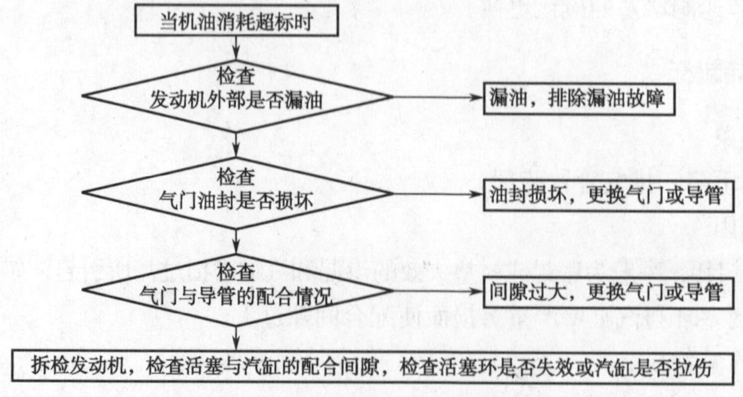

图 2-18 机油消耗超标故障诊断流程图

4．机油压力低

（1）故障现象

仪表盘上机油压力警报灯闪烁；机油警报蜂鸣。

（2）故障原因

① 机油油面过低。

② 机油压力传感装置故障。

③ 机油泵损坏或内部零件磨损。

④ 机油黏度低或被稀释。

⑤ 机油泵限压阀失效或弹簧过软。

⑥ 发动机曲轴、连杆、凸轮轴等轴承间隙过大。

⑦ 机油集滤器网被胶状物糊住；机油泵内形成空气间隙，失去泵油功能等。

（3）诊断与排除

添加机油；机油压力开关损坏的应更换；更换机油泵磨损零件；修理发动机壳体泄漏部位。

三、维修实例

案例一

1. 故障现象

行驶里程约 6.7 万 km 的奥迪 A6L V6 轿车。该车机油灯报警。

2. 故障原因

限压阀松动，导致机油压力泄压。

3. 故障诊断与排除

用故障诊断仪 VAS 5052 检测，显示故障码 P164D00——用于机油压力减小的压力开关故障。用专用工具 VAS1342 检测机油压力在怠速时压力为 0.6bar，明显低于正常值 1.2bar，2000r/min 转速时机油压力正常。根据工作原理，试更换机油滤芯、机油泵、机油散热器均无法解决问题。找到机油供油图，机油滤芯座有一限压阀松动，导致机油压力泄压。

更换机油滤芯座后故障排除。

案例二

1. 故障现象

行驶里程约 10 万 km 的 2010 年雪佛兰乐驰轿车。用户反映：该车机油报警灯点亮。

2. 故障原因

集滤器堵塞。

3. 故障诊断与排除

试车发现，该车发动机噪声大，液压挺柱不停地发出“哒哒哒”的响声。检查机油和冷却液的液位，都正常，也没有高温迹象。观察发现，油尺和机油加注口盖有少量机油沉积物，气门室盖内基本清洁。发动机怠速运转时，机油警报灯有时还会自动熄灭。

拆下机油传感器，测量油压，为 50 ~ 70kPa，过低。拆下油压表，基本上没有机油流出。测量点位于机油泵上方，能够直接反映机油泵的输出情况。确定是机油泵的故障。

拆卸油底壳和机油泵，发现集滤器滤网已经被块状机油沉积物堵住，无法上油，此为故障发生的原因。分析认为，油底壳中的机油沉积物是在更换机油后松动脱落或悬浮在油中，堵塞了集滤器，造成上述故障。

清洗集滤器，更换机油泵后，怠速油压达到 280kPa，挺柱噪声消失，故障排除。

任务五　点火系统的检测与诊断

一、点火系统的检测

1. 点火正时的检查

（1）一般检查

启动发动机，使冷却液温度上升到 80℃，急加速，如转速不能随之立即增高。感到发闷或在排气管中有“突、突”声响，说明点火过迟，如出现类似钢球跌落到水泥地面的金属敲击声，说明点火过早。

（2）使用点火正时枪

① 查找并验证飞轮或曲轴前端带盘上 1 缸压缩上止点标记和点火提前角标记，如果标记不清晰，最好用粉笔或油漆将标记描白，如图 2-19 所示。

② 将点火正时枪连接到汽车发动机上，将传感器夹钳夹在 1 缸高压线上，将红色电源夹夹在蓄电池正极，黑色电源夹夹在负极。拔下真空调节装置的真空软管，启动发动机，使机油温度升至 60℃以上。点火正时枪如图 2-20 所示。

图 2-19　点火正时标记

图 2-20　点火正时枪

③ 如图 2-21 所示，观察仪器显示的发动机转速，使其保持怠速，此时仪器显示的点火提前角即为初始点火提前角，应为 6° ±1° ，若不符合要求，应进行调整。

若用点火正时灯检查，应拆下上止点传感器，将正时灯对准飞轮罩壳观察孔，调节电阻，当固定标记（罩壳上）和旋转标记（飞轮上）重合时，可测提前角。

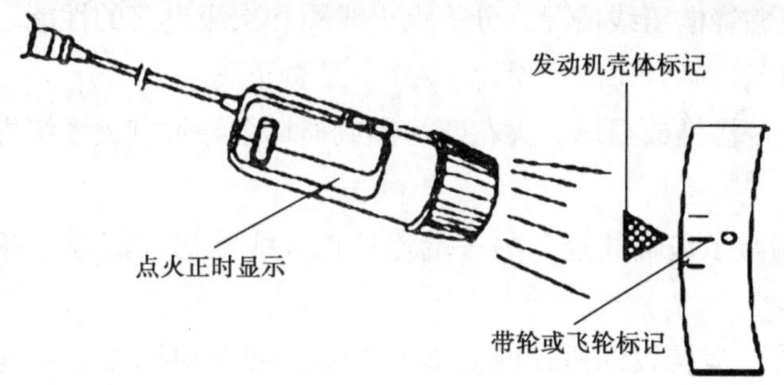

图 2-21　点火正时显示

（3）用故障诊断仪、发动机分析仪检查

用解码器和发动机分析仪的专用功能读取发动机数据流，可以显示发动机各工况时的点火提前角。

（4）路试检查

发动机走热后，在平坦、坚硬路面上以最高挡最低稳定车速行驶。急加速时，若听到轻微的突爆声且瞬间消失（装有爆震限制器的发动机没有突爆声），车速迅速提高，则为点火正时正确；若突爆声强烈明显且长时间不消失，则为点火过早；若听不到突爆声，且加速缓慢，排气管有“突、突”声，则为点火过迟。

2．分电器式点火系统的检查

1）初级电路的检测

分电器式（DI）点火系统初级电路信号的参考波形如图 2-22 所示。由于便携式汽车专用示波器能够随车进行路试，因此对于汽车行驶性能故障（如发动机不能启动或启动困难、失速、失火、耸车、燃油经济性差等）的诊断非常有效。特别是当点火次级电路不易接近和测试时，检测点火初级电路波形更为便捷。

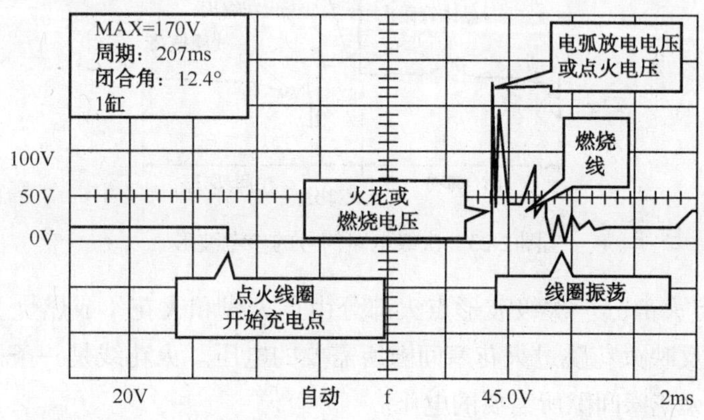

图 2-22　分电器式（ID）点火系统初级电路信号的参考波形

（1）检测目标

① 根据线圈充电时间，分析每缸的点火线圈闭合角。

② 根据点火线或燃烧电压线情况，分析点火线圈和次级电路的性能。

③ 根据燃烧线情况，确定每缸空燃比（A/F）是否正确。

④ 确认火花塞是否污染或损坏。火花塞污染或损坏会导致点火系统失火。

（2）检测步骤

① 将测试线一端与示波器相连，另一端连接点火线圈初级信号；将接地测试线与车身搭铁点连接。

② 接通点火开关，运转发动机；改变油门开度，使发动机加、减速，或者根据需要行驶车辆，以再现发动机在怠速或车辆行驶过程中的故障。

③ 确认各缸之间波形的幅值、频率、形状和脉宽是否一致；观察与特定部件对应的波形有无异常。

（3）波形分析

① 观察图 2-23 所示的波形下降点，此点是点火线圈开始充电点。通过此点位置，可以判断各缸闭合角的一致性及点火正时的准确性，各缸的波形下降点位置应相对一致。

② 观察图 2-23 所示的电弧放电电压或点火电压，各缸应相对一致。过高的点火电压表示高压线开路、不良或火花塞间隙较大，导致点火次级电路阻抗过高；过低的点火电压表示火花塞污染、开裂或击穿等，导致点火次级电路阻抗比正常值低。

③ 观察图 2-23 所示的火花（或燃烧）线，该线可反映汽缸内的空燃比（A/F）情况，各缸应相对一致。若混合气过稀，燃烧电压会较高；若过浓，则电压比正常值要低。

2）次级电路的检测

（1）次级电路信号的参考波形

分电器式（DI）点火系统次级电路信号的参考波形可分为 3 个部分，如图 2-23 所示。

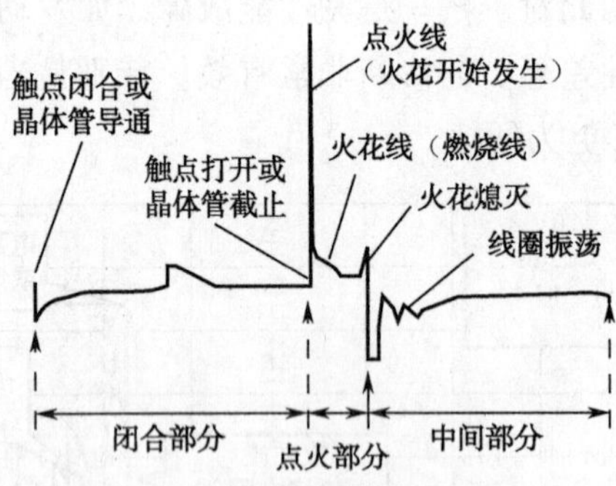

图 2-23　次级电路信号的参考波形

① 次级波形点火部分。次级波形点火部分由点火线和火花（或燃烧）线组成。点火线是一条垂直线，它反映火花跳过火花塞间隙所需要的电压。火花线是一条接近水平的线，它反映维持电流跳过火花塞间隙所需要的电压。

② 次级波形中间部分。次级波形中间部分显示当触点断开或晶体管截止时，点火线圈

初、次级侧之间的振荡消耗自身能量后剩余的线圈能量。

③ 次级波形闭合部分。次级波形闭合部分反映点火线圈的饱和度，它反映触点闭合或晶体管导通的时间。点火闭合角是在此时间内，分电器中分火头转动的角度（或是磁饱和时间对应的角度）值。一个点火线圈利用初级电流，达到完全磁饱和的时间，一般需要 10～15ms。

（2）检测目标

测试点火系统次级电路信号的参考波形，可以有效地检测发动机点火系统的技术状况。具体检测目标包括以下几个方面。

① 分析单个汽缸的点火闭合角。

② 根据点火线或燃烧电压线情况，分析点火线圈和次级电路性能。

③ 根据燃烧线情况，确定每缸空燃比（A/F）是否正确。

④ 根据燃烧线情况，查出造成汽缸失火的火花塞。

⑤ 如图 2-24 所示，当选择阵列模式后，仪器将显示所有汽缸的阵列波形。该波形主要用来检查短路或开路的火花塞高压线，以及由于积炭而引起的点火不良的火花塞。

⑥ 比较不同汽缸次级波形，可以判断出发动机所有汽缸中，存在故障的部件及故障部位。

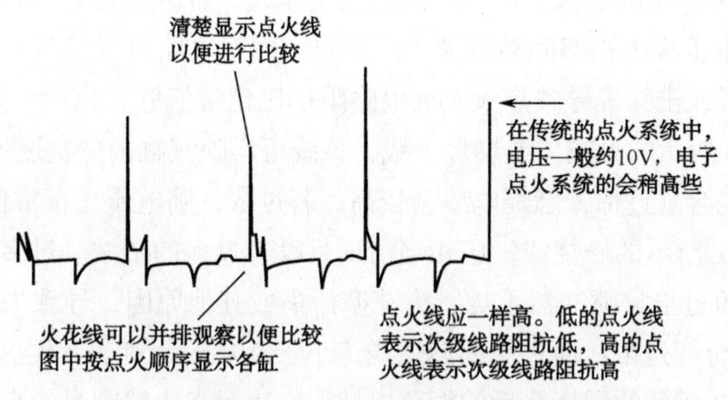

图 2-24　次级电路信号的阵列波形

（3）检测步骤

① 如图 2-25 所示，将电容型点火次级测试线的一端，接至示波器的信号输入端子，另一端卡在点火线圈次级高压线上；将其搭铁测试线与车身搭铁线连接。

② 如图 2-25 所示，将感应传感器测试线的一端，接至示波器的触发输入端子，另一端的感应传感器夹钳卡在火花塞高压线上，并靠近火花塞。

③ 来自单个火花塞高压线上的信号仅用作触发信号，若此信号获取点靠近分电器侧，则分火头的跳火间隙可能会导致点火的峰值电压、燃烧电压和燃烧时间的测量不准确。

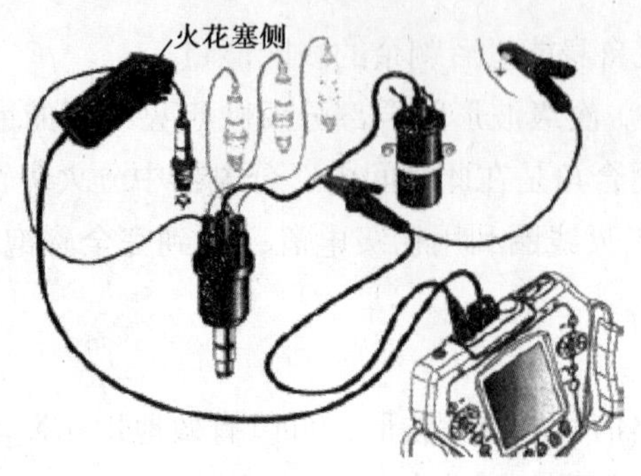

图 2-25　示波器与点火系统的连接示意图

④ 启动发动机，踩踏油门使其加、减速，或者根据需要行驶车辆，用来再现发动机在怠速或车辆行驶过程中出现的故障。

⑤ 确认各汽缸之间波形的幅值、频率、形状和脉宽是否一致。观察与特定部件对应的波形有无异常。

（4）波形分析

① 观察图 2-26 所示的波形下降点，此点是点火线圈开始充电点。根据此点位置，可以判断各缸闭合角的一致性及点火正时的准确性，各缸的波形下降点位置应相对一致。

② 观察图 2-26 所示的电弧放电电压或点火电压线，各缸应相对一致。过高的点火电压表示高压线开路、不良或火花塞间隙较大等导致点火次级电路阻抗过高；过低的点火电压表示火花塞污染、开裂或击穿等导致点火次级电路阻抗比正常值低。

③ 观察图 2-26 所示的火花（或燃烧）线，该线可反映汽缸内的空燃比（A/F）情况，各缸应相对一致。若混合气过稀，燃烧电压会较高；若过浓，则电压比正常值要低。

④ 观察图 2-26 所示的燃烧线，应相当清晰且没有过多的杂波。过多的杂波表示该汽缸可能由于点火提前角过早、喷油器不良、火花塞污染或其他原因，导致失火。过长的燃烧线（超过 2ms）表示混合气过浓，而过短的燃烧线（小于 0.75ms）则表示混合气过稀。

⑤ 观察图 2-26 所示的燃烧线后的振荡次数，它表示点火线圈是否良好。其振荡至少有两次，最好是 3 次以上。

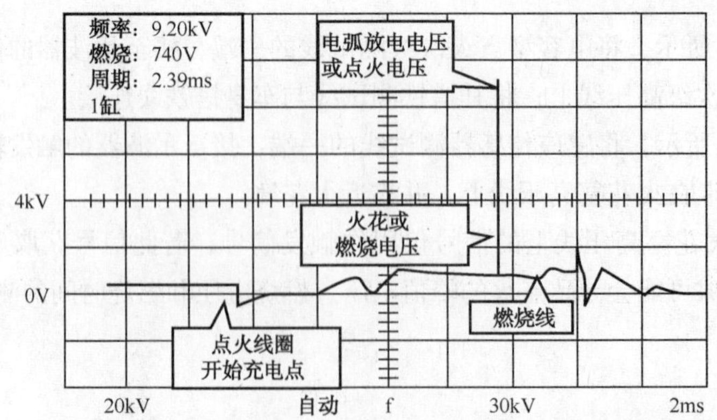

图 2-26　分电器式（DI）点火系统次级电路信号的参考波形

3. 无分电器点火系统的检查

1）初级电路的检测

无分电器（DIS）点火系统初级电路信号的参考波形如图 2-27 所示。由于点火次级的燃烧过程，可以通过初级线圈和次级线圈的互感作用，返回到初级电路，因此点火初级电路波形的检查，对于确定与电子点火线圈相关的点火故障是非常有效的。

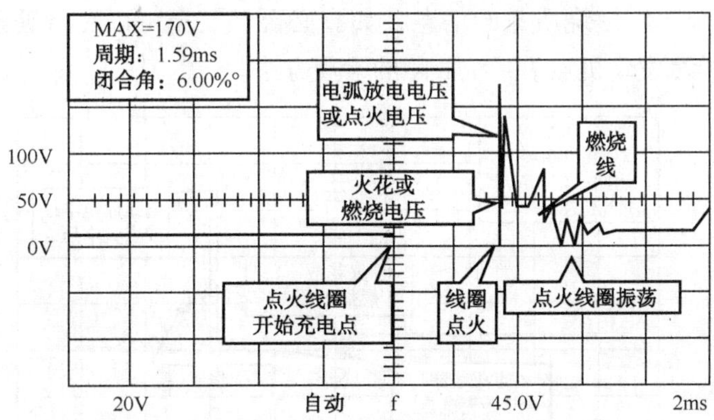

图 2-27 无分电器（DIS）点火系统初级电路信号的参考波形

（1）检测目标

① 根据线圈充电时间，分析每缸的点火线圈闭合角。

② 根据点火线或燃烧线情况，分析点火线圈和次级电路性能。

③ 根据燃烧线情况，确定每缸空燃比（A/F）是否正确。

④ 确认火花塞是否污染或损坏。火花塞污染或损坏会导致点火系统失火。

（2）检测步骤

① 将测试线一端与示波器相连，另一端连接点火线圈初级信号；将接地测试线与车身搭铁点连接。

② 接通点火开关，运转发动机；改变油门开度，使发动机加、减速，或者根据需要行驶车辆，用来再现发动机在怠速或车辆行驶过程中出现的故障。

③ 确认各缸之间波形的幅值、频率、形状和脉宽是否一致。观察与特定部件对应的波形是否有异常。

④ 必要时可调整触发电平以便稳定显示。

（3）波形分析

① 观察图 2-27 所示的波形下降点，此点是点火线圈的开始充电点。根据此点位置，可以判断各缸闭合角的一致性及点火正时的准确性，各缸的波形下降点位置应相对一致。

② 观察图 2-27 所示的电弧放电电压或点火电压线，各汽缸应相对一致。过高的点火电压表示高压线开路、不良或火花塞间隙较大等导致点火次级电路阻抗过高；过低的点火电压表示火花塞污染、开裂或击穿等导致点火次级电路阻抗比正常值低。

③ 观察图 2-27 所示的火花（或燃烧）线，该线可反映汽缸内的空燃比（A/F）情况，各缸应相对一致。若混合气过稀，燃烧电压会较高；若过浓，则电压比正常值要低。

④ 观察图 2-27 所示的燃烧线后的振荡次数，它表示点火线圈是否良好。其振荡至少有两次，最好是 3 次以上。

2）次级电路的检测

无分电器（DIS）点火系统次级电路信号的参考波形如图 2-28 所示。由于次级波形可以提供关于发动机每个汽缸燃烧质量的信息，如有必要，甚至可以在行驶条件下进行此项测试，因此该测试是检测发动机点火系统故障的常规方法。

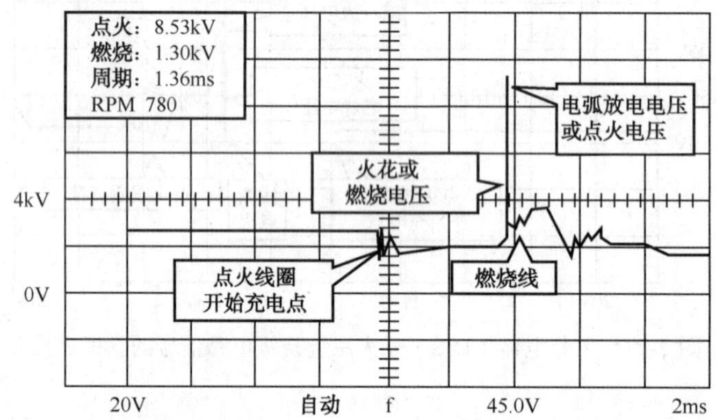

图 2-28 无分电器（DIS）点火系统次级电路信号的参考波形

部分无分电器点火系统在点火分配时，使用双缸同时点火方式，即每个汽缸都和行程与其相反的汽缸组成一组，火花同时出现在处于压缩上止点和排气上止点的汽缸。对于排气上止点的汽缸，只需要非常小的有效能量，就可使火花塞点火。点火系统的主要能量用于处于压缩行程汽缸的点火上。

一般在高能点火（HEI）系统中，火花塞点火电压大约为 15kV，远低于 30kV。点火电压会随火花塞间隙、发动机压缩比和空燃比（A/F）的变化而变化。在使用双缸同时点火方式的无分电器点火系统中，处于排气上止点的汽缸，火花塞点火时的峰值电压远小于做功缸火花塞点火时的峰值电压，一般在 5kV 左右。

（1）检测目标

① 根据线圈充电时间，分析每缸的点火线圈闭合角。

② 根据点火线情况，分析点火线圈和次级电路性能。

③ 根据燃烧线情况，确定每缸空燃比（A/F）是否正确。

④ 确认火花塞是否污染或损坏。火花塞污染或损坏会导致点火系统失火。

（2）检测步骤

① 如图 2-29 所示，将电容型点火次级测试线的一端接至示波器的信号输入端子，另一端卡在要测的点火线圈次级高压线上；将其接地测试线与车身搭铁点连接。

② 启动发动机，踩踏油门使其加、减速，或者根据需要行驶车辆，用来再现发动机在

怠速或车辆行驶过程中出现的故障。

③ 确认各缸之间波形的幅值、频率、形状和脉宽是否一致。观察与特定部件对应的波形是否有异常。

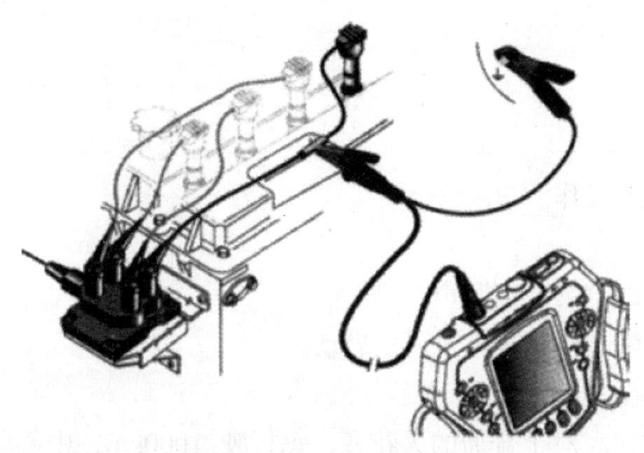

图 2-29 示波器与点火器系统的连接示意图

（3）波形分析

① 观察图 2-28 所示的波形下降点，此点是点火线圈的开始充电点。根据此点位置，可以判断各缸闭合角的一致性及点火正时的准确性，各缸的波形下降点位置应相对一致。

② 观察图 2-28 所示的电弧放电电压或点火电压线，各缸应相对一致。过高的点火电压表示高压线开路、不良或火花塞间隙较大等导致点火次级电路阻抗过高；过低的点火电压表示火花塞污染、开裂或击穿等导致点火次级电路阻抗比正常值低。

③ 观察图 2-28 所示的火花（或燃烧）线，该线可反映汽缸内的空燃比（A/F）情况，各缸应相对一致。若混合气过稀，燃烧电压会较高；若过浓，则电压比正常值要低。

④ 观察图 2-28 所示的燃烧线，应相当清晰且没有过多的杂波。过多的杂波表示该缸可能点火提前角过早、喷油器不良、火花塞污染或其他原因，导致失火。过长的燃烧线（超过 2ms）表示混合气过浓，而过短的燃烧线（小于 0.75ms）则表示混合气过稀。

⑤ 观察图 2-28 所示的燃烧线后的振荡，它表示点火线圈是否良好。其振荡至少有两次，最好是 3 次以上。

二、点火系统故障诊断与排除方法

1. 高压线故障

（1）故障现象

发动机怠速不稳、加速不良、排放超标等故障。

（2）故障原因

高压线导线端子被腐蚀、导线损坏或绝缘性能下降导致点火电压下降。

（3）诊断与排除

根据故障现象，进行断火试验，检查火花塞无故障后，检视高压线导线端子是否被腐蚀，用万用表测量高压线电阻即可诊断高压线故障。更换高压线。

2. 火花塞故障

（1）故障现象

① 发动机无力。

② 单缸或少数缸不工作。

③ 发动机温度高。

④ 排气管有明显的“突、突”声。

⑤ 多个火花塞故障启动困难甚至无法启动。

（2）故障原因

① 火花塞间隙过大。对于普通的火花塞，每行驶 1000km，中心电极的磨损和撕裂会扩大 0.1 ~ 0.15mm。

② 火花塞撕裂短路。

③ 火花塞间隙过小。

④ 火花塞积炭短路。

⑤ 火花塞油污短路。

⑥ 外部绝缘体破裂。

（3）诊断与排除

用断缸方法检测汽缸不工作或工作不良，即可拆卸该汽缸检查火花塞。

① 根据火花塞现象，分析故障原因，对症排除故障后，再更换火花塞。

② 如果火花塞油污可排除发动机故障后，烘干火花塞继续使用。

③ 如果电极熔化应更换冷型火花塞。

④ 如果火花塞积垢可更换热型火花塞。

3. 排气管放炮

（1）故障现象

排气管有轻重不一的爆炸声，放炮响声断续发生，似有规律。高速时，放炮更严重。

（2）故障原因

对于点火系统而言，排气管放炮通常是由于断火引起的，或者分电器盖有裂纹，使汽缸之间窜火造成的。点火提前角偏离正确位置过多时，也会引起回火或排气管放炮，另外闭合角过小是断火的重要原因。

（3）诊断与排除

高速放炮则首先考虑断火的故障，可检查点火线圈、高压线和火花塞是否正常，以及线路是否接触良好。以上部件可通过手感温度来初步判定是否正常。再检查分电器盖（现在汽车很少有）裂纹和点火时刻。

4．进气管回火

（1）故障现象

发动机回火十分严重，且启动困难。

（2）故障原因

对于点火系统故障，进气管回火通常是分缸高压线插错或点火过迟而引起的。

（3）诊断与排除

检查点火是否错乱，如果正常，则将点火时刻提前。

5．发动机爆震

（1）故障现象

发动机在大负荷中等转速时出现爆震响声，发动机温度迅速上升。

（2）故障原因

发动机爆震是由于燃烧速度过快或多个着火点造成的。

① 使用燃油牌号不正确。

② 点火提前角过大，爆震现象多数是因点火提前角过大造成的。

③ 缸内积炭过多。

④ 发动机温度过高。

（3）诊断与排除

① 延迟点火正时。

② 除去燃烧室中的积炭，以降低压缩比和除去热点。

③ 使用优质高辛烷值汽油，增加燃油的燃点。

④ 改变火花塞热范围（改用冷型）。

6．点火线圈故障

（1）故障现象

点火线圈损坏或工作不良会导致失火，造成发动机不能启动、怠速不稳、加速不良、排气管放炮和排放超标等故障。

（2）故障原因

点火线圈常见的故障是初级绕组、次级绕组断路，匝间短路或绕组搭铁；绝缘老化、漏电；内部导线连接点接触不良。

点火线圈的这些故障会造成无次级电压产生，或者次级电压太低而不能点火；虽能跳火，但由于次级电压降低，点火能量不足而出现高速断火、缺火，使发动机不易启动、怠速不稳、功率下降、排气污染及耗油增加等。

（3）诊断与排除

① 手摸点火线圈外壳感应温度，感到热为正常，如果烫手为点火线圈有匝间短路故障。

② 用万用表测量初级线圈和次级线圈电阻值，电阻挡分别测初、次级绕组的电阻，判断是否有绕组短路和断路的故障。测得电阻无穷大，则为绕组有断路故障；若电阻过大或过小，则说明绕组有接触不良或有匝间短路之处（在 20℃的环境下，初级绕组的阻值应为 0.5～1.0Ω，电子点火系、传统点火系应为 1.5～3.0Ω。次级绕组的阻值应为 2.5～4Ω，传统点火系为 6～8Ω）。绕组是否搭铁，则用万用表测点火线圈接线柱与点火线圈外壳之间的电阻来鉴别。电阻为零，说明绕组搭铁；电阻小于 50MΩ说明绝缘性能差。

③ 点火线圈的有些故障仅用万用表测量电阻的方法并不一定能反映出来。例如，点火线圈内部绝缘老化或有小的裂纹，这些只是在高压下产生漏电而造成次级电压下降，点火能量不足而使发动机工作不正常或不工作。这些故障需通过专用仪器才能准确判别。

④ 替换法，用对比跳火的方法检验。此方法在试验台上或车上均可进行，将被检验的点火线圈与好的点火线圈分别接上进行对比，看其火花强度是否一样。

点火线圈经过检验，如内部有短路、断路、搭铁等故障，或者发火强度不符合要求时，一般应更换新件。

三、维修实例

案例一

1. 故障现象

一辆行驶里程约 9 万 km 的大众桑塔纳轿车。该车慢加速时发动机工作正常，而急加速时发动机回火。

2. 故障原因

急加速时空气流量传感器数据不准。

3. 故障诊断与排除

用故障诊断仪读取故障码，显示发动机系统无故障。观察各传感器的数据显示，冷却液温度传感器、节气门位置传感器、氧传感器及空气流量计等数据与维修手册上的数据均一致。在这种情况下，判断电控系统无故障。

检测汽油泵的压力正常；检查高压线、火花塞也正常；将喷油器拆下，发现喷油器有少量积炭结焦，将喷油器清洗干净，故障仍然存在；最后又检测了汽缸压力，也正常。

能引起回火的因素都检查了，故障仍没排除，于是再对故障仔细分析。试车，机械部分正常，发动机回火说明混合气稀。故障诊断仪读取的数据中，氧传感器信号和空气流量计信号可以反映混合气的稀浓，而仪器上显示的这两个信号值正常。但仔细考虑一下，它们反映的是怠速时混合气的情况，而急加速时氧传感器的信号无法观察，只能观察空气流量计的信号为 2～5g/s，慢加速可升至 12g/s 左右，急加速时只能达到 15～17g/s，松开节气门时却能达到 40g/s 左右。由于维修手册上没有加速时的数据，于是找了一辆工作正常的桑塔纳轿车，检测发现怠速时空气流量计的信号为 2～5g/s，慢加速时为 14g/s 左右，急加速能达到 40g/s，说明故障在空气流量传感器。更换空气流量传感器后，故障排除。

案例二

1. 故障现象

一辆丰田乘用车，二级维护后出现发动机怠速不稳，急加速不畅并伴有回火放炮声。

2. 故障原因

信号盘损坏。

3. 故障诊断与排除

该车进厂时并没有发现上述现象，只有怠速抖动，维修中清洗了节气门体、怠速电机，喷油嘴更换了分电气盖分火头，在启动时才出现了故障，感觉像点火错乱，经检查，缸线次序未插错，喷油嘴真空管等无漏油漏气现象，各传感器及线束接头连接可靠，用红盒子诊断仪未测出故障码，因怀疑点火故障，拆下了分电器总成检查时，发现信号盘与其下面两个拾波圈 G1、G2，紧靠在一起，两个传感器上有裂痕，而正常情况下信号盘与 G1、G2 应有 1.0～1.5mm 的间隙，与侧面 NE 拾波线圈应有 0.5～1.0mm 的间隙。维修人员分析可能在换分火头时担心其安装不到位（分火头用螺丝固定在信号盘上）而用工具轻轻敲击，造成信号盘转子下沉，直至碰到了拾波线圈 G1、G2。因为间隙过小造成示波信号干扰失真出现上述现象。将转子轴反向轻轻敲击出 1.0～1.5mm，故障排除。

案例三

1. 故障现象

一辆配备 D 型喷射系统的大众桑塔纳轿车。该车加速无力，回火，冒黑烟。

2. 故障原因

线路搭铁不良。

3. 故障诊断与排除

据车主反映，在来 4S 店以前已经在别处更换过火花塞、分电器、汽油泵，清洗了喷油器、节气门，但故障还是没有排除。接车后，试车感觉不像车主所说的那样加速无力、回火，而是一切正常，只是尾气略有些呛人。连接解码器，读取故障码，显示系统正常。读取数据流，发现氧传感器信号电压停留在 0.455V 不动，表明氧传感器或其线路有问题，经检查线路正常，于是更换氧传感器，至此维修结束，将车交给车主。没想到第二天，车主又回来了，说车子没有修好，和没修前一模一样。经试车，感觉还是一切正常。这时车主说，这辆车故障不经常出现，只是在晚上发生得频繁。对车主的话细细想来，既然晚上容易出现故障，晚上也就是开大灯，想到这里眼前忽然一亮，难道有漏电的地方使控制单元供电不足，造成控制单元程序紊乱。接上解码器，查询控制单元的电源电压为 13.8V，正常；打开大灯，电压下降为 11.2V，在正常的范围内，没有发现可疑之处。正在百思不得其解时，就听到“嗡”的一声，原来电子扇转了，这时发现电压值急剧下降到了 10V 左右，车也开始抖动，故障原因终于找到了。原来，白天行驶，电子扇、转向灯、喇叭这几个用电量较大的电器很难同时工作，但到了晚上，打开了前灯，这时，电子扇再参加工作，造成了控制单元供电不足。能造成控制单元供电不足不外乎以下三点原因。

① 蓄电池亏电严重。

② 发电机性能不良。

③ 控制单元电源线或搭铁线接触不良。

经测试，发电机端电压为 14V。询问车主，车主说每天早晨启动车时正常，不像是蓄电池亏电。那么只有控制单元的连线了，经查在保险丝座的左边一个搭铁座已经生锈，处理后故障彻底排除。

任务六　燃油供给系统的检测与诊断

一、燃油供给系统的检测

1. 燃油泵的检测

检测电动燃油泵时应判断是控制电路故障还是电动燃油泵自身的故障。先关闭点火开关，拆下后备箱底板处的油泵检测盖板，拔下电动燃油泵导线插头；再打开点火开关（初始油压型）或用启动机带动曲轴旋转（无初始油压型），检测电动燃油泵导线插头中电源端子和搭铁端子之间的电压，如为 12V 说明电动燃油泵控制电路完好，故障点在电动燃油泵；如不为 12V，说明故障点在电动燃油泵控制电路。

（1）电动燃油泵电阻的检测

测量电动燃油泵电源端子和搭铁端子间的电阻，即为电动燃油泵直流电动机线圈的电阻，其阻值应为 0.2~3Ω，否则应更换电动燃油泵。

（2）电动燃油泵工作状态检查

将电动燃油泵与蓄电池连接（正负极不得反接），并使电动燃油泵尽量远离蓄电池，每次通电时间不得超过 10s（时间过长会烧坏电动燃油泵电动机的线圈）。如果电动燃油泵不转动，则应予以更换。

（3）电动燃油泵供油量的检查

① 按安全操作规程拆除燃油分配管上的进油管。

② 把拆开的进油管放入一个大号量杯中。

③ 用跨接线将电动燃油泵与蓄电池相连，此时电动燃油泵工作，泵送出高压汽油。

④ 记录电动燃油泵工作时间和供油体积，供油量应符合车型技术要求。一般经汽油滤清器过滤后的供油量为 0.6 ~ 1L/30s。

检测电动燃油泵供油量时，应充分认识此项操作的危险性，操作现场应通风良好，断绝火源并准备好灭火器材。

（4）电动燃油泵进油滤网的维护

电动燃油泵在进油口处有一个进油滤网，如图 2-30 所示，用来过滤汽油中直径较大的杂质和胶质，保护油泵电动机。杂质和胶质较多时会影响电动燃油泵的泵油量，严重时会导致电动燃油泵无法供油，此时需清洗油泵滤网和汽油箱。油泵滤网破损后应更换电动燃油泵总成。

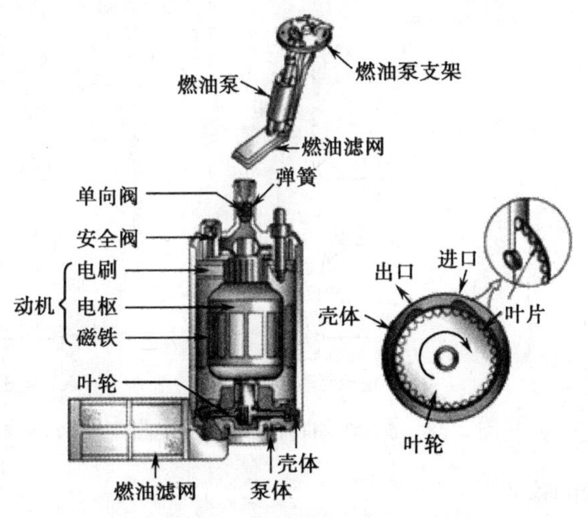

图 2-30　电动燃油泵的结构

2. 喷油器的检测

（1）检查喷油器工作情况

喷油器的结构如图 2-31 所示，发动机热机后怠速运转时，可用手触摸或触杆式听诊器接触喷油器测听各缸喷油器工作的声音，发动机运转时应能听到有节奏的“嗒、嗒”声，发动机加速时节奏加快，这是针阀开闭时的工作声；若各缸喷油器工作声音清脆、均匀，则说明各喷油器工作正常；若某缸喷油器工作声音很小则可能是针阀卡滞，应做进一步的检查；若听不见某缸喷油器的工作声音，则说明该缸喷油器不工作，应检查喷油器及其控制线路。

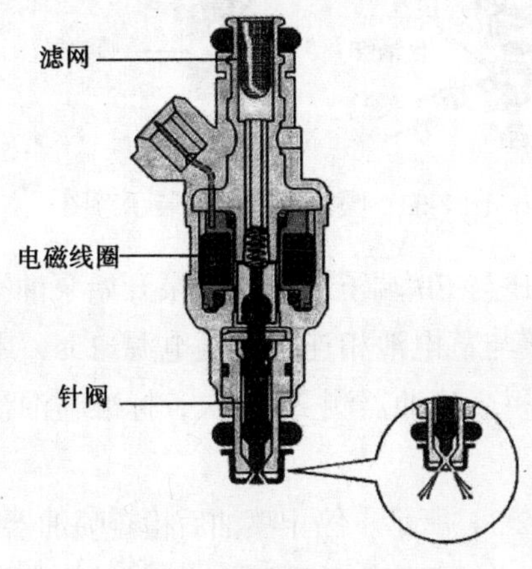

图 2-31　喷油器的结构

（2）喷油器电磁线圈电阻的测量

关闭点火开关，拔下喷油器的导线插头，测量喷油器两个接线端子间（电磁线圈）的电阻值。在温度为 20℃时，低阻式喷油器电阻值一般为 2～3Ω，高阻式喷油器电阻值一般为 13～16Ω，如图 2-32 所示。

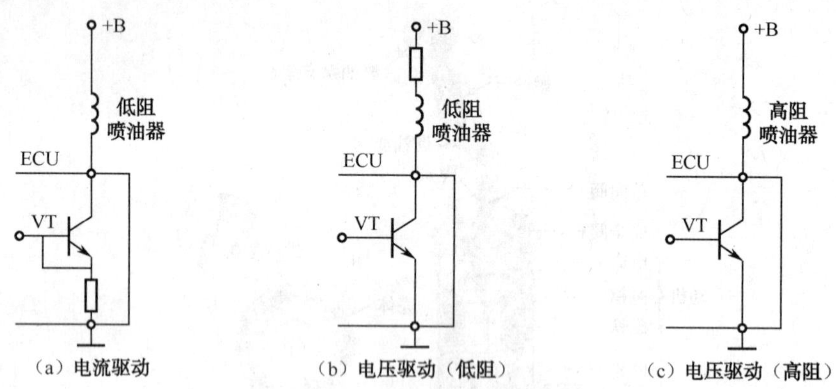

图 2-32　测量喷油器电磁线圈电阻

（3）喷油器喷油质量的检查

喷油质量的检查包括喷油量、雾化和泄漏的检查。此项检查可在专用的喷油器试验台上进行。若无试验台，可按下述方法进行（以丰田车为例）。

① 断开点火开关，拆下蓄电池搭铁线。拆下进油管，按图 2-33 所示装上软管连接头和检查用软管。把喷油器、压力调节器和油管用连接头和连接卡夹连接好。

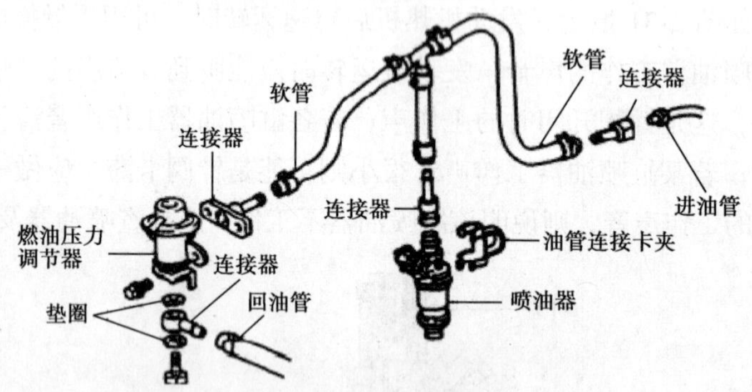

图 2-33　喷油器测试安装示意图

② 跨接线短接诊断座中+B 与 FP 端子，使燃油泵开始泵油。

③ 喷油器两接线端子直接与蓄电池相连，接通电源 15s，用量筒测量喷油量的大小并同时观察喷油器喷油雾化状况。每个喷油器测 2～3 次，标准喷油量为 70～80ml/15s，各喷油器允许误差为 9ml。

喷油器喷油状况检查如图 2-34 所示。停止喷油后检查喷油器喷口处有无漏油，每分钟漏油应不超过 1 滴。如不符合上述要求，可以先清洗再检查，如果还不符合要求，则应更换喷油器。

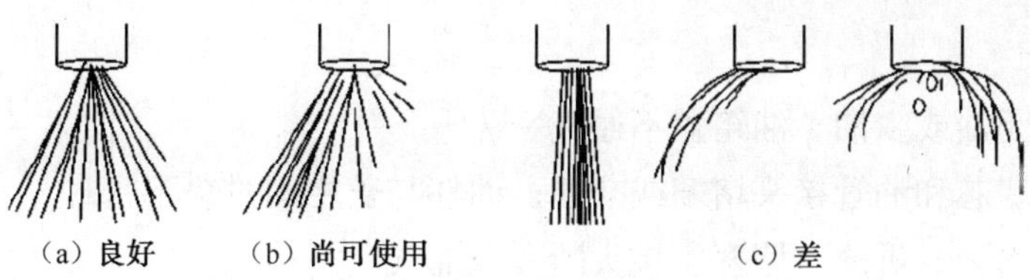

图 2-34 喷油器喷油状况检查

二、燃油供给系统故障诊断与排除方法

1. 油路不供油

（1）故障现象

发动机不能启动或在运转过程中自动熄火，不能再次启动。

（2）故障原因

① 油箱燃油不足。

② 油管及接头漏油。

③ 汽油滤清器严重堵塞。

④ 燃油压力调节器膜片破裂。

⑤ 油泵电动机损坏，熔断器、继电器损坏或线路断路、接触不良等。

⑥ 喷油器线圈、继电器、熔断器损坏或控制线路不良等。

⑦ 冷却液温度传感器信号失常、曲轴位置传感器（发动机转速传感器）无信号、启动开关信号未传入 ECU 等，使 ECU 未进行喷油控制。

⑧ ECU 有故障。

（3）故障诊断与排除

① 检查油箱是否有油，燃油管路及接头是否有破损之处。

② 再进行故障自诊断，检查有无故障码，有故障码的按故障码检测。

③ 测量系统油压。

④ 检查汽油滤清器，若堵塞严重应更换。

⑤ 检查油压调节器。

⑥ 若上述检测均正常，则为油泵不供油，应检查油泵及其控制线路或 ECU，视情况检测或更换。

2. 油路供油不畅

（1）故障现象

① 发动机启动困难或无法启动（电路无故障）。

② 汽车行驶途中发动机缓慢熄火。

③ 进气管回火等。

（2）故障原因

① 储油箱：无油或少油、油箱盖不通气。

② 滤清器：滤芯和油管接头堵塞或漏油；油杯与盖之间衬垫不密封。

③ 供油管：断裂、折瘪、堵塞、接头断裂或漏气。

④ 燃油泵：电动机线圈短路、断路、匝间短路，出油阀、泄压阀失效。

⑤ 燃油泵控制电路：线路松动或接触不良。

⑥ 油压调节器故障。

⑦ 冷却液温度传感器信号失常、曲轴位置传感器（发动机转速传感器）无信号、启动开关信号未传入 ECU 等，使 ECU 未进行喷油控制。

（3）诊断与排除

① 先检查油箱是否有油，燃油管路及接头是否有破损之处。

② 检查油泵保险器和继电器接点是否正常。

③ 检查进油滤网、汽油滤清器是否堵塞。

④ 检查油管是否堵塞、断裂、折瘪。

⑤ 燃油分配管上连接油压表，测量燃油压力是否正常。若不正常，则为燃油泵故障。

⑥ 检查油压调节器。

⑦ 以上都正常，再用故障诊断仪检查有无故障码，有故障码按故障码检测。

3．混合气过稀

（1）故障现象

踩下加速踏板后发动机转速不能马上升高，有迟滞现象，加速反应迟缓，或者在加速过程中发动机转速有轻微波动，有时出现“回火”“放炮”现象。

（2）故障原因

① 燃油泵性能不良。

② 油压调节器性能下降。

③ 节气门位置传感器或空气流量计、进气歧管绝对压力传感器、冷却液温度传感器、曲轴位置传感器、氧传感器信号不良。

④ 废气再循环系统工作不良。

⑤ 进气歧管、真空管泄漏等。

⑥ 汽油滤清器堵塞，管路泄漏。

⑦ 电控单元 ECU 故障。

（3）诊断与排除

① 进行故障自诊断，检查有无故障码。

② 检查进气系统有无漏气，真空管是否脱落、破裂等。

③ 检查供油管路及接头，如有泄漏予以排除。

④ 检查汽油滤清器，堵塞则更换。

⑤ 检查油压调节器。

⑥ 装燃油表，检查燃油压力。

⑦ 燃油压力的检查。

a. 启动发动机并怠速运转，观察油压表的读数，应为250kPa左右。

b. 增大节气门开度后加速，油压表读数应增大到280kPa左右。

c. 拔下油压调节器的真空管，燃油压力必须提高到300kPa左右。

d. 关闭点火开关，检查系统密封性及保持油压，在10min后油压应不低于200kPa。

e. 若保持油压过低，说明系统泄漏。重新启动发动机建立油压，关闭点火开关，用钳子夹住回油管，等待10min，若此时压力表读数不低于200kPa，说明油压调节器回油阀关闭不严，应更换油压调节器。若仍低于200kPa，说明系统密封不良，管路泄漏，也可能是油泵单向阀损坏。

注意：不同发动机，燃油系统的压力值有所不同，检测时应符合维修手册的要求。

⑧ 若油压调节器正常，则为燃油泵供油不足造成系统油压过低，应检测或更换燃油泵。

⑨ 若系统油压正常，应拆卸、清洗各喷油器，并检查喷油器的喷油量。如有异常，应更换喷油器。

⑩ 检测供电系统电压。

4. 混合气过浓

（1）故障现象

发动机耗油量过大，排气管冒黑烟，运转不稳，加速无力。

（2）故障原因

① 冷却液温度传感器失真，电阻值增大。

② 空气流量计或进气管压力传感器失效。

③ 氧传感器失效。

④ 冷启动喷油器漏油或冷启动控制失常。

⑤ 喷油器漏油。

⑥ 油压调节器失效使燃油压力大于标准值。

⑦ 喷油器喷孔磨损过大，增大了喷油量。

⑧ 回油管折瘪，回油不畅使燃油压力过高。

⑨ 空气滤清器堵塞。

⑩ ECU故障。

（3）诊断与排除

① 首先读取故障码，并按故障码提示排除故障。

② 检查空气滤清器，堵塞应更换。

③ 检查冷启动喷油器控制是否正常。

④ 检查系统油压，测量分配油管燃油压力。

⑤ 如果油压过高，则检查油压调节器和油泵泄压阀是否正常，检查回油管是否折瘪。

⑥ 如果油压正常，则用故障诊断仪，分析温度传感器和空气流量计数据流。

⑦ 以上都正常，则拆卸喷油器，在试验台上测量喷油器喷油流量。

⑧ 用万用表或示波器检查喷油脉宽，若不正常，则为 ECU 故障导致喷油控制失常，应更换 ECU。

5. 进气管回火

（1）故障现象

进气管回火、发动机无力、启动困难、耗油量增加。

（2）故障原因

如果空燃混合气在进气门打开时进入进气歧管，然后点燃空燃混合气，则会出现回火现象。当点火正时由于非常稀薄空燃比而延迟时，由于空燃混合气燃烧速度非常慢，导致出现回火。回火是由下列条件引起的。

① 混合气过稀。

② 发动机在寒冷环境中启动。

③ 在发动机暖机过程中迅速加速。

④ 进气门上有炭沉积。

⑤ 空气滤清器堵塞。

（3）诊断与排除

① 发动机在寒冷环境中启动或在发动机暖机过程中迅速加速进气管回火属正常现象，无须修理。

② 检查空气滤清器滤芯是否脏污。

③ 调整混合气浓度，在电控发动机中混合气浓度受传感器的影响，因此检查有关传感器的参数是故障诊断的关键。

④ 清理发动机积炭。

6. 排气管放炮

（1）故障现象

排气管有爆炸声，下坡或空挡瞬间响声较严重。

（2）故障原因

当未燃烧空燃混合气进入排气歧管而且在排气管内燃烧时，会出现排气管放炮现象。因为未燃烧可燃混合气由于混合气浓或点火正时不当而导致汽缸内缺少空气，而排入排气歧管，在排气管遇到空气而燃烧，或者由于空燃比过浓而导致后燃。因为后燃导致的高温燃烧可能损坏催化转换器，所以排气管放炮现象应尽快排除。后燃是由下列条件引起的。

① 燃油内有水分。

② 减速过程中没有切断燃油。

③ 火花塞故障。

④ 混合气过浓或过稀。

(3) 诊断与排除

① 从燃油滤清器中检查燃油中是否有水分，如有水分应清洗燃油箱。

② 检查空燃比，在电控发动机中混合气浓度受传感器影响，因此检查有关传感器的参数是故障诊断的关键。

③ 下坡减速没有切断燃油供给是由于电控系统故障，应检查电控部分工作是否正常。

④ 点火不正常可参见任务五的内容检查各有关部件，主要检查火花塞是否正常。

三、维修实例

案例一

1. 故障现象

一辆别克君威 2.0L 轿车，行驶 15 万 km，客户反映该车在冷车时能够顺利启动，但有时热车启动特别困难。

2. 故障原因

喷油器漏油造成启动困难。

3. 故障诊断与排除

混合气过浓往往是造成热车不易启动的原因。由于该故障现象直接与温度有关，因而首先检查了冷却液温度传感器及其控制线路，均属正常。在检查过程中发现，该车热车熄火后立即启动，启动良好，但熄火后等候 5～8min，再启动就非常困难。检查燃油系统，接好燃油压力表，启动发动机，压力正常。熄火后再看油压表，发现油压很快下降，断开回油管接头，无回油，说明漏油在油泵至喷油器之间。拆下 4 个喷油器检查试验，发现喷油器都有严重的漏油现象。

全部更换新的喷油器后，无论冷车启动还是热车启动都很正常，故障排除。

案例二

1. 故障现象

行驶里程约 1.8 万 km 的 2012 年东风本田思域 1.8 轿车。用户反映该车不好启动，且行驶中加速无力。

2. 故障原因

燃油系统堵塞。

3. 故障诊断与排除

由于该车装备了 ECON 节能辅助系统，该系统开启时会减少喷油量从而达到节油的目的，同时动力也会有所下降。因此，维修人员接车后首先关闭 ECON 模式后试车，确认故障现象确实存在。该车仪表板无故障灯点亮，怠速时利用诊断仪读取发动机数据也无明显异常。

通过故障现象，初步分析引起该故障的原因可能有燃油供给及喷射系统故障、进排气系统故障及汽油油质问题。而通过试车发现，在急加速时明显感觉到发动机转速上升缓慢，并且排气管有低沉的废气回流声。根据经验判断，该情况可能为进气系统或排气系统堵塞引起。于是拆掉空气滤芯后进行短暂试车，故障依旧，因此排气系统堵塞的可能就很大。随后拆下三元催化器进行检查，发现三元催化器已严重堵塞。引起三元催化器堵塞的原因，一般都是燃油质量问题，接下来检查燃油滤清器及喷油器均发现有不同程度的堵塞。与用户沟通，用户回忆起正是在一次外出加油后，车辆就慢慢变得加速无力了。

更换三元催化器和燃油滤清器，清洗燃油箱油路后，故障排除。

案例三

1. 故障现象

一辆行驶里程约 9.8 万 km，装配 1ZZ 发动机的丰田花冠轿车。客户反映该车车辆熄火放置一段时间后，第一次无法启动，需要重复启动两三次后才能成功。

2. 故障原因

油压调节器损坏。

3. 故障诊断与排除

按照客户所说将车辆放置超过 20min，果然无法一次启动车辆，连续两三次才能启动车辆。此故障产生的原因大概是燃油油压或点火系统不良。首先检查车辆燃油压力，安装汽油压力表测试燃油压力，启动发动机燃油压力值为 320kPa，正常。熄火后燃油压力缓慢下降到 0kPa，泄漏太快，无保持油压。怀疑燃油压力调节阀故障，更换燃油压力调节阀后进行油压测试。启动发动机后燃油压力值为 320kPa，熄火后燃油压力下降到 200kPa 左右时停止不动，正常。

更换燃油压力调节阀后问题解决。

情境三　车辆底盘的检测与诊断

任务一　传动系统的检测与诊断

一、传动系统的检测

道路试验是诊断、分析自动变速器故障的最有效手段之一，试验内容主要有检查换挡车速、换挡质量及换挡执行元件有无打滑现象。道路试验之前，应先让汽车以中低速行驶 5～10min，使发动机和自动变速器都达到正常工作温度。在试验中，如无特殊需要，通常应将超速挡开关置于“ON”位置（即超速挡指示灯熄灭），并将模式开关置于普通模式或经济模式位置。

（1）升挡过程的检查

将挡位拨至前进挡 D 位，踩下加速踏板，使节气门保持在 1/2 开度左右，让汽车起步加速，检查自动变速器的升挡情况。自动变速器在升挡时发动机会有瞬时的转速下降，同时车身有轻微的闯动感。正常情况下，汽车起步后随着车速的升高，试车者应能感觉到自动变速器能顺利由 1 挡升入 2 挡，随后再由 2 挡升入 3 挡，最后升入超速挡。若自动变速器不能升入高挡（3 挡或超速挡），说明控制系统或换挡执行元件有故障。

（2）升挡车速的检查

将挡位拨至前进挡 D 位，踩下加速踏板，并使节气门保持在某一固定开度，让汽车起步并加速。当察觉到自动变速器升挡时，记下升挡车速。一般 4 挡自动变速器在节气门开度保持在 1/2 时 1 挡升至 2 挡的升挡车速为 25～35km/h；由 2 挡升至 3 挡的升挡车速为 55～70km/h，由 3 挡升至 4 挡（超挡速）的升挡车速为 90～120km/h。若升挡车速过低，一般是控制系统的故障所致；若升挡车速过高，可能是控制系统有故障，也可能是换挡执行元件有故障。

（3）升挡时发动机转速的检查

正常情况下，若自动变速器处于经济模式或普通模式，节气门保持在低于 3000r/min

内，则在汽车由起步加速直至升入高挡的整个行驶过程中，发动机转速都将低于 3000r/min，通常在加速至即将升挡时发动机转速可达到 2500～3000r/min，在刚升挡后的短时间内发动机转速将下降至 2000r/min 左右。

如果在整个行驶过程中发动机转速始终过低，加速至升挡时仍低于 2000r/min，说明升挡时间过早或发动机动力不足。

如果在行驶过程中发动机转速始终偏高，升挡前后的转速为 2500～3000r/min，而且换挡冲击明显，说明升挡时间过迟。

如果在行驶过程中发动机转速过高，经常高于 3000r/min，在加速时达到 4000～5000r/min 甚至更高，则说明换挡执行元件（离合器或制动器）打滑。

（4）换挡质量的检查

换挡质量的检查主要是检查有无换挡冲击。正常的自动变速器只能有不太明显的换挡冲击，特别是电子控制自动变速器的换挡冲击应十分微弱。若换挡冲击过大，可能是油路油压过高或换挡执行元件有故障，应做进一步的检查。

（5）锁止离合器工作情况的检查

液力变矩器中的锁止离合器的工作是否正常可以采用道路试验的方法进行试验。试验时，让汽车加速至超速挡，以高于 80km/h 的车速行驶，并让节气门开度保持在低于 1/2 的位置，使变矩器进入锁止状态。此时，快速将加速踏板踩下至 2/3 开度，同时检查发动机转速的变化情况。若发动机没有太大变化，说明锁止离合器处于接合状态；反之，若发动机转速升高很多，则表明锁止离合器没有接合，其原因通常是锁止离合器控制系统有故障。

（6）发动机制动作用的检查

将挡位拨至前进低挡（S、L 或 2、1）位置，在汽车以 2 挡或 1 挡行驶时，突然松开加速踏板，若车速立即随之而降低，说明有发动机制动作用，否则说明控制系统或相关的离合器、制动器有故障。

（7）强制降挡功能的检查

检查自动变速器的强制降挡功能时，应将选挡杆拨至前进挡 D 位，保持节气门开度为 1/3 左右，在以 2 挡、3 挡或超速挡行驶时突然将加速踏板完全踩到底，检查自动变速器是否被强制降低一个挡位。在强制降挡时，发动机转速会突然上升至 4000r/min 左右，并随着加速升挡，转速逐渐下降。

若踩下加速踏板后没有出现强制降挡，说明强制降挡功能失效。

若在强制降挡时发动机转速异常升高达 5000r/min，并在升挡时出现换挡冲击，则说明换挡执行元件打滑，应检测自动变速器。

（8）P 位制动效果的检查

将汽车停在坡度大于 9% 的斜坡上，选挡杆拨入 P 位，松开驻车制动，检查机械闭锁爪的锁止效果。

二、传动系统故障诊断与排除方法

1. 离合器常见故障

离合器的常见故障有离合器打滑、离合器分离不彻底、离合器接合不稳和离合器异响。

离合器的常见故障部位主要有飞轮与从动盘接触面、从动盘、压盘、膜片弹簧、分离叉、分离套筒等。

1）离合器打滑

（1）故障现象

当汽车起步时，完全放松离合器踏板，发动机的动力不能完全传至变速器输入轴，使汽车动力下降，油耗增加和起步困难；汽车加速时，车速不能随发动机转速提高而加快以及行驶无力；当负载上坡时，打滑较明显，严重时，会从离合器内散发出焦臭味。

（2）故障原因

离合器打滑的根本原因是压盘与从动盘之间的最大静摩擦力不足，其故障树如图 3-1 所示。

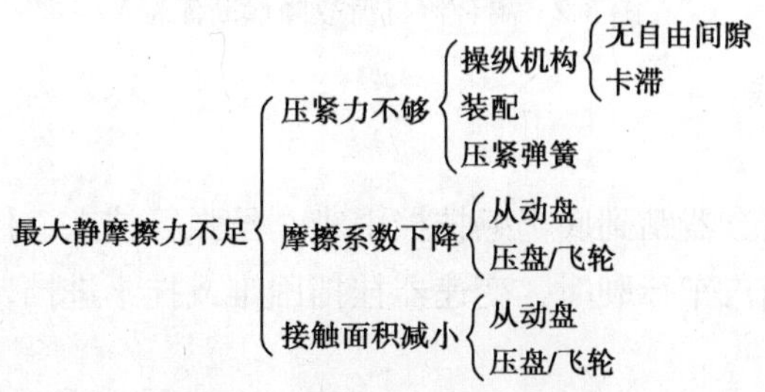

图 3-1　离合器打滑故障树

具体原因及排除方法如下。

① 摩擦片烧损、硬化、有油污或磨损严重，视情况予以修理或更换。

② 膜片弹簧疲劳、开裂或失效，应予以更换。

③ 分离轴承等操纵机构运动发卡不能回位，应予以润滑或更换。

④ 压盘或飞轮变形、磨损，应予以磨平或更换。

⑤ 离合器操纵机构调整不当，导致踏板自由行程过小，应予以调整。

⑥ 离合器和飞轮连接螺钉松动，应重新紧固。

（3）故障诊断与排除

离合器打滑故障诊断思路如下。

① 故障判断。拉紧驻车制动器，挂上低速挡，慢慢放松离合器踏板缓缓加大油门，若汽车不动，发动机仍继续运转而不熄火，说明离合器打滑。

② 检查离合器踏板自由行程，如不符合规定，应予以调整。

③ 若自由行程正常，应拆下离合器底盖检查离合器与飞轮螺钉是否松动，如松动应拧

紧；如不松动应检查离合器盖与飞轮之间有无调整垫片，并视情况减少或拆除垫片再拧紧。

④ 经上述检查排除后仍然打滑时，应拆下离合器，检查从动盘的状况。若有油污，一般应拆下用汽油清洗并烘干，然后找出油污来源，并设法排除。若从动盘磨损过薄或有铆钉头外露，应更换从动盘。

⑤ 如从动盘完好，则应分解离合器，检查压盘弹簧弹力。若弹力减小，应予以更换。

离合器打滑故障诊断流程如图 3-2 所示。

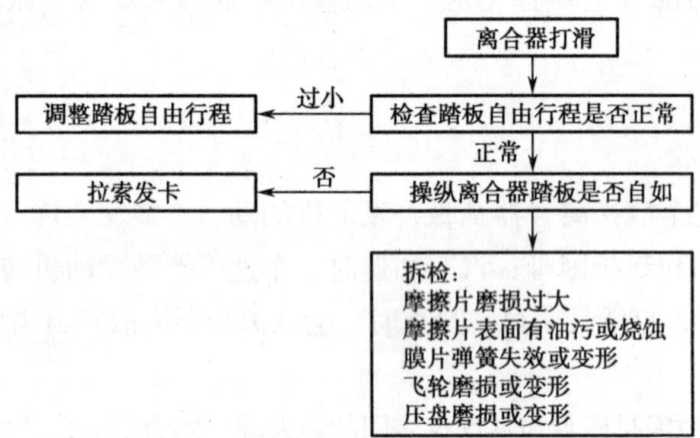

图 3-2　离合器打滑故障诊断流程

2）离合器分离不彻底

（1）故障现象

当汽车起步时，将离合器踏到底仍感挂挡困难，虽强行挂入，但不抬踏板汽车就向前驶动或造成发动机熄火；当汽车行驶时，变速器挂挡困难或挂不进挡，并从变速器端发出齿轮撞击声。

（2）故障原因

离合器分离不彻底故障树如图 3-3 所示。

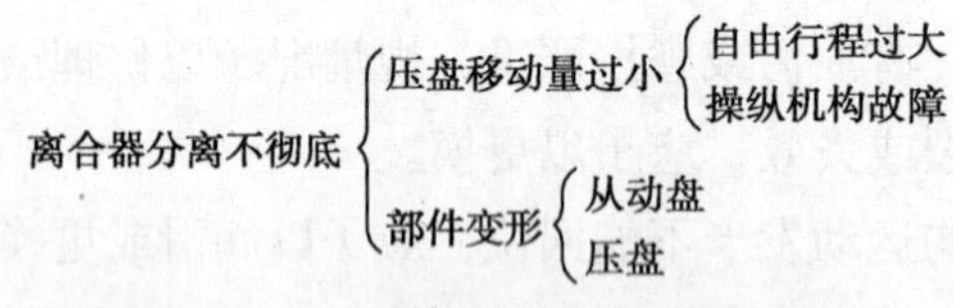

图 3-3　离合器分离不彻底故障树

具体故障原因如下。

① 离合器踏板自由行程过大。

② 离合器拉索发卡。

③ 液压操纵系统漏油、系统内有空气或油量不足。

④ 膜片弹簧断裂或内端因调整不当造成不在同一平面内。

⑤ 从动盘毂键槽与变速器第一轴键齿锈蚀，使从动盘移动困难。

⑥ 离合器从动盘翘曲、铆钉松脱或新换的从动盘过厚。

⑦ 离合器压盘翘曲变形。

（3）故障诊断与排除

离合器分离不彻底故障诊断思路如下。

① 故障判断。将变速杆放到空挡位置，踏下离合器踏板，用螺丝刀推动离合器从动盘。若能轻推动，说明离合器能分离开；若推不动说明离合器分不开。

② 检查离合器踏板自由行程，如自由行程过大，则要重新调整。

③ 检查操纵机构是否正常。拉索是否存在发卡，液压操纵机构是否存在泄漏、管路是否有空气等。

④ 如经过上述检查调整仍无效时，应将离合器拆下分解，检查各机件的技术状况，必要时予以修理或换件。

离合器分离不彻底故障诊断流程如图 3-4 所示。

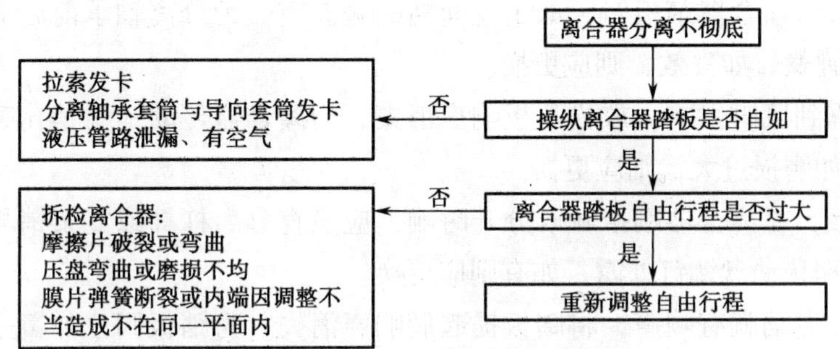

图 3-4　离合器分离不彻底故障诊断流程

3）离合器异响

（1）故障现象

在使用离合器时，有不正常的响声产生。

（2）故障原因

造成异响的根本原因在于离合器部分零件严重磨损及主、从动部件传动部位松旷，在离合器接合或分离的瞬间，由于惯性冲击的作用，造成不正常摩擦或撞击而产生异常响声。离合器异响故障树如图 3-5 所示。

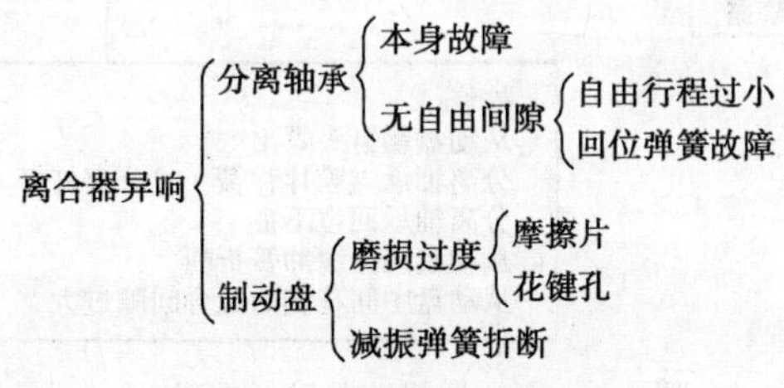

图 3-5　离合器异响故障树

具体原因主要有以下几方面。

① 分离轴承缺油或损坏。

② 分离轴承与膜片弹簧内端之间无间隙。

③ 分离轴承回位弹簧过软、折断或脱落。

④ 踏板自由行程过小。

⑤ 踏板回位弹簧过软、脱落或折断。

⑥ 从动盘本体铆钉外露或松动，本体碎裂或减振弹簧折断。

⑦ 从动盘毂与变速器第一轴花键磨损严重。

（3）故障诊断与排除

诊断思路如下。

① 少许踩下离合器踏板，使分离杠杆与分离轴承接触，听到有“沙沙”的响声，为分离轴承响。如加油后仍响，则为轴承磨损松旷或损坏。检查分离轴承，如损坏或磨损过大，应换用新的轴承。

② 踩下、放松离合器踏板时，如出现间断的碰击声，为分离轴承前后滑动响声，应检查分离轴承回位弹簧，如失效，则应更换。

③ 将踏板踩到底时发响，放松踏板响声消失，为离合器传动销与销孔磨损松旷。检查传动销的磨损，如磨损过大，则应更换。

④ 连踩踏板，在离合器刚接触或分开时响，应检查分离杠杆或支架销与孔磨损是否松旷，或铆钉松动和从动盘铆钉外露，如有则应更换。

⑤ 发动机一启动就有响声，将踏板提起后响声消失，为踏板回位弹簧失效，则应更换压紧弹簧（注意，所有弹簧需同时更换）。

离合器异响故障诊断流程如图 3-6 所示。

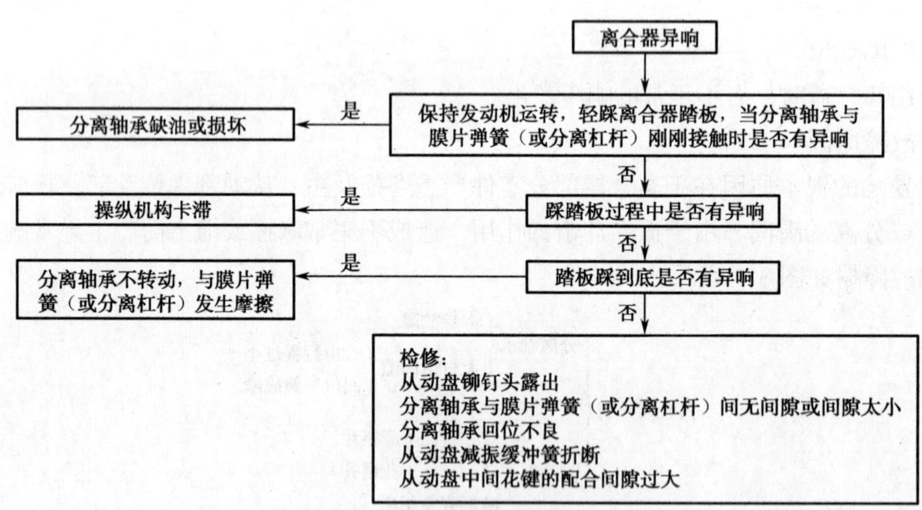

图 3-6 离合器异响故障诊断流程

4）离合器发抖

（1）故障现象

汽车起步时，经常不能平稳接合，使车身发生抖动。

（2）故障原因

离合器接合不稳的根本原因是从动盘摩擦片表面与压盘表面、飞轮接触表面之间正压力分布不均，在同一平面内接触时间不同，使得主、从动盘接合不平顺引起发抖。离合器发抖故障树如图 3-7 所示。

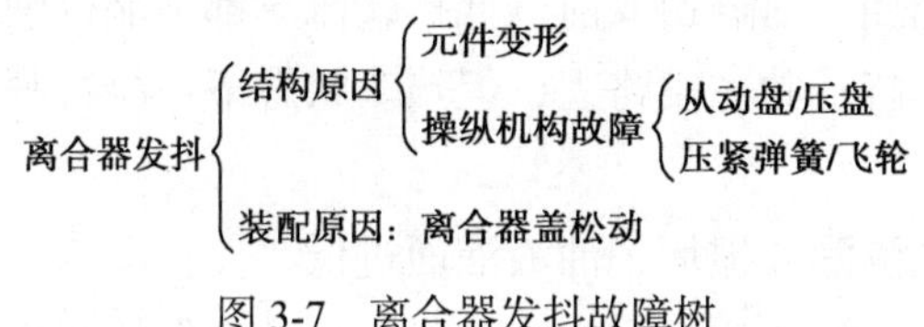

图 3-7　离合器发抖故障树

具体原因主要有以下方面。

① 操纵机构工作不畅。

② 从动盘翘曲、厚度不均或中间花键的配合间隙过大。

③ 压盘变形。

④ 离合器盖松动。

⑤ 飞轮端面圆跳动超标。

⑥ 膜片弹簧本身弹力不均、断裂或内端因调整不当造成不在同一平面内。

（3）故障诊断与排除

诊断思路如下。

① 让发动机怠速运转，挂上低速挡，慢慢放松离合器踏板并加大加速踏板起步，如车身有明显抖动，则为离合器发抖。

② 检查变速器与飞轮壳、离合器盖飞轮固定螺钉是否松动，有松动则紧固；如正常，则检查分离杠杆高度。

③ 检查操纵机构是否正常，拉索是否发卡，踏板回位是否正常。

④ 如上述都良好，拆下离合器，分别检查压盘、从动盘是否变形，如变形，则应更换；检查从动盘铆钉是否松动，各压紧弹簧的弹力是否在允许的范围之内。

诊断流程如图 3-8 所示。

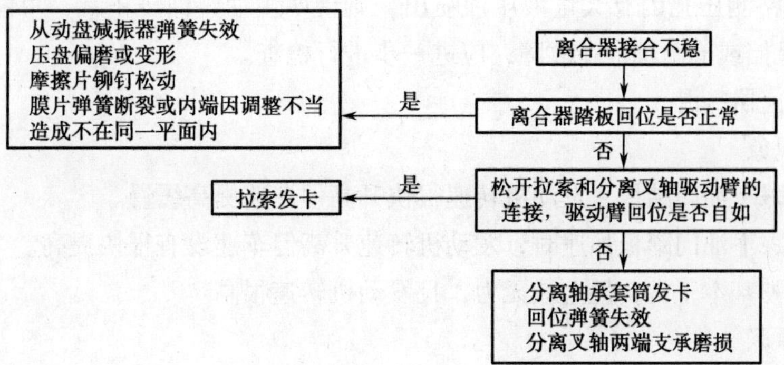

图 3-8　离合器接合不稳常见原因的诊断流程

2．自动变速器常见故障

1）汽车不能行驶

（1）故障现象

① 无论变速杆位于倒挡、前进挡或前进低挡，汽车都不能行驶。

② 冷车启动后，汽车能行驶一段路程，但热车状态下不能行驶。

（2）故障原因

① 自动变速器油底壳渗漏或损坏、油液液面过低。

② 变速杆与手动摇臂之间的连杆或拉索松脱、手动阀保持在空挡或停车挡位置。

③ 油泵损坏或进油滤网堵塞。

④ 主油路严重泄漏。

（3）故障诊断与排除

① 检查自动变速器变速杆与手动摇臂之间的连杆或拉索有无松脱、位置是否合适。如有松脱，应予以修复，并调整好变速杆与手动摇臂的位置。

② 检查自动变速器的油面高度。若油面高度过低，应查找漏油原因及部位，并在及时修复后，补加油液。

③ 拆下主油路测压孔上的螺塞，启动发动机，将变速杆拨至前进挡或倒挡位置，检查测压孔内有无油液流出。

④ 若主油路测压孔内没有液压油流出，应打开油底壳，检查手动阀摇臂轴与摇臂间有无松脱、手动阀阀芯有无折断或脱钩。若手动阀工作正常，则说明油泵损坏，应拆卸分解自动变速器，检测或更换油泵。

⑤ 若主油路测压孔内只有少量液压油流出，油压很低或基本没有油压，应打开油底壳，检查进油泵滤网有无堵塞。若无堵塞，则说明油泵损坏或主油路严重泄漏，应拆卸分解自动变速器，予以修理。

⑥ 若冷车启动时主油路有一定的油压，但热车后油压立即明显下降，则说明油泵磨损过度，应更换油泵。

⑦ 若主油路测压孔内有大量液压油喷出，则说明主油路油压正常，可能是自动变速器的输入轴、行星挡或输出轴存在故障，应进一步进行检查。

2）自动变速器打滑

（1）故障现象

① 起步时踩下油门踏板，发动机转速很快升高但车速提高缓慢。

② 行驶中踩下油门踏板加速时，发动机转速升高但车速没有很快提高。

③ 平路行驶基本正常，但上坡无力，且发动机转速很高。

（2）故障原因

① 液压油油面过低。

② 液压油油面过高，在运转过程中被行星挡搅动后产生大量气泡。

③ 离合器或制动器摩擦片、制动带磨损过甚或烧焦。

④ 油泵磨损过甚或主油路泄漏，造成油路油压过低。

⑤ 单向离合器打滑。

⑥ 离合器或制动器活塞密封圈损坏，导致漏油。

（3）故障诊断与排除

打滑是自动变速器最常见的故障之一。虽然在自动变速器打滑时往往伴有离合器或制动器摩擦片磨损严重甚至烧焦等现象，但如果只是简单地更换磨损的摩擦片，却没有找出打滑的真正原因，则会使修理后的自动变速器在使用一段时间后，又出现打滑现象。因此，对于出现打滑故障的自动变速器，不要急于拆卸分解，应先做各种检查测试，找出造成打滑故障的真正原因。

① 对于出现打滑现象的自动变速器应先检查其液压油的油面高度和品质。若油面过低或过高，应先调整至正常高度后再做检查。若油面高度调整后自动变速器不再打滑，则不必再拆修自动变速器。

② 检查液压油的品质。若液压油呈棕黑色或有烧焦味，则说明离合器或制动器的摩擦片、制动带可能烧焦，应拆修自动变速器。

③ 做路试，以确定自动变速器是否打滑，并检查出打滑的挡位和打滑的程度。若自动变速器在升至某一挡位时，发动机转速突然升高，但车速没有相应地提高，即说明该挡位打滑。打滑时发动机转速升高越容易，说明打滑越严重。根据出现打滑的规律，还可以判断打滑的是哪一个换挡执行元件。

④ 对于有打滑故障的自动变速器，在拆卸分解之前，应先检查自动变速器主油路的油压，以找出自动变速器打滑的原因。自动变速器无论在前进挡或倒挡均打滑，其原因往往是主油路油压过低。若主油路油压正常，则只要更换磨损或烧焦的摩擦元件即可；若主油路油压不正常，则在拆修自动变速器的过程中，应根据主油路油压，相应地对油泵或阀进行检测，并更换自动变速器的所有密封圈和密封环。

3）自动变速器换挡冲击过大

（1）故障现象

① 汽车起步时，由停车挡或空挡挂入倒挡或前进挡时，汽车振动较严重。

② 汽车行驶过程中，自动变速器在换挡过程中出现较大的冲击现象。

（2）故障原因

① 发动机怠速过高。

② 节气门拉索或节气门位置传感器调整不当，或主油路调压电磁阀有故障，使主油路压力过大，液压系统工作不良。

③ 换挡执行元件如制动器或离合器摩擦元件的工作间隙不正常；单向离合器打滑或锁止不良，出现运动干涉；换挡前的离合器或制动器的分离时间过长或分离不彻底等。

④ 自动变速器换挡点不正确。

⑤ 自动变速器与发动机的支承胶垫磨损、连接螺栓松动、传动间隙过大或松旷。

⑥ 蓄能器活塞卡住或蓄能器背部的缓冲油压不正常。

（3）故障诊断与排除

① 检查发动机怠速，装有自动变速器的汽车发动机怠速一般为 750r/min 左右。若怠速过高，应按标准予以调整。

② 检查节气门拉索或节气门位置传感器的调整情况，如不符合标准，应重新予以调整。

③ 做路试时，如有升挡过迟的现象，则说明换挡冲击过大的故障是升挡过迟所致。如果在升挡之前发动机转速异常升高，导致在升挡的瞬间有较大的换挡冲击，则说明离合器或制动器打滑，应分解自动变速器，予以修理。

④ 检查自动变速器主油路的油压。如果发动机怠速时的主油路油压过高，则说明主油路调压阀或节气门阀有故障，可能是调压弹簧的预紧力过大或阀芯卡滞所致；如果发动机怠速时的主油路油压正常，但起步进挡时有较大的冲击，则说明前进离合器或倒挡及高挡离合器的进油单向阀阀球损坏或漏装，应拆卸阀板，予以修理。

⑤ 检查自动变速器换挡时的主油路油压。在正常情况下，换挡时的主油路油压会有瞬时的下降。如果换挡时主油路油压没有下降，则说明蓄能器活塞卡滞，应拆卸阀板，予以修理。

⑥ 检查控制电磁阀及电控系统是否有损坏、断路及短路等故障。若有故障，应及时进行排除。

4）自动变速器不能升挡

（1）故障现象

① 汽车行驶过程中，自动变速器始终保持在 1 挡，不能升入 2 挡和高速挡。

② 汽车行驶过程中，自动变速器可以升入 2 挡，但不能升入 3 挡和超速挡。

（2）故障原因

① 节气门拉索调整不当。

② 节气门位置传感器或相关电路有故障。

③ 调速阀故障或其油路存在泄漏故障。

④ 车速传感器有故障。

⑤ 换挡电磁阀或其电路有故障。

⑥ 2 挡或高挡制动器、离合器有故障。

⑦ 换挡阀卡滞。

⑧ 挡位开关有故障。

⑨ 电控单元及其电路有故障。

（3）故障诊断与排除

① 对电控系统进行自诊断检测，读取故障代码，按提示检查相关的传感器、挡位开

关、换挡电磁阀、电控单元及其电路等。

② 按标准调整节气门拉索或节气门位置传感器。

③ 测量调速阀油压。若车速升高后调速阀油压仍为 0 或很低，则说明调速阀有故障或调速阀的油路严重泄漏，应拆卸调速阀，进行检查。调速阀如有卡滞，应分解清洗，并将阀芯和阀体内孔用金相砂纸抛光；若清洗抛光后仍有卡滞，应更换调速阀。用压缩空气检查调速阀油路有无泄漏，如有泄漏，应更换密封圈和密封油环。

④ 若调速阀油压正常，应拆卸阀体，检查各换挡阀。换挡阀如有卡滞，应用金相砂纸抛光后修复；如不能修复，应更换阀体。

⑤ 若电控系统和阀体无故障，应分解自动变速器，检查各个换挡执行元件有无打滑现象；用压缩空气检查各个离合器油路或活塞有无泄漏，视情况进行修复或更换。

5）自动变速器异响

（1）故障现象

① 汽车行驶过程中，自动变速器内始终有异常响声。

② 汽车停车挂空挡后，异响消失。

（2）故障原因

① 油泵因磨损过甚或液压油油面高度过低、过高而产生异响。

② 变矩器因锁止离合器、导轮单向超速离合器等损坏而产生异响。

③ 行星齿轮机构异响。

④ 换挡执行元件异响。

（3）故障诊断与排除

① 检查自动变速器液压油油面高度。若油面高度太高或太低，应调整至正常高度。

② 用举升器将汽车升起，启动发动机，在空挡、前进挡、倒挡等状态下检查自动变速器产生异响的部位和时刻。

③ 若在任何挡位下自动变速器中始终有异响，通常为油泵或变矩器异响。应拆检自动变速器，检查油泵有无磨损、变矩器内有无大量摩擦粉末。如有异常，应更换油泵或变矩器。

④ 若自动变速器只在行驶中才有异响，空挡时无异响，则为行星齿轮机构异响。应分解自动变速器，检查行星挡各个零件有无磨损痕迹、齿轮有无断裂、单向离合器有无磨损或卡滞、轴承或止推垫片有无损坏。如有异常，应予以更换。

3. 万向传动装置常见故障

万向传动装置常见的故障有传动轴振动和噪声；万向节与中间支承松旷、发响等。

1）传动轴振动和噪声

（1）故障现象

在万向节和伸缩叉技术状况良好时，汽车行驶过程中发出周期性响声，速度越高响声越大，甚至伴有车身振动，握方向盘的手感觉麻木。

（2）故障原因

① 传动轴失去动平衡，如传动轴管上平衡块脱落，未按传动轴上花键轴与滑动叉上的标记装配。

② 万向节凸缘叉凸缘偏心。

③ 万向节十字轴轴颈与滚针轴承配合间隙过大。

④ 传动轴中间轴承磨损过大，轴承支架衬垫磨损后松旷。

⑤ 传动轴管有弯扭变形。

⑥ 滑动叉与花键轴啮合副配合间隙过大。

⑦ 曲轴、飞轮与离合器压盘总成动平衡不佳。

⑧ 发动机前、后固定支架的固定螺栓松动等。

（3）故障诊断与排除

① 检查万向节磨损情况，如果磨损严重，对于普通十字轴万向节，应更换十字轴轴承；对于等速万向节，应更换整个万向节。

② 传动轴弯曲和扭曲变形常常也会引起震动和噪声，在高速行驶时还有可能发生花键脱落的危险。检查传动轴直线度误差，如果超过极限，应更换或进行校正。

③ 在排除上述故障后，若传动轴工作仍不正常，则需对传动轴进行平衡检验调整。

④ 如果是传动轴连接部件松动引起的震动，则只需拧紧安装螺母即可。

⑤ 检查花键齿磨损情况，超过规定极限时，应更换相关部件。

⑥ 中间支承轴承磨损、缓冲橡胶垫损坏，应予以更换。如果安装松动，则需按规定力矩拧紧。

2）万向节松旷

（1）故障现象

在汽车起步和突然改变车速时，传动轴发出“哐”的响声；在汽车缓行时发出“呱当、呱当”的响声。

（2）故障原因

凸缘盘连接螺栓松动；万向节主、从动部分游动角度太大；万向节十字轴磨损严重。

（3）故障诊断与排除

① 用榔头轻轻敲击万向节凸缘盘的各连接处，检查其松紧度。如太松旷，则表明故障是由连接螺栓松动引起的，应予以紧固。

② 用双手握住万向节的主、从动部分，检查游动间隙。若游动角度过大，则应予以调整或更换磨损的机件。

3）中间支撑松旷

（1）故障现象

汽车在行驶过程中出现一种连续的“呜呜”响声，车速越高，响声越大。

（2）故障原因

① 检查滚动轴承是否缺油或磨损严重。

② 中间支撑安装方法不当，产生异常磨损。

③ 橡胶圆环损坏。

④ 车架变形，造成前后连接部分的轴线在水平面内的投影不同线，从而产生异常磨损。

（3）故障诊断与排除

① 给中间支撑轴承加注润滑脂，若响声消失，则表明故障是由轴承缺油引起的。

② 松开夹紧橡胶圆环的所有螺钉，待传动轴转动数圈后再拧紧，若响声消失，则表明故障是由中间支撑安装方法不当所致。否则，故障可能是由橡胶圆环损坏、滚动轴承技术状况不佳、车架变形等引起的。

③ 修理或更换损坏的机件。

4．驱动桥常见故障

驱动桥的主减速器、差速器、半轴、轴承和油封等长期受冲击载荷，使各配合副加剧磨损、各零部件损坏，导致驱动桥过热、异响、漏油等故障发生。

1）驱动桥过热

（1）故障现象

汽车行驶一段路程后，用手探试驱动桥壳中部或主减速器壳，试试有无无法忍受的烫手感觉，或者用红外线测温仪测后桥壳的表面温度，若超过 85℃，则为过热。

（2）故障原因

① 齿轮油变质、油量不足或牌号不符合要求。

② 轴承调整过紧。

③ 齿轮啮合间隙和行星齿轮与半轴齿轮啮合间隙调整得太小。

④ 推力垫片与主减速器从动齿轮间隙过小。

⑤ 油封过紧和各运动副、轴承润滑不良而产生干摩擦。

（3）故障诊断与排除

① 局部过热。当油封处过热时，故障是由油封过紧引起的；当轴承处过热时，故障是由轴承损坏或调整不当引起的；当油封和轴承处均不过热时，故障由推力垫片与主减速器从动齿轮间隙过小所致。

② 普遍过热。检查齿轮油油面高度，若油面太低，则故障是由齿轮油油量不足引起的；检查齿轮油规格、黏度和润滑性能，若不符合要求，则故障是由齿轮油规格、黏度和润滑性能不符合要求所致；检查主减速器齿轮啮合间隙，松开驻车制动器，将变速器置于空挡，轻轻转动主减速器的凸缘盘，若转动角度太小，表明故障是由主减速器齿轮啮合间隙太小所致；若转动角度正常，表明故障是由差速器行星齿轮与半轴齿轮啮合间隙太小所致。

2）驱动桥异响

（1）故障现象

汽车行驶过程中，在驱动桥中发出金属敲击声响，并且随着车速的提高，金属敲击声响增大。

（2）故障原因

① 齿轮或轴承严重磨损或损坏。

② 主、从动齿轮配合间隙过大。

③ 从动齿轮铆钉或螺栓松动。

④ 差速器齿轮、半轴内端或半轴齿轮花键磨损松旷。

（3）故障诊断与排除

① 将驱动桥架起，启动发动机并挂上挡，然后急剧改变车速，注意听驱动桥响声的来源，以判断故障所在部位。

② 将发动机熄火并挂入空挡，在传动轴停止转动后，用手转动传动轴凸缘，若有松动感，则说明啮合间隙过大；若没有感到活动量，则说明啮合间隙过小，此时应调整啮合间隙。

③ 在汽车行驶过程中，如车速越高响声越大，而滑行时响声减小或消失，一般是因为轴承磨损松旷或齿轮啮合间隙失常；如急剧改变车速或上坡时发响，一般是因为齿轮啮合间隙过大。齿轮啮合间隙不正常时，应予以调整。

④ 如在汽车转弯时发响，多为差速器行星齿轮啮合间隙过大或半轴齿轮及键槽磨损所致，严重时应进行拆卸修理。

⑤ 如在汽车行驶过程中，突然听到驱动桥有响声，多为齿轮损坏所致，应立即停车检查排除，以免齿轮撞击损坏。

3）驱动桥漏油

（1）故障现象

差速器油封处和主减速器壳与后桥壳接口处往外渗油。

（2）故障原因

① 主减速器油封损坏。

② 半轴油封损坏。

③ 与半轴接触的轴颈磨损，使之表面有沟槽。

④ 衬垫损坏或紧固螺栓松动。

⑤ 齿轮油加注过多。

（3）故障诊断与排除

① 如齿轮油经半轴凸缘周围渗漏，则表明半轴油封密封不良，应更换半轴油封。对于没有半轴油封的汽车，该处渗漏是因为齿轮油加注过多或汽车在横向坡较大的路面上行驶所致。

② 主减速器主动圆锥齿轮凸缘处漏油，则表明该处油封密封不良或凸缘轴颈表面磨损

产生沟槽，应更换油封或检查轴颈磨损情况。

③ 其他部位漏油，可根据油迹查明原因。

三、维修实例

案例一

1. 故障现象

一辆行驶里程约 4.2 万 km，装配 6 挡双离合变速器的迈腾 B7L 2.0T 轿车。车主反映：该车平路行驶左前轮附近发出“咔嗒、咔嗒”的异响，时有时无。

2. 故障原因

左前传动轴内球笼无润滑脂，使得干摩擦造成异响。

3. 故障诊断与排除

正常路面试车，开始正常，没有异响。行驶了 2km 异响出现，在驾驶室内感觉声音是从左前轮、左前传动轴、变速器、差速器这几个部件附近传出。举升车辆，检查两前轮轮胎，无异物，底盘无碰撞痕迹。检查副车架、控制臂等螺栓力矩，无松动。对比检查左右前轮间隙、左右传动轴间隙均正常。变速器挂 N 挡，用手转动左前轮，反复多次转动后，在转动的过程中发现左侧传动轴会发出异响。进一步确定异响声是由传动轴与变速器连接侧的内球笼发出，传动轴与车轮连接的外球笼无异响。转动右前轮检查，正常。

拆下左侧传动轴，转动和摇动内、外球笼：外侧球笼正常；内侧球笼内部有响声，感觉就像内部没有润滑脂，但防尘罩密封完好，无泄漏。拆开传动轴内球笼上盖，发现内球笼内部确实没有润滑脂，由于干磨擦产生了异响。

更换左前传动轴总成，故障排除。

案例二

1. 故障现象

一辆行驶里程约 4 万 km 的速腾 1.8T 轿车，在低速大角度转向时，车辆底盘发出“咕、咕”的异响。

2. 故障原因

差速器不正常啮合，产生异响。

3. 故障诊断与排除

接车后，试车确认故障车辆以 20km/h 转弯时，其前部有异响。把车辆举升后，任意一侧的驱动轮制动，异响仍然存在，排除车轮轴承和制动系统异响。更换驱动半轴，异响仍然存在，排除半轴故障可能。因只有车辆转弯时存在异响，故判断为差速器响声。分解变速器，测量差速器行星齿轮的齿轮间隙和啮合印痕，发现啮合印痕在齿根部位，判断是差速器不正常啮合，产生异响。

由于差速器球形衬套的不正常磨损，造成差速器的行星齿轮啮合部位达到齿轮根部，（正常应为齿轮中部啮合）。因为差速器行星齿轮只是在转弯时才发生转动，所以这种异响会在转弯时出现，故障表现为低速转弯时整车的噪声比较小，异响明显。

更换速腾变速箱油，更换球形衬套，故障排除。

案例三

1. 故障现象

一辆行驶里程为 1.6 万 km 的自动挡宝来 1.6L 轿车，在行驶中变速箱伴有“嗡、嗡”的响声，而且随车速的升高声音增强。

2. 故障原因

被动齿轮轴承磨损。

3. 故障诊断与排除

接车后经过路试，确认“嗡嗡”声来自于变速箱内部，且随车速的升高而增大。为进一步确认故障，将换挡手杆置于“1”位，加速声音不明显。置于“2”位，使车以 2 挡的速度行驶，异响有所增强。将换挡杆置于“3”位，车速约 50km/h 时响声较明显，这时略微松开加速踏板和压紧加速踏板，声音无明显变化。若汽车以 4 挡行驶的时候响声显著增强。

在整个试车的过程中可以判定，不是某个挡位齿轮发出的响声。因为在 3 挡的时候变速箱内部拉维那行星齿轮之间不存在相对转动，所以可以判定是在 1、2、3、4 挡行驶时均能参加工作的元件发出的响声。

将车辆举起挂入“D”挡并保持行驶状态，用听诊器在车下方可以听见声音是从变速箱后盖处发出的。从响声的特点可以判定是轴承发出的声音（嗡嗡……），还是齿轮发出的声音（咔啦，咔啦……）。

拆下后盖内主动齿轮和被动齿轮，发现被动齿轮轴承已被磨出麻点，更换后故障排除。

任务二　制动系统的检测与诊断

一、制动系统的检查

1. 驻车制动杆行程的检查和调整

检查驻车制动杆行程，其标准值为 4～6 槽。若驻车制动杆行程不在标准值范围内，则拧松调节器以松弛驻车制动。如图 3-9 所示，稍稍拧紧调节器，反复放松和复位驻车制动杆，以调整制动蹄片间隙。拧紧调节器直至驻车制动杆行程达到标准值为止。调整后，检查调整螺母和销子之间是否有间隙、调整螺母是否牢固地贴在螺母座上。

2. 驻车制动开关的检查

如图 3-10 所示，拆下驻车制动开关，在驻车制动开关连接器和安装螺栓之间接上万用表欧姆（电阻）挡。若拉起驻车制动开关时导通，松开驻车制动开关时不导通，则说明驻车制动开关良好。

图 3-9 驻车制动杆行程的调整图

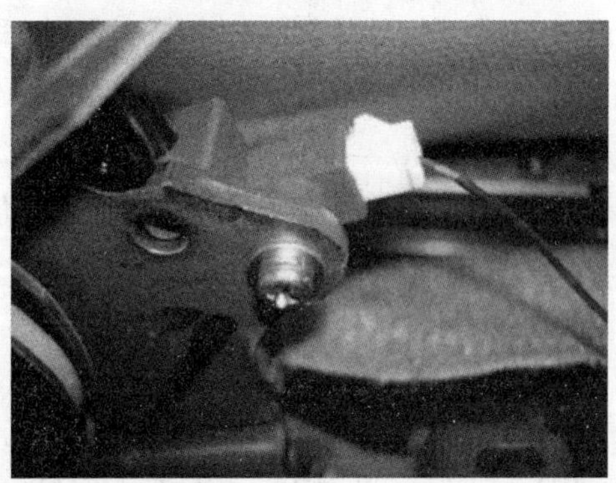

图 3-10 驻车制动开关

3. 制动踏板的检查和调整

（1）如图 3-11 所示，测量制动踏板高度 A，其值应为 186～191mm。启动发动机，用 490N 的力踩制动踏板，测量制动踏板和地板之间的间隙，其值应在 100mm 以上。

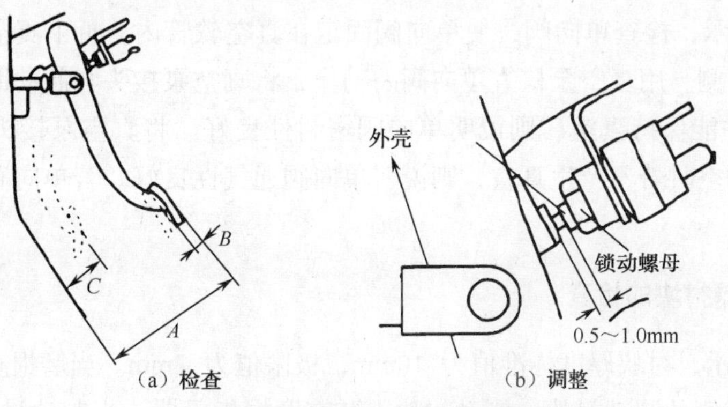

图 3-11 制动踏板的检查和调整

（2）使发动机熄火，踩制动踏板 2～3 次，解除制动助力器真空，用手压下制动踏板，并确认碰到阻力之前活动最大间隙应为 3～8mm。

（3）调整制动踏板高度。拧松锁紧螺母，充分松开停车灯开关。用钳子拧动操作杆以调整制动踏板的高度（在锁紧螺母已拧松的情况下）。

（4）转动停车灯开关直至碰到踏板（在制动踏板开始移动之前立即停止转动）后，再将停车灯开关向后转回 1/2 圈并用锁紧螺母锁紧。注意，必须确认在未踩下制动踏板的情况下停车灯不点亮。

4. 制动助力器的检测

（1）发动机运转 1～2min 后熄火。若制动踏板第一次完全踩下而后几次逐渐升高，则说明制动助力器正常，如图 3-12（a）所示；若制动踏板高度保持不变，则说明制动助力器有故障。

（2）如图 3-12（b）所示，当发动机停熄时，以相同的脚力踩制动踏板数次，然后踩着制动踏板启动发动机，如踏板稍往下活动，则说明制动助力器情况良好；否则，说明制动助力器有故障。

（3）如图 3-12（c）所示，启动发动机，踏下制动踏板，发动机熄火。保持踏板在不踩踏的情况下 30s，如踏板高度不变，则说明制动助力器情况良好；如踏板高度升高，则说明制动助力器有故障。

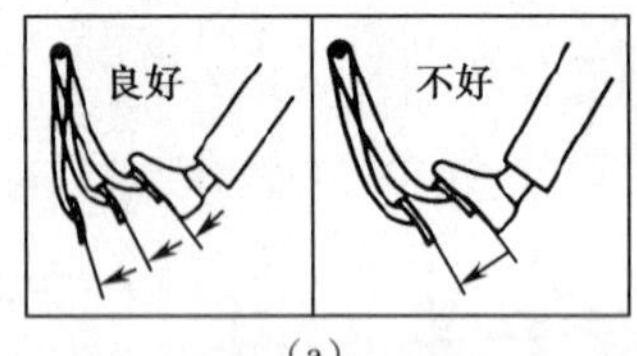

（a）

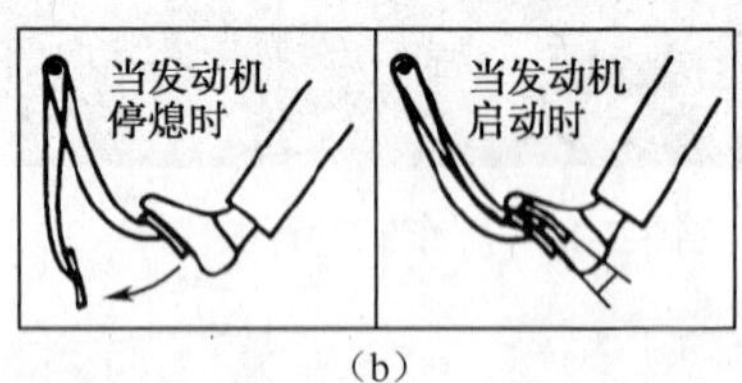

（b）

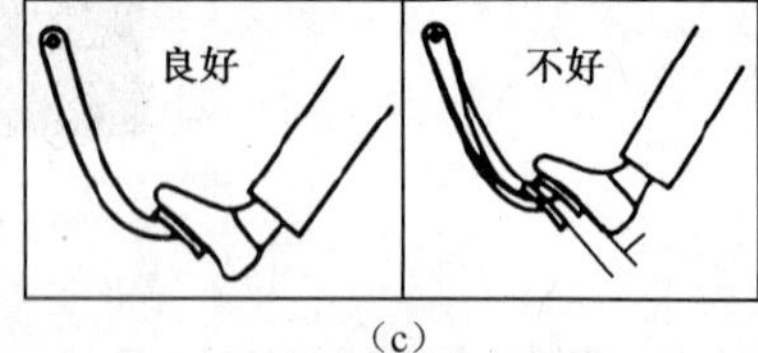

（c）

图 3-12　制动助力器的检测

5. 单向阀动作的检查

如图 3-13 所示，检查单向阀，使单向阀固定在真空软管内，拆下真空软管，把单向阀压入真空软管的内侧。用真空泵检查单向阀的动作，将真空泵接头与制动助力器接头相接，用真空泵抽真空并能保持真空，则说明单向阀密封性良好。将真空泵接头与发动机接头相接，用真空泵抽真空时若不产生真空，则说明单向阀通气性良好。若单向阀失灵，应连同真空软管一起更换。

6. 盘式制动器衬块的检查

如图 3-14 所示，衬块厚度标准值为 10mm，极限值为 2mm。当磨损超过极限值时，应同时更换左侧和右侧的制动衬块。制动衬块上装有磨损指示器，当制动衬块厚度小于 2mm 时，磨损指示器将与制动盘接触并产生啸叫声以提醒驾驶员注意。

图 3-13　单向阀

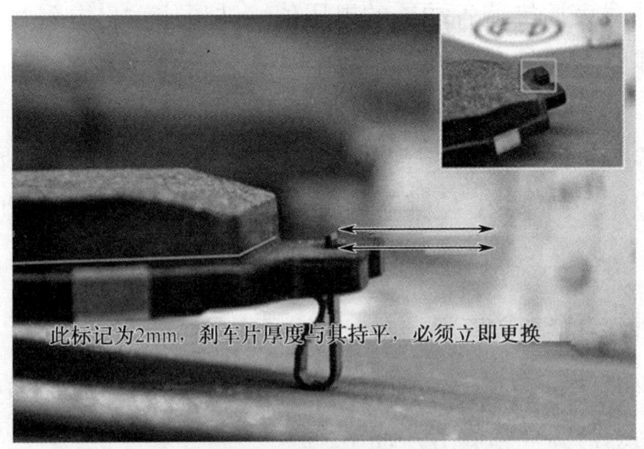

图 3-14　检查制动衬块的厚度

二、ABS 主要部件的检查

1. 轮速传感器故障的检查

轮速传感器的故障可能有轮速传感器感应线圈短路、断路或接触不良；轮速传感器的齿圈上的齿缺损或脏污；轮速传感器信号探头部分安装不牢（松动）或磁极与齿圈之间有异物。轮速传感器故障检查方法如下。

（1）直观检查

主要检查传感器安装有无松动；导线及线束插接器有无松脱。

（2）检测传感器电阻

用万用表欧姆（电阻）挡检测传感器感应线圈的电阻，电阻过大或过小，均说明传感器不良，应更换。

（3）检测传感器信号

将汽车举升使车轮悬空，在车轮转动时，用交流电压表测量传感器的输出信号电压，电压表应该有电压指示，其电压值应随车轮转速的增加而升高，一般情况下，应能达到 2V 以上。

（4）检测传感器波形

可用示波器检测传感器的输出信号电压波形，正常的信号电压波形应是均匀稳定的正弦电压波形。如果无信号电压或波形有缺损，应拆下传感器做进一步的检查。

2．ABS 控制器故障的检查

ABS 控制器的故障检查方法如下。

（1）检查线路连接

检查 ABS 控制器线束插接器有无松动；连接导线有无松脱。

（2）检测电压、电阻或波形

检查 ABS 控制器线束插接器各端子的电压值、波形或输出电阻，如果与标准值不符，但与之相连的部件和线路正常，则应更换控制器再试。

（3）替换法检查

直接采用替换法检验，即在检查传感器、继电器、电磁阀及其线路均无故障而怀疑 ABS 控制器有故障时，可以用新的 ABS 控制器替代，如果故障现象消失，则说明原 ABS 控制器有故障，需更换。

3．制动压力调节器故障的检查

制动压力调节器的故障可能是制动压力调节器电磁阀线圈不良或制动压力调节器中的阀有泄漏。制动压力调节器故障的检查方法如下。

（1）检测电磁阀电阻

用万用表欧姆（电阻）挡检测电磁阀线圈的电阻，电阻无穷大或过小等，均说明其电磁阀有故障。

（2）检测电磁阀的工作

加电压试验，将制动压力调节器电磁阀加上其工作电压，看阀能否正常工作。如果不能正常动作，则应更换制动压力调节器。

4．ABS 控制继电器故障的检查

继电器的常见故障有触点接触不良、继电器线圈不良等。检查方法如下。

（1）检查继电器是否动作

给继电器施加其正常工作的电压，看继电器能否正常动作。若能正常动作，则用万用表欧姆（电阻）挡检测继电器触点间的电压和电阻，正常时闭合触点的电压为 0，若电压大于 0.5 V，则说明触点接触不良。

（2）检测继电器线圈电阻

用万用表欧姆（电阻）挡检测继电器线圈电阻，电阻值应在正常范围之内。

三、制动系统故障诊断与排除方法

1. 气压制动系统故障

1）制动不灵或失效

汽车在减速或停车踩制动时，减速程度明显不足；紧急制动时，不能很快停车，制动时间和制动距离太长；停车察看地面没有轮胎拖擦印迹或拖擦印迹很短。

（1）故障现象及原因

① 空气压缩机故障

a. 皮带断了或打滑。

b. 活塞与缸套磨损严重。

c. 卸荷阀关闭不严。

d. 气压调节阀调整过低。

② 储气筒故障

a. 储气筒上的安全阀失效导致气压过低。

b. 空气压缩机的传动带折断或打滑。

c. 空气压缩机向储气筒的供气管管道破损、堵塞，或管道接头松脱、漏气严重。

d. 卸荷阀卡死。

e. 挂车制动分离开关未关或关闭不严。

f. 储气筒破裂，储气筒各功能阀失效、漏气。

③ 制动阀故障

a. 进、排气阀关闭不严或卡住。

b. 膜片破裂。

c. 活塞的密封圈密封不良。

d. 排气间隙过大。

e. 制动踏板传动机构折断。

f. 制动管路折断、接头松脱或管道堵塞、气阻。

④ 制动气室故障

a. 制动气室膜片破裂、壳体破损、接合面松动或推杆在壳体孔中卡死不能移动。

b. 调整臂调整不当导致制动气室推杆行程过小。

⑤ 车轮制动器故障

a. 制动鼓与制动蹄片间隙过大或接触面积太小。

b. 制动蹄片上有油污、水。

c. 制动蹄片上铆钉松动。

d. 制动鼓失效或磨有沟槽。

e. 凸轮轴、制动蹄片的支承销锈死或磨损松旷。

f. 调节臂上的调整蜗杆调整不当。

g. 制动管路漏气。

h. 制动凸轮轴与支架衬套卡死，不能转动或转角过小。

i. 制动蹄摩擦片大面积脱落或严重烧蚀。

j. 制动鼓开裂、破碎。

k. 制动器过热或浸水。

（2）诊断与排除

① 检查制动踏板的自由行程是否合适（一般为 10～15mm），若过大，应按规定值进行调整。

② 若制动踏板自由行程合适，应启动发动机查看气压表指示压力是否合适。若发动机运转 3～5min 后，压力表指示压力仍然很低，应熄火检查气压。若气压不断下降，说明有漏气处，听声音可以查出漏气部位。若没有漏气，再检查风扇皮带和压缩机传动带是否因过松或老化破裂而打滑。若正常，应拆下空气压缩机出气管做试验，若出气孔泵气有压力，表明管路堵塞；若泵气无压力，则表明空气压缩机有故障。

③ 如气压表读数不低(气压表压力不小于 500kPa)，将制动踏板踩到底，看气压表读数能否瞬时下降 49kPa 左右，若下降太少，说明制动阀调整不当或其工作不良。在将制动踏板踏住时，气压表读数下降并有漏气声，说明制动阀至制动气泵间的管路中有漏气处。

④ 若踏下制动踏板时气压表读数下降正常，则说明车轮制动工作不正常。此时应重新调整车轮制动器，若故障排除后仍有上述情况，则说明车轮制动器调整不当；若调整后故障仍未排除，则应进一步检查是否有制动气室的推杆伸张行程太小、制动凸轮缺油或锈死、制动蹄摩擦片工作不良、制动鼓不圆或起槽等情况。

2）制动跑偏

（1）故障现象

汽车在行驶中进行制动时，其行驶方向发生偏斜；在紧急制动时，车辆出现扎头或甩尾现象，不能沿直线方向停车。

（2）故障原因

① 左右车轮制动器产生的制动力不等。

② 左右车轮轮胎的花纹、气压不一致。

③ 前钢板弹簧有断片或弹簧力不等的情况。

④ 前轮前束调整不当或拉杆球头松旷。

⑤ 车辆装载不均匀或车架在使用中变化。

（3）诊断与排除

① 对车辆进行路试，找出制动效能不良的车轮。一般情况下，汽车在进行制动时，车头向左偏斜为右侧车轮制动不良；车头向右偏斜为左侧车轮制动不良。进一步查出制动器工

作不良的原因。

② 若前后车轮制动效能良好，但仍有跑偏现象，则应检查左右车轮的花纹及轮胎气压是否一致、两前钢板弹簧是否有断片或弹簧力不等及车架在使用中是否变形等情况。

③ 若上述检查均比较正常，但是在行驶中汽车仍有跑偏现象，应测量前后桥两轮间的轴距，检查跑偏是否因前后桥不平行所致。

④ 若在制动时，出现汽车忽向左跑偏、忽又向右跑偏的现象，应检查是否前轮前束调整不良，汽车出现负前束；同时还要检查转向横直接杆的球头是否磨损过多而松旷。

3）制动拖滞

（1）故障现象

抬起制动踏板后，制动阀排气缓慢或不排气，不能立即解除制动；或排气虽快，但仍有制动作用，致使汽车起步困难或行车无力。

（2）故障原因

① 左右车轮制动器产生的制动力不等。

② 左右车轮轮胎的花纹、气压不一致。

③ 前钢板弹簧有断片或弹簧力不等的情况。

④ 前轮前束调整不当或拉杆球头松旷。

⑤ 车辆装载不均匀或车架在使用中变化。

⑥ 制动踏板无自由行程。

⑦ 制动阀的排气阀调整垫片过薄，其回位弹簧过软、折断或橡胶阀座老化发胀。

⑧ 制动阀挺杆锈蚀。

⑨ 制动踏板至制动阀之间的传动件发卡。

⑩ 制动凸轮轴与支架衬套锈蚀发卡。

⑪ 制动鼓与摩擦蹄片之间的间隙过小。

⑫ 制动蹄支销锈蚀或回位弹簧过软、折断。

⑬ 半轴套管与其后桥壳或轮毂轴承配合处磨损造成松动。

⑭ 制动气室膜片老化变形，单层胶膜破裂鼓起或制动软管老化，气流不畅。

（3）诊断与排除

抬起制动踏板时制动阀排气缓慢或不排气，多属制动阀故障，表现为各轮制动鼓均发热。若排气声响或继续排气而制动发咬，一般为个别轮制动发咬，摸试各轮制动鼓温度高者即为有故障之制动鼓。

① 若确定制动阀有故障，应先检查制动踏板自由行程。若自由行程太小或没有，应予以调整；若自由行程正常，可旋松排气阀试验。如有好转，则为排气阀调整垫片过薄。仍无好转，可检查排气阀回位弹簧及胶座是否良好。若以上均正常，则应检查制动挺杆是否锈蚀及制动传递杆件是否活动灵活。

② 个别轮制动发咬，可在抬起制动踏板时，观察制动气室推杆回位情况。若其回位缓慢或不回位，应检查制动凸轮轴与其支架套是否失去润滑或不同轴度过大而发卡。若架起车

轮检查该间隙正常，而落下车轮后间隙在变化，则为轮毂轴承松旷或半轴套管与后桥壳配合松动。若间隙正常，可检查制动气室膜片及回位弹簧是否有问题。

2．液压制动系统故障

1）故障现象

（1）制动时不能迅速减速或停车。

（2）第一脚踩下制动踏板时制动不灵；连续踩下制动踏板后，踏板逐渐升高，并感到踩踏软弱，且制动效果不佳。

2）故障原因

（1）油路故障

油液不足或变质；管路漏油或漏气。

（2）制动总泵（主缸）、制动分泵（轮缸）的故障

① 液压制动总泵和制动分泵的橡胶碗及橡胶圈老化、发胀或磨损、变形；活塞与缸壁磨损过大。

② 液压制动总泵和制动分泵的回位弹簧过软、折断或自由长度不足。

③ 出油阀、回油阀密封不严；储液室内制动液不足。

（3）制动踏板自由行程故障

制动踏板自由行程过大，制动主缸与轮缸推杆调整不当或松动；制动踏板传动机构松旷。

（4）真空增压装置故障

① 真空管路漏气。

② 控制阀阀门密封不严；气室膜片破损；控制阀活塞和橡胶圈磨损。

③ 增压缸活塞磨损过多；橡胶圈磨损；回位弹簧过软。

（5）制动器故障

① 制动蹄摩擦片磨损严重；摩擦片与制动鼓之间的间隙过大；制动盘磨损过薄或制动鼓、制动盘工作表面有油污。

② 制动蹄摩擦片与制动鼓接触状态不佳，调整不良。

③ 制动盘翘曲变形；制动鼓的圆度、圆柱度超差。

④ 制动蹄片表面烧焦及蹄片松动、脱落，铆钉露出。

⑤ 鼓式车轮制动器浸水。

⑥ 制动蹄回位弹簧过硬；制动蹄轴锈蚀卡死。

3）诊断与排除

（1）踩下制动踏板

如踏板踩到底无反应，进入故障诊断步骤下一步；如踏板高度适中，但感觉发硬，进行道路试验；如制动不良，进入故障诊断最后一步。

（2）连续踩几脚制动踏板

如踏板能升高，进入故障诊断步骤下一步；如踏板踩到底仍感觉无力，则导致故障的原

因为缺制动液、主缸进油孔或储液室通气孔堵塞、管路漏油、橡胶圈破裂、连接机构松脱。

（3）诊断故障时有如下几种可能

① 踏板逐渐升高，制动效能好转，检查踏板自由行程和制动器间隙。如正常，则导致故障的原因为主缸或轮缸橡胶圈密封不良、主缸与轮缸活塞回位弹簧过软或折断；如过大，调整制动器间隙。

② 踏板缓慢下降，则导致故障的原因为制动管路渗漏、主缸回油阀或出油阀出油不良。

③ 踩制动踏板有弹性感，则导致故障的原因为制动管路中渗入了空气。

④ 制动主缸活塞未回位，则故障为制动主缸橡胶圈破裂、回位弹簧过软或折断。

（4）检查车轮制动器间隙

如间隙过小，进行制动器间隙调整；如间隙正常，则导致故障的原因为制动管路堵塞、摩擦片老化或沾有油污、活塞卡滞、铆钉松动、真空助力装置失效、摩擦片受潮。

3. ABS 系统故障

1）制动时踏板行程过长

（1）故障现象

① 制动踏板有下垂现象。

② 无故障码显示。

（2）故障原因

① 漏制动液。

② 常闭阀（出油阀）泄漏。

③ 制动盘严重磨损。

④ 系统中有空气。

⑤ 驻车制动调整不当。

（3）诊断与排除

① 目视检查液压管接头是否泄漏，若泄漏，应予以排除。

② 检查制动盘磨损情况，若磨损过甚则更换制动盘。

③ 检查驻车制动调节装置是否正常，若不正常则更换。

④ 以上检查正常则进行排气检查。

⑤ 以上检查后若故障仍存在，则用诊断与排除仪对液压控制单元进行诊断，检查常闭阀密封性能。若不正常更换 ECU。

2）踩制动踏板费力

（1）故障现象

① 制动时感觉制动踏板有较大阻力。

② 无故障码显示。

（2）故障原因

① 真空助力器工作不正常。

② 常开阀（进油阀）工作不正常。

（3）诊断与排除

① 用传统方法检查助力器和制动踏板行程是否正常，否则，应加以调整或修理。

② 用诊断与排除仪对液压控制单元进行诊断，检查常开阀，若不正常更换 ECU。

③ 若常开阀正常，按非 ABS 车的传统方法检查助力器与踏板行程。

3）ABS 工作异常

（1）故障现象

① 无故障码显示。

② 制动力不足。

③ 制动力不均匀。

④ ABS 工作异常。

（2）故障原因

① 传感器安装不当。

② 传感器线束有问题。

③ 传感器损坏。

④ 齿圈损坏。

⑤ 传感器黏附异物。

⑥ 车轮轴承损坏。

⑦ ECU（液压与电子控制单元）损坏。

（3）诊断与排除

① 检查传感器安装是否正确。

② 检查传感器输出电压，若电压不正常，则检查各个传感器，若传感器不正常予以更换。

③ 用诊断与排除仪对液压控制单元进行诊断，若不正常更换 ECU。

④ 检查各个传感器齿圈，若不正常予以更换，如图 3-15 所示。

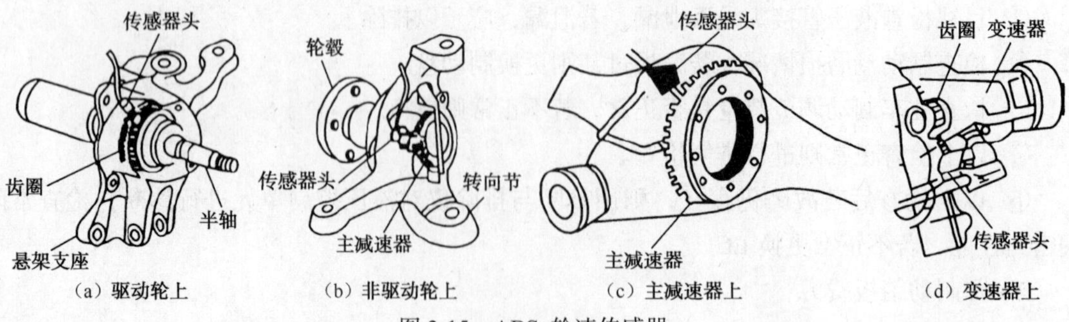

图 3-15 ABS 轮速传感器

⑤ 若各个传感器齿圈正常，则检查车轮轴承间隙，若不正常，予以修理或更换。

⑥ 检查 ECU 插座及中间插接器，若不正常予以修理或更换。

⑦ 若以上检查正常，故障仍出现，检查 ABS 电线束各接线柱间的电阻值是否符合标准，否则更换 ECU。

4）ABS 失效

（1）故障现象

装有 ABS 的汽车在紧急制动时，车轮容易抱死。

（2）故障原因

① ECU 电源电路故障。

② 电池电压低于 12V。

③ 制动警告灯开关或线路故障。

④ 车速传感器和电磁控制阀导线束破损、搭铁。

⑤ 电磁控制阀故障。

（3）故障诊断与排除

ABS 失效故障诊断与排除流程框图如图 3-16 所示。

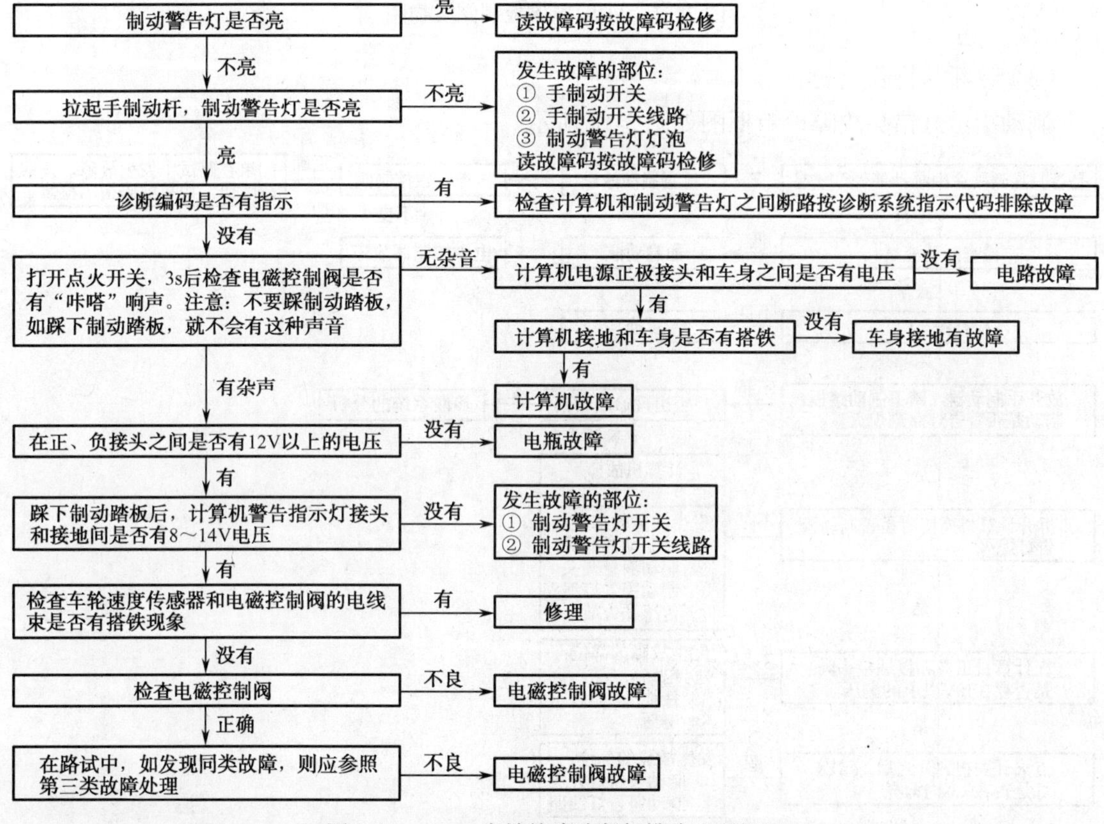

图 3-16　ABS 失效故障诊断与排除流程框图

5）ABS 警告指示灯错亮

（1）故障现象

松开驻车制动器或行驶中制动警告指示灯亮。

（2）故障原因

① 制动液低于规定范围最低刻度。

② 电磁控制阀（图 3-17）故障。

③ 电源电路故障。

④ ECU 故障。

⑤ 传感器失效。

⑥ 驻车制动器开关、制动液量开关、制动警告灯线路故障。

图 3-17 ABS 电磁控制阀实物图

（3）诊断与排除

制动指示灯错亮故障诊断框图如图 3-18 所示。

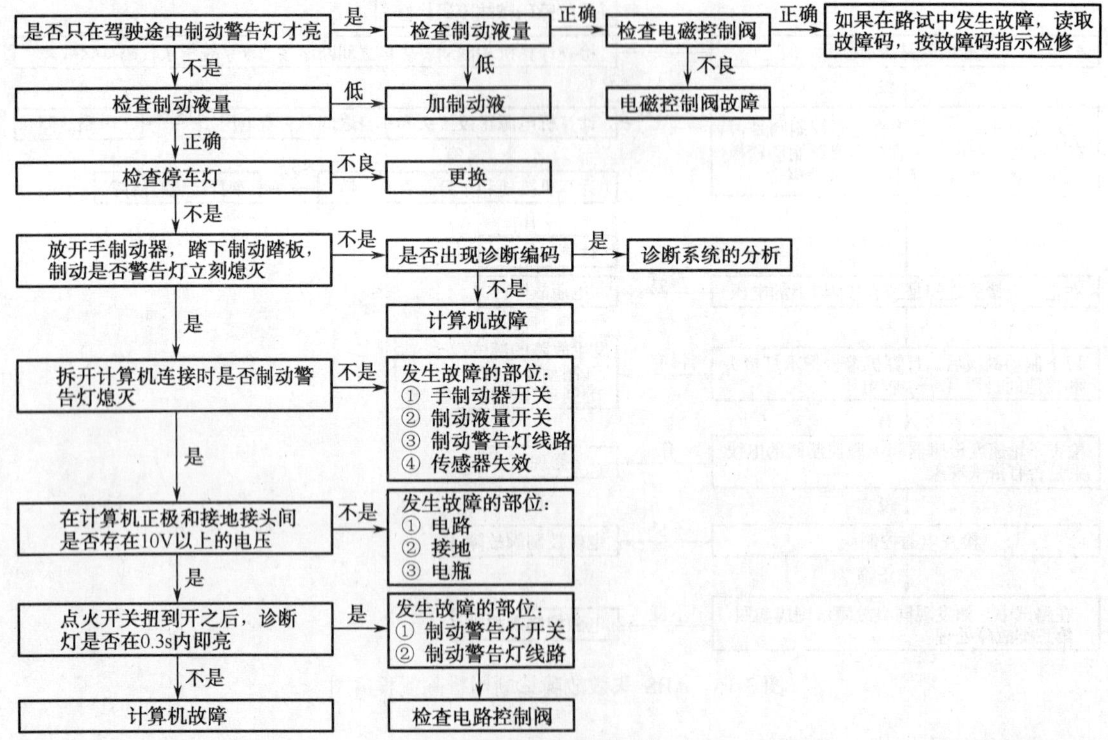

图 3-18 制动指示灯错亮故障诊断框图

6）ABS 系统制动效果不良

（1）故障现象

① 制动时感觉制动力不够，制动距离延长，制动性能不良。

② ABS 控制操作出现异常情况，不能正常完成车轮防抱死的功能。

（2）故障原因

① 车轮轮胎规格不对，胎压不正常。

② 蓄电池电压过低。

③ 车速传感器故障。

④ 制动管路或接头有泄漏。

⑤ 制动警告灯开关或开关线路故障。

（3）诊断与排除

首先要确定制动效果不良的故障是常规制动系统故障还是 ABS 系统故障。诊断与排除步骤如下。

① 拔除 ABS 保险丝或继电器，对比制动效果，如果制动效果相同则是常规制动系统故障；如果制动效果不同则是 ABS 系统故障。

② 路试车速 20km/h 以上，急踩制动踏板有没有反弹感觉，如有说明 ABS 工作，如无说明 ABS 不工作。

ABS 系统制动效果不良诊断与排除流程框图如图 3-19 所示。

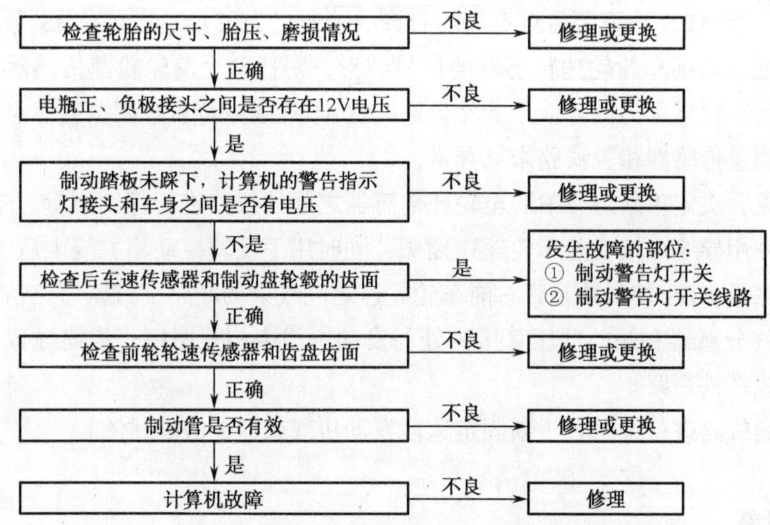

图 3-19 ABS 系统制动效果不良诊断与排除流程框图

四、维修实例

案例一

1. 故障现象

一辆行驶里程约 12 万 km 的本田雅阁 2.4L 轿车。该车遭水淹维修后试车发现制动没有助力效果且制动不灵活。

2. 故障原因

真空助力泵故障。

3. 故障诊断与排除

首先检查了制动液、制动管路，没有泄漏，并且制动液都更换过，说明没有故障。当踩下制动踏板时，感觉踏板位置有时候太高，于是进行重新排空后，试车故障依旧。检查助力泵真空软管、真空管路、单向阀、制动主缸等都没有发现问题。最后确定制动系统没有异常，使用同一款车的真空助力泵进行替换，进行试车，制动正常，说明真空助力泵有故障。

更换新的真空助力泵后，故障排除。

案例二

1. 故障现象

一辆行驶里程约 10 万 km 的别克君威轿车。客户反映一踩制动踏板 ABS 故障警告灯立即点亮。

2. 故障原因

线束磨损导致车轮转速信号线搭铁短路。

3. 故障诊断与排除

经确认，故障确实存在。连接故障诊断仪对 ABS 系统进行检测，发现历史故障码 C1233（右前车轮轮速传感器电路开路或短路）。在记录并清除故障码后，在不同车速、路况下反复踩下制动踏板，当 ABS 故障警告灯点亮时查询故障码仍为 C1233。从 ABS 数据清单的实时图形中调出左前、右前车轮轮速传感器的信号波形，对比两个前轮轮速传感器的信号波形变化情况。当右前车轮显示的信号波形陡然升高时，ABS 故障警告灯便会突然点亮。测量传感器电阻正常，测量传感器相关线路未见异常。

为保险起见，决定重新对 ABS 至轮速传感器之间的线路进行仔细测量。于是断开 ABS 控制单元插头并用导线短接右前车轮轮速插头，同时用手反复拉动相关线束后，再从 ABS 控制单元插头处测量 ABS 控制单元到右前车轮轮速之间线束的断路、搭铁短路情况发现，此段线束在空调液气分离器右侧的低压管接头处与发动机线束相互摩擦，最终导致棕黄色的右前车轮轮速信号线搭铁短路。

在对损坏的线路进行维修并重新固定这段发动机线束后，故障排除。

案例三

1. 故障现象

一辆丰田凯美瑞轿车。用户反映，停车踩住制动器后，制动踏板自动下沉，车辆移动，制动失灵，同时仪表多功能显示屏显示“请检查制动系统故障”。踩住制动踏板，踏板高度一点点变低。

2. 故障原因

制动主缸泄压。

3. 故障诊断与排除

使用诊断仪检查，有故障码 C1441，制动助力器故障。由于制动系统有故障码提示，根据故障码检查制动助力器，正常。检查各制动轮缸及管路没有漏油痕迹，将油压表连接在轮缸排气孔上，油压表排气后，踩制动踏板读取系统压力，与同车型对比，压力正常，做保压试验时，压力很快一点点降低，说明系统存在泄压故障。在车辆未启动状态下，拆下 ABS 泵插头，继续做保压试验，压力明显下降，这样可以排除是 ABS 泵故障，最后确定故障点是制动主缸泄压了。

更换制动主缸，排气，故障排除。

任务三 转向系统的检测与诊断

一、转向系统的检测

1. 机械转向系检测

1）主要元件的检测

（1）转向器及转向操纵机构

转向器及转向操纵机构以目测为主，具体检查内容及方法如下。

① 目视检查转向小齿轮与齿条有无磨损与损坏，转向器壳体上是否有裂纹，若发现异常，则更换转向器。

② 检查转向器内的轴承，查看是否有烧蚀现象，转动是否顺畅无异响，若发现异常，则更换轴承。

③ 检查转向器内衬套，查看是否有明显磨损，若有，则更换衬套。

④ 检查转向器内油封是否损坏，若损坏，则更换油封。

注意：转向器上的零件不允许焊接或矫正，只能更换。

⑤ 检查转向操纵机构的杆件是否存在变形。目测转向轴，查看是否存在明显弯曲变形，若有，则更换转向轴；查看转向盘，检查是否存在明显失圆，若有，则更换转向盘。

（2）转向传动机构

用举升器将车辆顶起，进行以下检查。

① 目测转向传动机构的杆件，查看是否存在明显变形，若有，则更换相应杆件。

② 如图 3-20 所示，晃动转向横拉杆，查看是否有松旷的感觉，若有松旷，说明球形铰链（即球头）存在磨损导致间隙过大，应紧固横拉杆接头或更换横拉杆球头。检查横拉杆球头防尘套是否破裂，若破裂，则应更换横拉杆球头。

③ 转动转向盘，使用手电筒照射，检查转向横拉杆防尘套有无裂纹，若有，则应更换防尘套。

2）转向系调整与检测

（1）转向盘转矩的测定与调整

如图 3-21 所示，将轮胎充气到正确压力的车辆，放在水平干燥的水泥路面上，将车轮位置由直线行驶位置开始转动至 360° 时，用弹簧秤测定转向盘的转动力，与新车相比应在 ± 5N 之间（使用动力转向器时，在发动机怠速运转下，转向盘转动力应小于 40N）。若达不到此值，则应调整转向器上的调整螺塞（先松开调整螺塞上的锁母再进行调整）。也可以在干燥水平的路面上进行道路试验，转向器如能自己回到直线位置，则把调整螺塞拧松一点，转向器如还有间隙，则把调整螺塞拧紧一点。

图 3-20　转向横拉杆

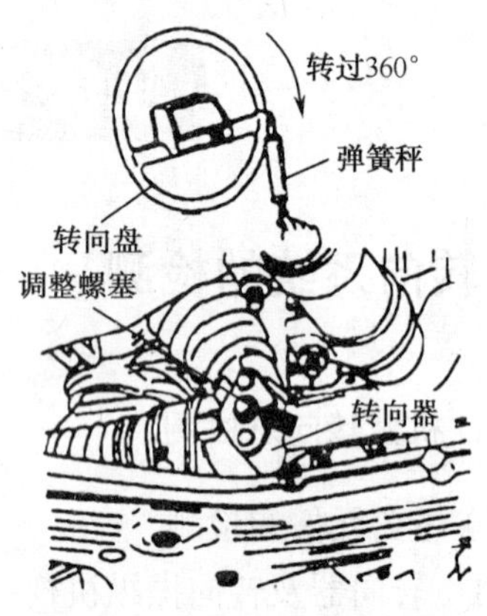

图 3-21　转向盘转矩的测量图

（2）转向盘自由行程的检查

如图 3-22 所示，将车辆放在水平、干燥的水泥路面上，并让车轮处于直行位置上，在车轮不动的条件下，用卡尺或直尺检查转向盘的转动量，转向盘的空程量应不大于 30mm。若超过时，可能是有的螺栓（母）松动或转向万向节、转向横拉杆球头销有故障。

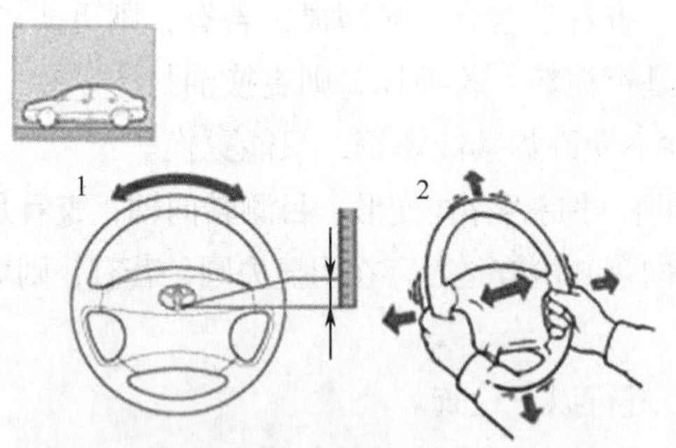

图 3-22　测量转向盘自由行程

2．动力转向系统的性能测试

（1）检查动力转向系统的油压

动力转向系统的油压可以表示转向液压泵和流量控制阀的技术状况。为了检查系统油压，在检查储油罐液位之前，应在系统内装入油压测试仪，如图 3-23 所示，油压测试仪由油压表和截止阀并联而成。

① 将油压测试仪串联在动力转向器的进油管道上。

② 转动方向盘，使转向车轮向右转至极限位置。

③ 启动发动机，使其转速稳定在 1500 ~ 1600r/min。

④ 关闭截止阀，油压表指示压力应符合原厂规定（一般不低于 7MPa）。截止阀关闭时间不宜超过 10s，以免对转向液压泵造成不良影响。

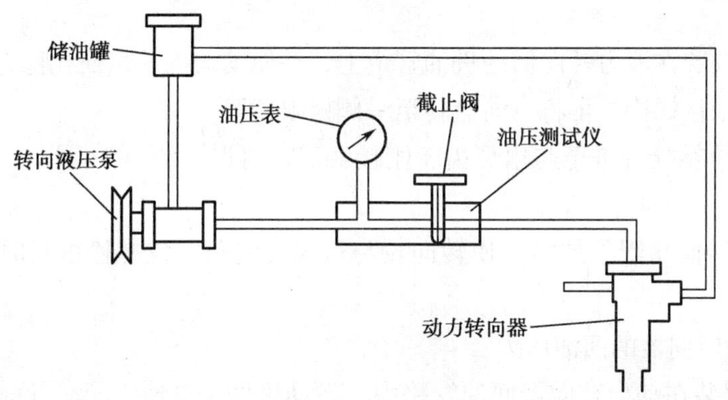

图 3-23 油压测试仪与系统的连接

（2）测量动力转向器的有效油压

① 发动机维持怠速运转。

② 截止阀完全打开，并将方向盘转至极限位置，此时油压表指示压力应符合原厂规定（一般不小于 7MPa）。若油压过低或油压表指针抖动，说明转向器内部有泄漏。

（3）检验流量控制阀的工作性能

检查流量控制阀工作性能的方法有两种：一种是检验发动机在怠速范围内急加速时系统内的油压回降情况；另一种是检验无负荷时的油压差。

① 检查系统油压降

仍将油压测试仪安装在动力转向器的进油管道上，使发动机处于稳定的怠速工况。用截止阀开度调整油压表，指示油压为 3MPa。方向盘不动，在怠速范围内急加速，指示压力应随发动机转速的增大而提高。突然放松加速踏板，使发动机恢复稳定怠速工况，油压表指示油压仍能回复到 3MPa，说明流量控制阀性能可靠，否则，表明流量控制阀卡死或堵塞，需进行检测或更换流量控制阀。

② 流量无负荷油压差

完全打开截止阀，分别测量发动机转速在 1000r/min 和 3000r/min 两个转速下的油压，若油压差小于 0.49MPa，表明流量控制阀性能良好，动作灵活。否则，表明流量控制阀需检测或更换。

（4）系统防过载装置的调整

系统防过载装置由转向器限位螺栓和车轮最大转向角限位螺栓组成。前者用于限制扇形齿即摇臂轴的最大摆角，后者用于限制转向时转向轮的最大转角。要求在方向盘转到左、右极限位置时摇臂轴先碰抵转向器限位螺钉之后，转向节才碰抵最大转向角限位螺栓，防止转向车轮转角过大，造成液力转向系统油压突然升高而产生过载，损坏密封件或使管道胀裂。调整程序如下。

把油压测试仪装在动力转向器回油管路中，发动机处于怠速工况，此时指示油压应小于0.5MPa。若回油压力过大，会造成方向盘自动向左方转动，说明回油管堵塞或压瘪，回油阻力过大。

① 油压测试仪装在液力转向器的进油管道上，并使发动机继续处在稳定怠速工况。

② 开转向器限位螺栓，再将方向盘转至一侧极限位置。

③ 转向器限位螺栓拧进至与扇形齿轮刚接触后，再退回约 1/3 圈，此时指示油压应在0～2MPa 范围内。

④ 调整最大转向角限位螺栓，使转向轮与最大转向角限位螺栓抵触时，指示油压应不小于 7MPa。

（5）检查动力转向器的回油压力

把油压测试仪装在动力转向器回油管路中，发动机处于怠速工况，此时指示油压应小于0.5MPa。若回油压力过大，会造成方向盘自动向左方转动，说明回油管堵塞或压瘪，回油阻力过大。

二、转向系统故障诊断与排除方法

1. 机械转向系统的故障诊断

机械转向系统常见的故障有转向盘自由行程过大、转向沉重、行驶跑偏、前轮摆振等。这些故障现象通常为综合性故障，除与转向系统有关外，还可能与轮胎、悬架、车身等有关。

1）转向盘自由行程过大

（1）故障现象

汽车保持直线行驶位置静止不动时，转向盘左、右转动的游动角度过大。具体表现为汽车转向时感觉转向盘松旷量很大，需用较大的幅度转动转向盘，方能控制汽车的行驶方向；而在汽车直线行驶时又感到行驶方向不稳定。

（2）故障原因

① 转向盘与转向轴的连接松旷。

② 转向器内主、从动齿轮啮合部分松旷或主、从动部分的轴承松旷。

③ 纵、横转向拉杆的球头连接松旷；纵、横转向拉杆臂与转向节的连接松旷。

④ 转向节与主销配合松旷。

⑤ 轮毂轴承松旷。

（3）故障诊断与排除

在转向盘自由行程过大的故障诊断过程中，重点应判断故障是由转向器引起的，还是由拉杆轴节磨损引起的。

检查故障时，架起汽车，使转向轮悬空，左、右转动转向盘。当用力转动时，拉杆不同步运动，说明拉杆连接处因磨损而松旷量过大；若拉杆不动，则说明转向器的齿轮磨损严重。

2）转向沉重

（1）故障现象

汽车行驶中，驾驶员向左或向右转动转向盘时，感到沉重费力，无回正感；汽车低速转弯行驶和掉头时，转动转向盘感到非常费力，甚至转不动。

（2）故障原因

① 轮胎气压不足。

② 转向器主动部分的轴承预紧力太大或从动部分（垂臂轴）与衬套配合太紧。

③ 转向器主、从动部分齿轮啮合调整得太紧。

④ 转向器无油或缺油。

⑤ 转向节与主销配合太紧或损坏。

⑥ 转向节推力轴承缺油或损坏。

⑦ 纵、横转向拉杆的球头连接调整得太紧或缺油。

⑧ 与转向盘连接的转向轴弯曲或其套管变形，造成刮碰。

⑨ 主销后倾角过大、主销内倾角过大或前轮负外倾。

⑩ 前梁、车架变形，造成前轮定位失准。

（3）故障诊断与排除

① 拆下转向节臂并转动转向盘，若仍感到转向沉重，则说明转向器存在故障，可能是齿轮啮合间隙过小、转向柱轴套严重磨损等。

② 若感觉不到转向沉重，则应检查拉杆球头间隙是否过小、车身是否变形、转向轮定位角是否满足要求等。

3）自动跑偏

（1）故障现象

汽车行驶中，行驶方向自动偏向一边，不易保持直线行驶，操纵困难。

（2）故障原因

① 两前轮轮胎气压不等、直径不一或车厢装载不均。

② 两前轮轮毂轴承或轮毂油封的松紧度不一。

③ 两前轮外倾角、主销后倾角、主销内倾角不等或前轮前束在两前轮上分配不均；前轮前束太小或负前束。

④ 左、右钢板弹簧挠度不等或弹力不一。

⑤ 前梁、后桥轴管或车架发生水平平面内的弯曲。

⑥ 车架两边的轴距不等。

⑦ 前、后桥两端的车轮有单边制动或单边制动拖滞现象。

⑧ 路面拱度太大或有侧向风。

（3）故障诊断与排除

① 检查左、右转向轮气压是否符合标准及气压是否一致。若不符合标准或气压不一致，则应充气至标准值。

② 检查前稳定杆和前摆臂是否变形，减振器弹簧劲度系数及左、右钢板弹簧的变形量是否一致。

③ 行车后检查左、右轮毂和制动鼓的温度情况。若温度不一致，则说明高温一侧的制动器存在单边制动、制动拖滞或轮毂轴承装配过紧、损坏等故障。

④ 检查转向轴的轴距和转向定位是否符合标准值。

4）前轮摆振

（1）故障现象

汽车在某低速范围内或某高速范围内行驶时，有时出现两前轮围绕各自主销左右摆振的现象，尤其是高速行驶时，两前轮左右摆振严重，甚至在驾驶室内可以看到整个车头在晃动。

（2）故障原因

① 汽车在不平坦的道路上行驶，低速情况下发生摆振，主要原因是转向系统各部位配合间隙过大及转向轮定位失准。

② 汽车在高速行驶时发生转向轮摆振，一般为车轮不平衡。

（3）故障诊断与排除

① 检查转向系统各部件的配合间隙，并对故障部位及时修复。

② 在此基础上，对转向轮定位进行检测和调整；对转向轮进行平衡检测和校正。

2．液压动力转向系统的故障诊断

液压动力转向系统常见的故障有转向沉重、系统有噪声、左右转向操纵力不同、转向盘发飘、转向盘发抖、转向盘回位不良等。

1）液压动力转向系统转向沉重

（1）故障现象

装有液压动力转向系统的汽车在行驶中，突然感到转向沉重。

（2）故障原因

发生上述故障的一般原因是液压转向系统失效或助力不足，其根本原因是液压不足。引起转向系统液压不足的主要原因有以下几个方面。

① 储油罐缺油或油面高度低于规定要求。

② 液压回路渗入空气。

③ 液压泵传动皮带过松或打滑。

④ 各油管接头处密封不良，有泄漏现象。

⑤ 油路堵塞或滤清器污物太多。

⑥ 液压泵磨损、内部泄漏。

⑦ 动力缸或转向控制阀密封元件损坏。

（3）故障诊断与排除

① 用手压下转向液压泵驱动部分的传动带，检查传动带的松紧度。若传动带过松，应调整。

② 启动发动机，使发动机处于怠速运转。突然提高发动机的转速，检查转向液压泵传动带有无打滑现象及其他驱动形式的液压泵的齿轮传动机构有无损坏。发现问题后应按规定更换性能不良的零部件。

③ 检查储油罐内的油液质量和油面高度。若油液变质，则应更换；若只是油面低于规定高度，应加油，使油面达到规定位置。

④ 检查转向液压泵储油罐内的滤清器。若发现滤网过脏，说明滤网堵塞，应清洗；若发现滤网破裂，说明滤清器损坏，应更换。

⑤ 检查油路中是否渗入空气。如果发现储油罐中的油液有气泡，则说明油路中有空气渗入，应检查各油管接头和接合面的螺栓是否松动、各密封件是否损坏、有无泄漏现象、油管是否破裂等。出现故障的部位应进行必要的修理或更换，并进行排气操作，最后重新加入油液。

⑥ 对转向液压泵进行输出压力检查。如果发现液压泵输出压力不足，说明液压泵有故障，此时应拆检液压泵。对于叶片泵还应检查转子上的密封环或油环是否损坏；对于齿轮泵应检查齿轮间隙是否过大等。查明故障予以修理，必要时更换液压泵。

2）液压动力转向系统有噪声

（1）故障现象

汽车转向时，转向系统有不太大的噪声是正常现象。但当噪声过大或影响汽车的转向性能时，必须对转向系统进行检查，并排除故障。

（2）故障原因

① 储油罐油面太低，液压泵在工作时渗入空气。

② 液压系统中渗入空气。

③ 储油罐滤网堵塞或液压回路中有过多的沉积物。

④ 油管接头松动或油管破裂。

⑤ 液压泵严重磨损或损坏。

⑥ 转向控制阀性能不良。

（3）故障诊断与排除

① 当转向盘处于极限位置或原地慢慢转动转向盘时，转向器发出“嘶嘶”声，如果这种异响严重，则可能为转向控制阀性能不良，应更换转向控制阀。

② 当转向液压泵发出“嘶嘶”声或尖叫声时，应进行以下几个方面的检查。

a. 检查储油罐油面高度。油面高度不够时应查明泄漏部位并予以修理，然后按规定加足油液。

b. 检查转向液压泵传动带是否打滑。若打滑，应查明原因更换传动带或调整传动带松紧度。

c. 检查油液中有无泡沫。若有泡沫，应检查漏气部位并予以修理，然后排出空气；若无漏气，则说明油路被堵塞或液压泵严重磨损或损坏，应予以修复或更换。

3）左右转向操纵力不同

（1）故障现象

装有液压转向系统的汽车在行驶时，向左和向右转向操纵力不同。

（2）故障原因

① 转向控制阀阀芯（或滑阀）偏离中间位置，或虽在中间位置但与阀体槽肩的缝隙大小不一致。

② 控制阀内有污物阻滞，使左右转动阻力不同。

③ 液压系统中动力缸的某一油腔渗入空气。

④ 油路渗漏。

（3）故障诊断与排除

① 装有液压动力转向系统的汽车出现左右转向操纵力不同的故障，多是由于油液脏污所致，应按规定更换新油后再进行检查。

② 如果油质良好或更换新油后故障没有消除，应对液压系统进行排气并检查系统有无油液泄漏。如果液压系统出现泄漏，应更换泄漏部位的零部件。

③ 如果故障仍不能消除，则可能是控制阀定中不良造成的。滑阀式转向阀可在动力转向器外部进行排除，通过改变转向控制阀阀体的位置来实现。如经上述调整后，故障仍然存在，则应拆检转向阀。

4）转向盘发飘或跑偏

（1）故障现象

装有液压转向系统的汽车在直线行驶时，难以保持沿正前方向前进而总向一边跑偏。

（2）故障原因

① 油液脏污、转向控制阀回位弹簧折断或变软，使转向控制阀不能及时回位。

② 转向控制阀阀芯（或滑阀）偏离中间位置，或虽在中间位置但与阀体槽肩的缝隙大小不一致。

③ 流量控制阀卡滞，使液压泵流量过大或油压管路布置不合理，造成油压管路节流损失过大，使动力缸左右腔内压力差过大。

（3）故障诊断与排除

① 检查油液是否脏污。对于新车或大修后的车辆，不认真执行走合期维护项目的换油规定，会使油液脏污。

② 对于使用较久的车辆，故障可能是流量控制阀或转向控制阀回位弹簧失效所致。此时可在不启动发动机的情况下转动转向盘，凭手感判断控制阀是否开启运动自如。若有问题，可进行拆卸检查。

③ 检查转向液压泵流量控制阀是否卡滞和油压管路布置是否合理。如发现故障，应及时予以修理。

5）转向盘发抖

（1）故障现象

在装有液压转向系统的汽车发动机运转过程中，车辆转向，特别是在原地转向时，转向盘抖动。

（2）故障原因

① 储油罐油面低。

② 油路中渗入空气。

③ 转向液压泵传动带打滑。

④ 转向液压泵输出压力不足。

⑤ 转向液压泵流量控制阀卡滞。

（3）故障诊断与排除

① 检查储油罐油面高度是否符合规定值，如油面高度低于规定值要求，应按规定要求加注转向油。

② 排出油路渗入的空气。

③ 检查转向液压泵传动带是否打滑或其他驱动形式的液压泵的传动机构有无损坏，发现问题后，应予以调整、检测或更换。

④ 对转向液压泵的输出压力进行检查。如输出压力不足，可拆检液压泵，查明故障并予以修理或更换。

6）转向盘不回位

（1）故障现象

装有液压转向系统的汽车在完成转向后，转向盘不能回到中间行驶位置（直线行驶位置）。

（2）故障原因

① 转向液压泵输出压力低。

② 液压回路中渗入空气。

③ 回油软管扭曲阻塞。

④ 转向控制阀或转向动力缸卡滞。

⑤ 转向控制阀定中不良。

（3）故障诊断与排除

① 对液压系统进行排气处理，排气后按规定加足液压转向油。

② 对转向液压泵的输出压力进行检查。如输出压力不足，可拆检液压泵，查明故障并予以修理或更换。

③ 检查回油软管是否扭曲阻塞，如存在阻塞，应调整或更换油管。

④ 拆检转向阀或转向动力缸，查明故障原因，然后视情况进行修理或更换。

三、维修实例

案例一

1. 故障现象

一辆行驶里程为 8 万 km 的一汽丰田柯斯达客车。用户反映：该车低速转向时，转向盘有振感，并伴有“嗒嗒”声。

2. 故障原因

转向机与其固定装置之间有间隙。

3. 故障诊断与排除

检查车辆的底盘，目测转向机、前悬架，均未发现异常。检查各球节，防尘套无破损，也未见渗油现象。检查各处的螺栓，未见松动。用力摇摆前轮，发现有轻微的“嗒嗒”声，与故障现象一致。检查发现，转向机与其固定装置之间有间隙。增加固定装置螺母的扭紧力，试车故障依旧。由此确定转向机固定装置已经出现异常磨损。

更换转向机固定装置，故障排除

案例二

1. 故障现象

上海大众 POLO 手动挡车，行驶里程为 12550km 后。该车在行驶过程中转向沉重，仪表板上的故障警告灯偶尔出现全部闪烁报警的现象。

2. 故障原因

转向助力系统控制单元故障。

3. 故障诊断与排除

首先试车，打开点火开关，仪表指示灯显示正常。起步后，发现转向确实沉重。行驶一段路程后发现仪表板上的动力转向故障指示灯点亮。连接汽车电脑解码器进入“辅助转向”系统读取故障码，显示 01309 辅助转向（J500）控制单元。清除故障码后着车发现仪表板上的故障警告灯全部闪烁报警，再次连接电脑解码器居然已经不能进入“辅助转向”系统。后来利用电脑解码器进入发动机系统进行检测，结果显示“系统正常”。进入车载网络控制单元后，发现两个故障码：01312 动力系统数据总线；01760 辅助转向控制单元（J500）无通信。进入网关（J533）数据总线，也检测到了两个相同的故障码。

结合电路图检查了辅助转向控制单元电路及线路，均正常。接下来检查网关 J533。因网关 J533 与车载网络控制单元 J519 是一体的，只能更换车载网络控制单元 J519，替换后，故障依旧存在。根据前面所检测到的故障码的提示，该故障也可能与转向助力控制单元有关。于是将转向助力控制单元 J500 上的插头拔下，并观察仪表板，结果发现除了转向助力报警灯点亮外，其余的报警灯都熄灭了。至此，发现故障，将转向助力控制单元更换后，用汽车电脑解码器对辅助转向控制单元编码后试车，一切正常。故障排除。

案例三

1. 故障现象

一辆行驶里程约 7 万 km，配置 2.4L 发动机、6T40E 自动变速器的上海通用君越轿车。车主反映：该车无论行车还是原地转方向，向左转正常，向右转到 90° 位置时突然沉重，要费很大力气才能转动。

2. 故障原因

转向助力泵异常。

3. 故障诊断与排除

先是检查了四轮轮胎，均是原车轮胎，状态较新，无异常磨损和不同型号轮胎装在一辆车上的现象。更换转向助力油，故障没有好转。着车原地转方向，并在转方向的过程中加油，故障没有好转。因为向左转方向正常，向右转方向只是在某一角度才会特别沉，问题像是与助力泵没有关系。熄火后举升车辆，使四轮离地转方向，感觉向右发沉，故障应该和转向十字轴有关系，更换转向十字轴试验，故障依旧。检查转向机，完好无损。询问客户，此车只发生过轻微剐蹭，未发生过事故。检查转向助力管路，未发现损坏漏油及弯折影响到助力泵流量的情况。考虑到此款车转向机故障率极低，本着由简而繁的原则，更换转向助力泵后故障排除。

任务四 行驶系统的检测与诊断

一、行驶系统的检测

1. 车架与车桥检测

（1）转向节与前轴检查与调整

① 耗损检查

检查转向节和前轴是否存在听见伤、裂纹和变形，转向节轴端螺纹与螺母的配合是否良好。转向节轴外端螺纹损坏应不超过两牙。检查裂纹最好使用电磁和超声波探伤仪。无该设备时，可采用铜锤敲击法进行检查。

② 间隙检查及调整

检查转向节主销与衬套的配合间隙。该间隙一般不能超过 0.20mm。一般不解体的检查方法是：将车轮顶起，在前轴上夹持一个百分表，使其触针水平抵住制动底板下部，此时将百分表调到零位。然后放下被顶起的车轮，使其着地，此时百分表读数的一半就是转向节主销与衬套的配合间隙值。

转向节与前轴的轴向间隙可通过在转向节与前轴间增减调整垫片的方法进行调整。间隙的检查也可采用经验法进行判断：将车辆举升，用手抓住转向节，晃动，查看是否有松旷的感觉。

（2）前轮轮毂轴承的检查

车轮应能灵活地在轮毂轴承上旋转而无卡滞，轴向松动量不能过大或过小。过大，容易产生松旷、异响，一般是由于车轮轮毂轴承间隙过大或转向节衬套磨损产生的；轴向松动量过小，容易使车轮旋转卡滞发热。检查时，应先调整车轮轮毂轴承间隙。

检查时，将一只手放在轮胎上面，而另一只手放在轮胎下面，紧紧地推拉轮胎以便检查是否有任何摆动，如图 3-24 所示。用手转动轮胎，检查其是否能够无任何噪声地平稳转动。

图 3-24　轮毂轴承检查图

提示：如果出现摆动时，压下制动踏板再次检查其行程。若不再摆动，应为车轮轴承故障；若仍然摆动，可能是球头、主销或者悬架的问题。

也可用百分表进一步检查，方法如下：拆卸前轮，分离前盘式制动器制动卡钳总成，拆卸前制动盘，将百分表指针装于车桥轮毂中心周围处，确保百分表指针与所要测量的表面成直角，推拉轮毂，如图 3-25 所示，百分表读数最大值应小于 0.05mm，否则，应更换轴承。

图 3-25　检查轮毂轴承松动量

2．悬架检测

（1）弹性元件

① 钢板弹簧

钢板弹簧失效的形式有钢片断裂、弹力减弱和磨损。

检测时，可采用直观检视法。如发现钢板弹簧钢片存在裂纹、折断、厚度明显变薄，则更换新件。检查钢片弹力时，可测量钢片在自由状态时的弧高，与新片相比，不小于10mm，否则应更换。检查钢片磨损时，可测量钢板弹簧的总厚度，与新件相比，总厚度不小于5mm，否则应更换。

② 螺旋弹簧

螺旋弹簧失效的主要形式是弹力减弱。检测时，可目视螺旋弹簧，检查是否存在弯曲、裂纹，若有应更换。测量螺旋弹簧的自由高度，若比标准高度少5% 以上，应更换。

更换时，螺旋弹簧应左右同时更换，否则会造成左右悬架性能不平衡。

③ 空气弹簧和油气弹簧

空气弹簧和油气弹簧的失效形式主要是气体或油液的泄漏。检测时，可通过直观检视法来完成。

（2）筒式减振器

筒式减振器的失效形式主要有泄漏、变形、上端轴承损坏、橡胶挡块损坏等。

检测时，可通过直观检视法，查看减振器是否存在漏油现象。也可对减振器进行性能试验，其拉伸阻力应大于压缩阻力，则说明减振器内部损坏。减振器上端轴承与橡胶挡块应进行拆检。

压缩和拉伸减振器多次，减振器应无异常阻力或声音，运行阻力应正常，否则应更换。

（3）导向装置与横向稳定杆

导向装置与横向稳定杆的失效形式主要是杆件变形、橡胶套筒损坏或老化等。

检测时，可通过直观检视法，对杆件进行目视检查，若有变形，应进行校正或更换。举升车辆，双手抓住杆件并晃动，检查是否有松旷，若有，则应更换相应的橡胶套筒。

对于横摆臂、横向稳定杆连接杆，其连接球头易磨损，维护时应注意检查其转动情况是否正常，并检查其防尘套是否损坏。以丰田轿车 CAMRY 前横向稳定杆连杆为例，检查方法如下。

① 用铝板将前稳定杆连杆总成固定到台钳中，如图 3-26 所示。

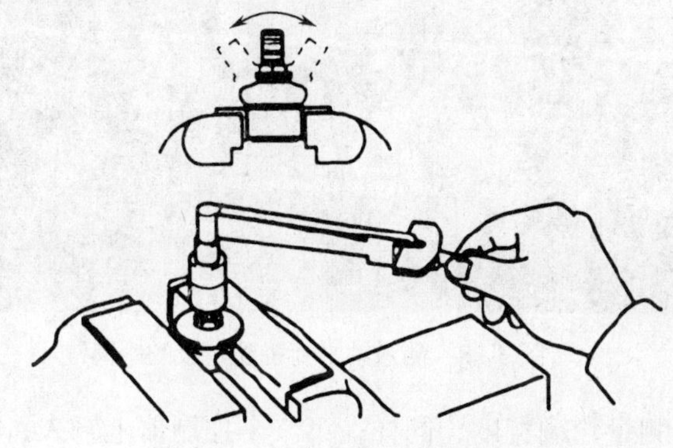

图 3-26　球头运转情况检查

② 将球头锁紧螺母安装到前稳定杆连杆总成双头螺栓上。

③ 用扭矩扳手以 1r/（3 ~ 5）s 的速度连续转动螺母，读取第 5 圈的扭矩值。转动扭矩应为 0.05 ~ 2.0N · m。如果转动扭矩不在规定范围内，应更换一个新的前稳定杆连杆总成。

④ 检查防尘罩是否裂开及是否具有润滑脂。

3. 轮胎的动平衡检查

轮胎应当定期做动平衡检查，用动平衡检测仪检查。轮胎平衡分为动态平衡和静态平衡两种。动态不平衡会使车轮摇摆，令轮胎产生波浪形磨损；静态不平衡会产生颠簸和跳动现象，往往使轮胎产生平斑现象。因此，定期检测平衡不但能延长轮胎使用寿命，还能提高汽车行驶时的稳定性，避免在高速行驶时因轮胎摆动、跳动，失去控制而造成交通事故。

检测与调整方法如下。

① 首先把 LOGO 拆掉，把轮子装上动平衡仪，选择大小合适的固定器。将原先的配重块拆除，如图 3-27 所示。

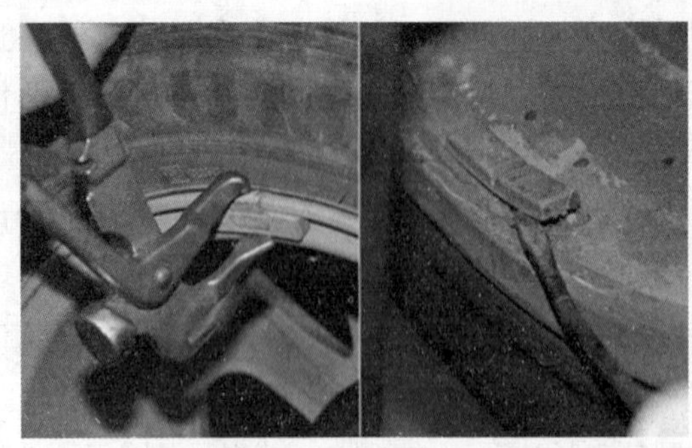

图 3-27　拆除配重块

② 把动平衡仪上的尺子拉出来测量，然后输入第一个控制器，如图 3-28 和图 3-29 所示。

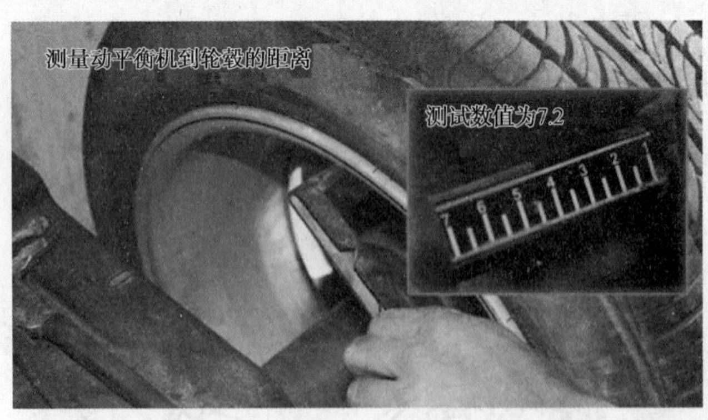

图 3-28　测量动平衡机到轮毂的距离

③ 把弯尺拿出，测量轮辋宽度，同样在第二个控制器上输入，如图 3-30 和图 3-31 所示。

④ 控制器输入轮辋半径，按 STRAT，开始，如图 3-32 和图 3-33 所示。

图 3-29　输入数值

图 3-30　测量轮毂宽度

图 3-31　输入宽度值

图 3-32　轮胎半径

图 3-33　动平衡机正在测试

⑤ 当检测停止后，计算机会测量出轮辋内外侧需要增加的砝码重量，先装外侧，转动轮胎，根据提示把砝码敲打上，如图 3-34 和图 3-35 所示。

图 3-34　测试结果

图 3-35　安装配重块

⑥ 安装完成。

二、行驶系统故障诊断与排除方法

1. 行驶平顺性不良

（1）故障现象

汽车行驶时出现振动，加速时出现窜动，驾乘人员感觉很不舒服。

（2）故障原因

行驶平顺性不良的故障树如图 3-36 所示。

造成行驶平顺性不良的原因主要有以下几方面。

① 前稳定杆卡座松旷或橡胶支承损坏。

② 车轮动平衡超标。

③ 减振器或缓冲块失效。

④ 传动轴动不平衡。

⑤ 钢板弹簧支架衬套磨损松旷。

⑥ 车轮轴承松旷或转向横拉杆球头松旷。

⑦ 钢板弹簧 U 形螺栓滑牙或松动。

⑧ 发动机横梁和下摆臂的固定螺栓或衬套松旷。

⑨ 半轴内外万向节磨损松旷。

⑩ 轮胎气压过高、磨损不均。

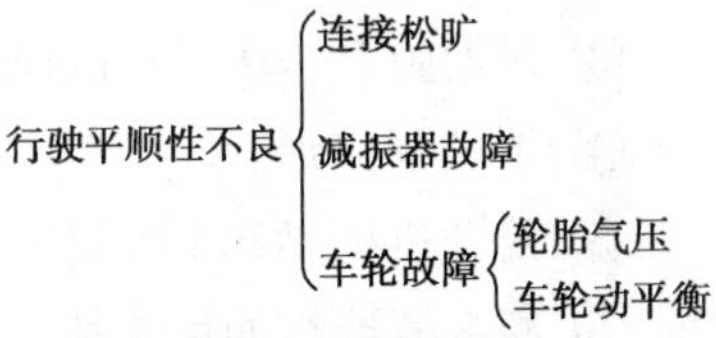

行驶平顺性不良
- 连接松旷
- 减振器故障
- 车轮故障
  - 轮胎气压
  - 车轮动平衡

图 3-36　行驶平顺性不良故障树

（3）故障诊断

汽车行驶平顺性不良故障的诊断流程如图 3-37 所示。

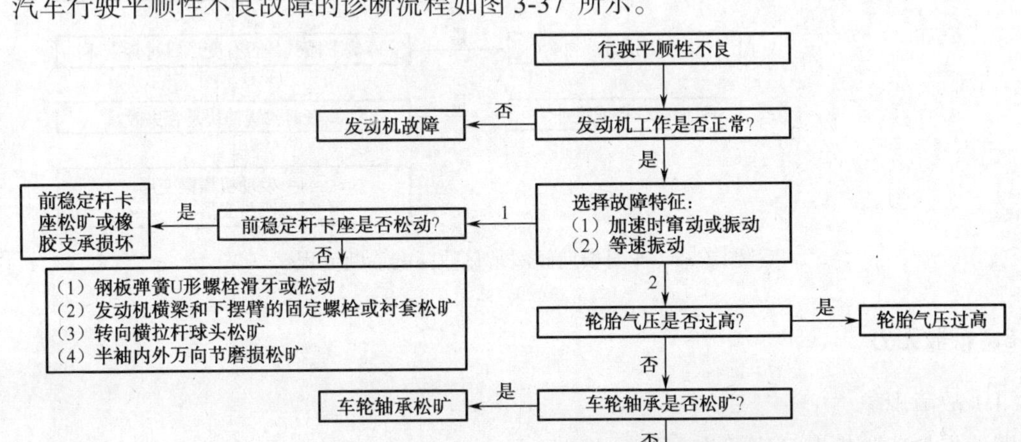

图 3-37　行驶平顺性不良常见故障的诊断流程

2．车身横向倾斜

（1）故障现象

汽车车身左高右低或左低右高，出现倾斜。

（2）故障原因

车身横向倾斜的主要原因有以下几方面。

① 左右轮胎气压不一致。

② 左右轮胎规格不一致。

③ 悬架弹簧自由长度或刚度不一致。

④ 下摆臂变形。

⑤ 发动机横梁和下摆臂的固定螺栓或衬套松旷。

⑥ 减振器或缓冲块损坏。

⑦ 发动机横梁变形。

⑧ 车身变形。

（3）故障诊断

诊断时，可先检查左右轮的气压、规格是否一致，再检查悬架、车身等部位，确定故障位置。车身横向倾斜故障的诊断流程如图 3-38 所示。

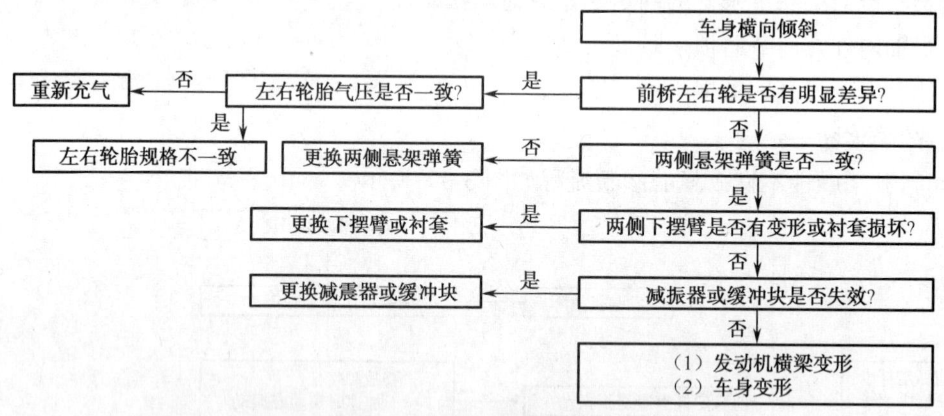

图 3-38　车身横向倾斜常见故障的诊断流程

3．行驶无力

（1）故障现象

即使将加速踏板踩到底，汽车驱动力也不足，出现加速不良、爬坡无力等现象。

（2）故障原因

造成汽车行驶无力的根本原因是发动机无力，传动系统传动效率低，车轮受到的阻力过大。具体原因有以下几个。

① 发动机无力，排除方法见发动机章节。

② 离合器打滑，排除方法见本情境离合器故障。

③ 变速器缺润滑油，应予以添加。

④ 变速器齿轮啮合间隙过小，应予以重新选配。

⑤ 万向传动装置中间支承轴承缺油、锈蚀甚至失效，应予以润滑或更换。

⑥ 主减速器、差速器或半轴的传动齿轮（花键）啮合间隙过小，应予以调整。

⑦ 驱动桥缺油或润滑油变质，应予以添加或更换。

⑧ 轮胎气压严重不足，应予以充气或修补后充气，必要时更换轮胎。

⑨ 车轮制动拖滞，排除方法见本情境制动系统维修。

⑩ 驻车制动拉索回位不畅，造成后轮制动未完全释放，应予以润滑或更换。

⑪ 轮毂轴承过紧，应予以调整。

⑫ 前轮定位不正确，应予以调整或更换部件等。

（3）故障诊断与排除

按照故障原因的可能性从大到小、检查的难易性从易到难的顺序，首先应检查轮胎气压是否严重不足。在排除发动机无力的情况下，检查影响传动系统传动效率降低的因素是否存在。最后检查排除车轮受到的阻力过大的因素。图 3-39 所示的是汽车行驶无力常见故障的诊断流程框图。

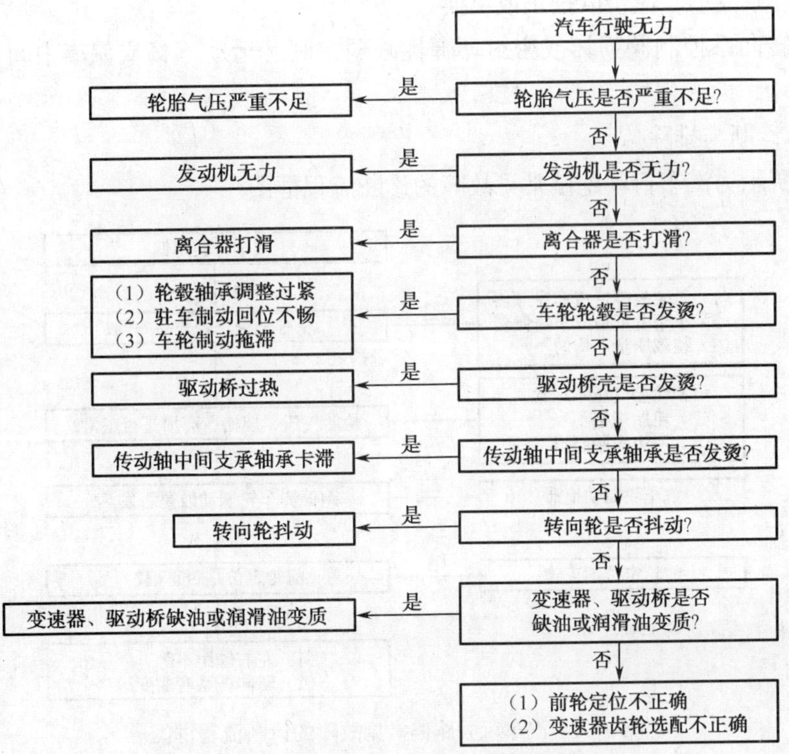

图 3-39 汽车行驶无力常见故障的诊断流程框图

4．行驶跑偏

（1）故障现象

汽车正常行驶，不踩制动时，必须紧握转向盘才能保持直线行驶，若稍有放松便自动跑向一边。

（2）故障原因

造成汽车行驶跑偏的根本原因是汽车车轮的相对位置不正确，两侧车轮受到的阻力不一致。具体原因如下。

① 两前轮轮胎气压不等，直径不一或汽车装载质量左、右分布不均匀，应予调整或更换。

② 左、右两前钢板弹簧翘度不等、弹力不一或单边松动、断裂，应予以更换。

③ 前梁、车架发生水平面内的弯曲，应予以校正。

④ 汽车两边的轴距不等，应予以调整。

⑤ 两前轮轮毂轴承的松紧度不一，应予以调整。

⑥ 前轮定位不正确，应予以调整或更换部件。

⑦ 车轮有单边制动或拖滞现象，应予以检测。

⑧ 转向杆系变形，应予以校正或更换。

⑨ 动力转向系控制阀损坏或密封环弹性减弱，阀芯运动不畅或偏离中间位置，应予以调整或更换等。

（3）故障诊断与排除

图 3-40 所示为汽车行驶跑偏常见故障的诊断流程框图。

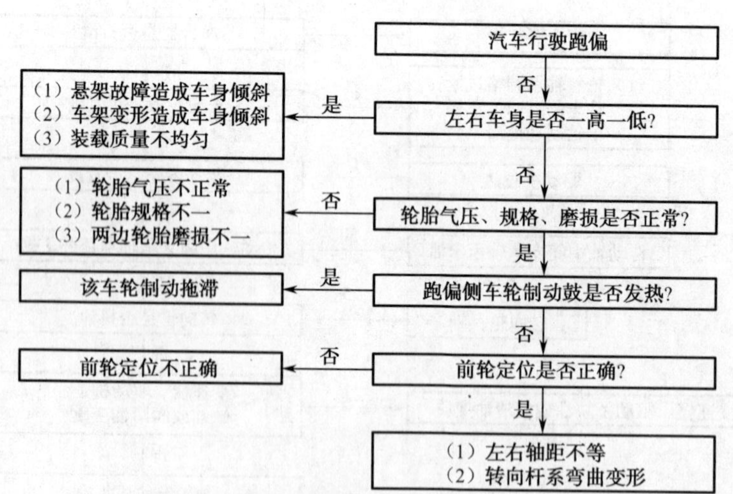

图 3-40　汽车行驶跑偏常见故障的诊断流程框图

三、维修实例

案例一

1．故障现象

一辆行驶里程约 9 万 km 的 1.8T 迈腾轿车，车辆在行驶中，特别是在低速急加速时，底盘前部发出明显“咯、咯”金属异响声，此故障现象不定期地发生。

2．故障原因

右侧车轮悬架臂支座表面与车架接触面摩擦，导致底盘前部发出金属异响声。

3．故障诊断与排除

接车后试车，以车速 5～20km/h 急加速时，底盘前部发出“咯、咯”的金属异响声。

根据以上故障现象制定了如下维修顺序：举升车辆做底盘异响试验，挂入 D 挡后急加速，底盘前部未发出“咯、咯”金属异响声；检查车辆底盘前部悬架部分，底盘前部悬架部分未发现碰撞现象，螺栓和螺母均以规定扭矩固定；检查驱动轴球笼状态，发动机停机状态下左右转动驱动轴未有异响声；检查自动变速箱内差速器和驱动轴之间的花键配合间隙，手动转动驱动轴，感觉不到两者之间有间隙。为了更准确验证两者之间是否有间隙，更换两根驱动轴试车。以车速 5～20km/h 低速急加速试车，底盘前部依旧发出明显“咯、咯”金属异响声，可以确定故障点不是差速器和驱动轴间的花键配合。

金属异响声既然是来自底盘前部，拆解底盘前部悬架部分，发现右侧车轮悬架臂支座表面与车架接触面有摩擦痕迹，如图 3-41 所示。

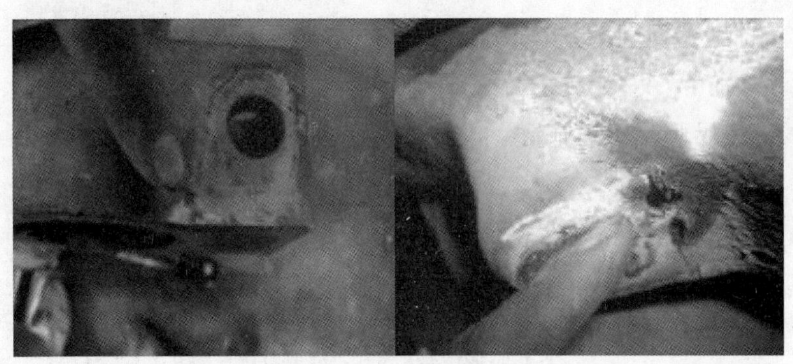

图 3-41　摩擦部位

对车轮悬架臂支座表面与车架表面进行平整化处理后进行试车，故障排除。

案例二

1．故障现象

一辆装备手动变速器的速腾 1.8T 轿车。该车在直线行驶时松开转向盘后车辆会向左跑偏。

2．故障原因

转向角传感器故障。

3. 故障诊断与排除

接车后试车，确认故障现象属实。但当轿车直线行驶时转向盘位置正常。车主反映，该车为在汽车修理厂刚修过的事故车，事故位置在左前悬架上，已更换了左前悬架的大部分零件、主气囊、副气囊和仪表台总成，并做过四轮定位。一般轿车跑偏的原因有：四轮定位不准，轿车左、右轴距不一致，左、右轮胎气压不一致或左、右轮胎品牌或花纹不一致等。该车已经做过四轮定位，并且客户提供的四轮定位打印数据都在标准范围之内；测量轿车的左、右轴距，相同；测量左、右轮轮胎的气压，也正常。为排除轮胎方面的原因，把轿车的左、右前轮轮胎对调后试车，故障现象依旧。接着从助力转向系统方面分析故障原因。速腾轿车的助力转向系统与普通车辆不同，其助力方式为双齿轮式机械电动助力式，它的功能有随速转向功能和主动回正功能。助力转向系统中有转向角传感器（G85），它可识别转向盘的转动角速度和转角位置，轿车转向盘不受力时，如果它识别到转向盘不在中心位置（转向盘转角为 0°），则助力转向控制单元（J500）会根据 G85 的信号控制转向电动机（V187）工作，通过转向机器向转向盘提供一个回正力矩，从而使转向盘回到中心位置。G85 识别的转向盘转角可用解码器读得。

把转向盘转到轿车直线行驶方向（转向盘的中心位置），用解码器读取 G85 的数据（转向盘转角）为−7.52°，只有把转向盘再向左转一定角度后 G85 的数据才会为 0°。至此，故障原因找到了，在轿车直线行驶时，虽然转向盘位置是正确的，但 G85 所识别到的转向盘转角不为 0°，所以，J500 通过转向器给予转向盘一个向左的回正力矩，结果轿车向左跑偏。

用解码器功能引导程序做 G85 的零点基本设置，然后试车，故障排除。

情境四 车辆电气系统的检测与诊断

任务一 汽车电气的检测

一、电气系统故障组成

汽车电气系统的故障总体上可分为两大类：一类是电器设备故障，另一类是线路故障。

（1）电器设备故障

电器设备故障是指电器设备自身丧失其原有性能，包括电器设备的机械损坏、烧毁、电子元件的击穿、老化，性能减退等，在实际使用和维修中，常常因线路故障造成电器设备故障，电器设备故障一般是可修复的，但对于一些不可拆的电子设备出现故障后只能更换。

（2）线路故障

线路故障包括断路、短路、接线松脱、接触不良或绝缘不良等。这一类故障有时容易出现一些假象，给故障诊断带来困难，例如，某搭铁线与车身出现接触不良，就有可能因为有的搭铁线多为几个电器设备的工作电路联系到一起，就有可能通过其他线路找到搭铁途径，造成一个或多个电器设备工作异常。

二、电路的检测方法

汽车电路中发生的故障主要有断路、短路、电器设备的损坏等。为了能迅速、准确地诊断出故障，下面介绍几种常见的电路故障检测方法。

1. 直观诊断法

汽车电路发生故障时，有时会出现冒烟、火花、异响、焦臭、发热发烫等异常现象。这些现象可通过人的眼、耳、鼻、手感觉到，从而可以直接判断出故障所在部位。

例如，一辆桑塔纳出租车在汽车行驶中，突然发现转向灯与转向指示灯均不亮，用手一

摸，发现闪光器发热烫手，说明闪光器已被烧坏。事后，检测该车的组合尾灯，发现转向灯灯座上的导电金属片发热严重，用手触摸感觉温度很高，于是更换组合尾灯灯座，故障即排除。

2. 断路法

汽车电路设备发生搭铁（短路）故障时，可用断路法判断，即将怀疑有短路故障的电路断路，根据电器设备中短路故障是否还存在，判断电路短路的部位和原因。

例如，汽车行驶时，听到喇叭长鸣，则可以将喇叭继电器的开关控制线拔下，此时如果喇叭停鸣，则说明方向盘上的喇叭开关至继电器这段电路中有短路现象。

3. 试灯法

试灯法是利用试灯对线路故障进行诊断的一种方法，其优点是可迅速地判断出电路中的短路、断路故障。试灯法又分为短路检测法和断路检测法两种方法。短路法主要用于检测线路中的断路故障，而断路法则主要用于检测线路中的短路故障。

断路检测法的测试原理如图 4-1 所示，当电路出现短路时，电路中的保险丝熔断后可自动切断电路。检查这一类故障时，先检查保险丝，将试灯的一端直接接入保险丝的位置，并按图中标注的序号①–②–③依次打开插接器，如果灯灭，则说明该插接器下游的部件为短路的地方。

短路检测法的测试原理如图 4-2 所示，当线路出现断路时，用电器无法工作。用一个汽车灯泡作试灯，检查汽车电器或电路有无故障。此方法特别适合不允许直接短路的电器装置（如带有精密电子元器件）。

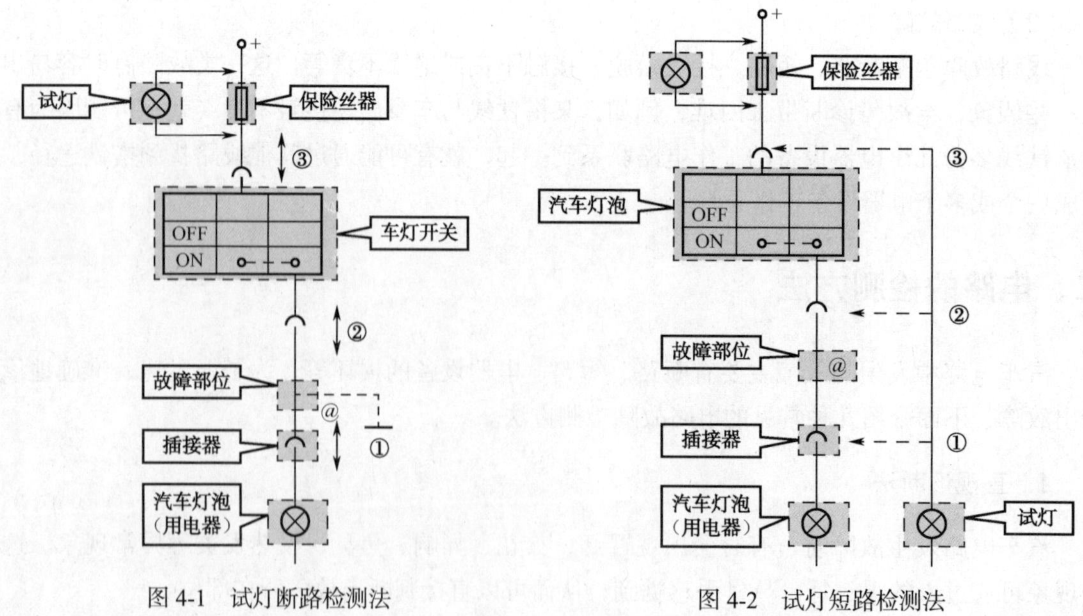

图 4-1　试灯断路检测法　　图 4-2　试灯短路检测法

4．仪表法

仪表法即通过观察汽车仪表板上的电流表、水温表、燃油表、机油压力表等的指示情况，来判断电路中有无故障的方法。

例如，燃油表发生故障，接通点火开关时，燃油表指示最低刻度位置，而此时汽车已加油，这说明燃油液位传感器有故障或该线路有搭铁。

5．高压试火法

高压试火法即对高压电路进行搭铁试火，观察电火花状况，从而判断点火系的工作情况的方法。

具体方法为：取下点火线圈或火花塞的高压导线，将其对准火花塞或缸盖等，距离约5mm，然后接通启动开关，转动发动机，看其跳火情况。如果火花强烈，呈天蓝色，且跳火响声较大，则表明点火系工作基本正常；反之，则说明点火系工作不正常。

这种方法只适用带分电器的传统点火系统，不可在发动机模块控制的点火系统上进行试验。

6．低压搭铁试火法

低压搭铁试火法即拆下用电设备接线的某一线端对汽车的金属部分（搭铁）碰试而产生火花来判断故障的方法。这种方法比较简单，是广大汽车电工经常使用的方法。搭铁试火法可分为直接搭铁和间接搭铁两种。

所谓直接搭铁是指未经过负载而直接搭铁，以是否产生强烈的火花来判断电路有无故障。

例如，要判断点火线圈至蓄电池一段电路是否有故障，可拆下点火线圈上连接点火开关的线头，在汽车车身或车架上刮碰，如果有强烈的火花，说明该段电路正常；如果无火花产生，说明该段电路出现了断路。采用这种方法时，直接搭铁时间应尽可能的短，否则会烧断保险丝。

间接搭铁是指通过汽车电器的某一负载而间接搭铁，以是否产生微弱的火花来判断线路或负载有无故障。例如，将传统点火系断电器连接线搭铁（回路经过点火线圈初级绕组），如果有火花，说明这段线路正常；如果无火花，则说明这段电路出现了断路。

7．换件法

换件法在实际故障诊断中经常采用，即使用一个无故障的元件替换怀疑可能出现故障的元件，观察出现故障系统的工作情况，从而判断故障所在。采用换件法必须注意的是，在换件前要对其线路进行必要的检查，确保线路正常方可使用，否则会造成更大的损失。

8．仪器法

随着汽车电气设备的日趋复杂，在维修中，特别是维修装置电子设备较多的车辆，使用一些专用的仪器是十分必要的。例如，检测点火、喷油系统时使用波形示波器，检测发动机电控系统时使用专用诊断仪。

三、汽车电气系统故障诊断时的注意事项

① 拆卸和安装电器元件时，应切断电源。

② 更换熔断器时，一定与原规格相同，切勿用导线替代。

③ 正确拆卸导线插接器（插头与插座）。为了防止插接器在汽车行驶中脱开，所有的插接器均采用闭锁装置，要拆开插接器时，首先要解除闭锁，然后把插接器拉开，不允许在未解除闭锁的情况下用力拉导线，否则会损坏闭锁或连接导线。

④ 在检测传统汽车电气系统故障时，往往采用“试火”的办法逐一判断故障部位，在装有电子元件造成意想不到的损害。

⑤ 在发动机工作时，不要拆下蓄电池接线，对于装有电控装置的车辆也不再采用该办法来判断发电机是否发电。

⑥ 不允许使用欧姆表及万用表的 R×100 以下低阻欧姆挡检测小功率晶体管，以免电流过载损坏晶体管。

⑦ 更换三极管时，应首先接入基极，拆卸时，最后拆下基极。

任务二　电源、启动系统的检测与诊断

一、电源系统的检测

1. 蓄电池的检测

蓄电池的检测主要包括检查蓄电池封胶有无开裂和损坏，极柱有无破损，壳体有无泄漏，否则应修复或更换；疏通加液盖通气孔，用钢丝刷或极柱接头清洗器除去极柱和接头的氧化物，并涂一层薄薄的工业凡士林或润滑脂。

（1）通过观察判断蓄电池技术状况

对于无加液孔的全密封型免维护蓄电池，由于不能采用传统的密度计来测量电解液密度以判断其技术状况，为此，在这种免维护蓄电池内部一般装有一只小型密度计，如图 4-3 所示。通过顶端的检查孔观察其颜色可判断蓄电池的技术状况，如图 4-4 所示。

（2）电解液液面高度的检查

① 对于塑料壳体的蓄电池，可以直接通过外壳上的液面线检查。壳体前面标有两条平行的液面线，如图 4-5 所示。分别用“max”或“UPPER LEVEL”或“上液面线”和“min”或“LOWERLEVEL”或“下液面线”表示电解液液面的最高限和最低限，电解液液面应保持在高、低水平线之间，电解液不足应加注蒸馏水。

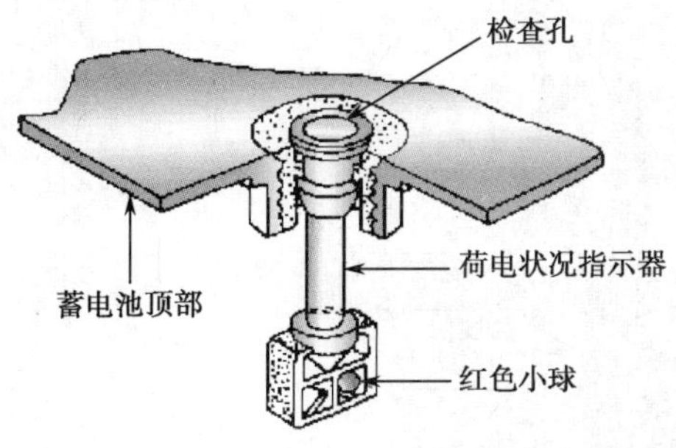

图 4-3　观察孔位置图

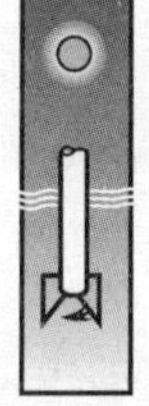
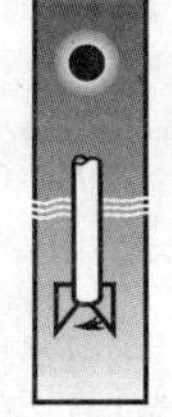
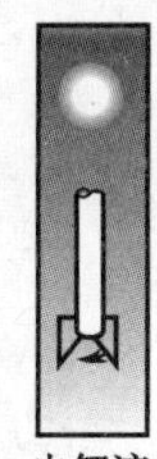
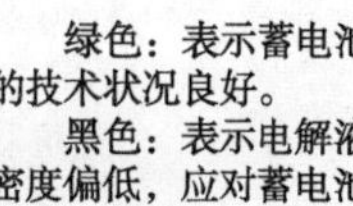
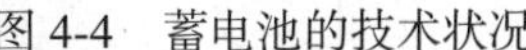

图 4-4　蓄电池的技术状况

图 4-5　观察液面的高度

② 对于不能通过外壳上的液面线进行检测的蓄电池，可以用玻璃管测量液面高度。

检测方法：如图 4-6 所示，将玻璃管垂直插入蓄电池的加液孔中，直到与保护网或隔板上缘接触为止，然后用手指堵紧管口并将管取出，管内所吸取的电解液的高度即为液面高度，其值应为 10 ~ 15mm。

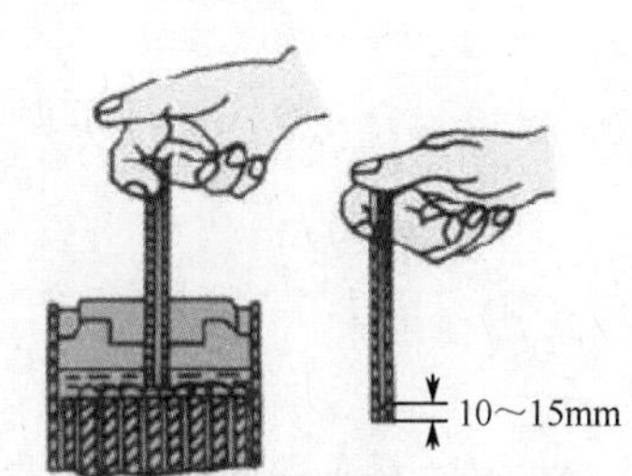

图 4-6　用玻璃管测量电解液液面高度

（3）蓄电池放电程度的检测

① 用密度计测量电解液密度

用密度计测试电解液密度是最直接的一种测试方法。如图 4-7 所示，吸取蓄电池中的电解液，直到浮子浮起，然后检查浮子高度和浮子刻线之间的关系，可读出高度的数值，如图 4-8 所示。也可通过浮子彩色标记来判断蓄电池放电程度。

图 4-7　用密度计吸蓄电池中的电解液

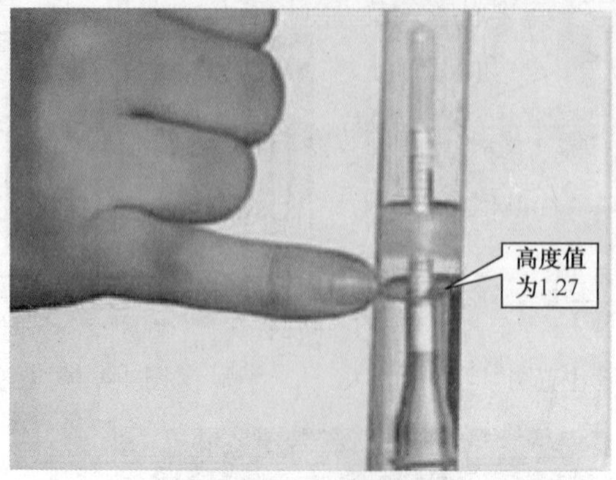

图 4-8　读取高度值

电解液处于黄色区域，说明电量充足，如图 4-9 所示；电解液处于绿色区域，说明电量比较充足；电解液处于红色区域则蓄电池必须充电。

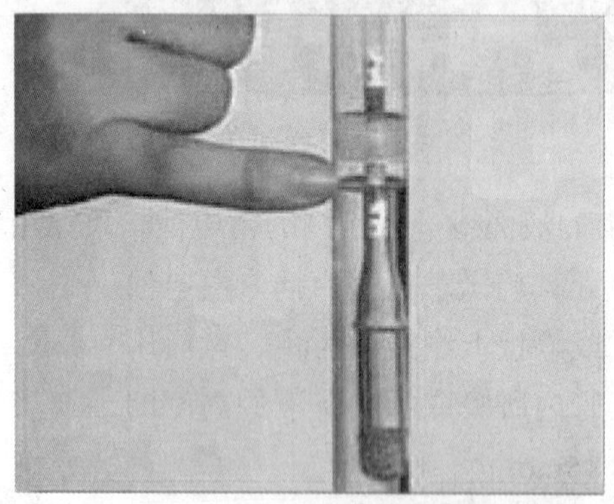

图 4-9　电解液处于黄色区域

② 用蓄电池高功率放电计测量蓄电池空载端电压

用高功率放电计测量放电电压。方法如下：将点火开关置于关闭状态，按压高功率放电计测试开关并保持 5s 后放开，待测试仪上的指针静止不动后读出读数（图 4-10），此读数即为蓄电池的端电压，如电压<12V，则需要对蓄电池进行维护；如电压<11V，则需更换蓄电池。

图 4-10　测出蓄电池空载端电压

（4）蓄电池电极桩的检测

为保证蓄电池在车上能给启动机提供大电流，除蓄电池本身的技术状况良好外，蓄电池极柱与电缆线的连接非常重要，极柱与电缆线的连接是否可靠可通过测量二者之间的压降来确定。如图 4-11 所示，将电压表正表笔接到蓄电池的正极柱上，负表笔接到正极柱电缆线的线夹上，接通启动机，使启动机带动发动机工作，这时电压表的读数不得大于 0.5V，否则说明极柱与线夹接触不良，将产生启动困难。当极柱与线夹接触不良时，若是极柱表面氧化，应清除氧化物；若是接触松动，应重新紧固线夹。负极柱与其电缆线的线夹的压降的测量，表笔与上述相反。

图 4-11　电极柱检测连接法

2. 交流发电机的检查

1）转子的检查

（1）转子表面不得有刮痕，否则表明轴承松旷，应更换前、后轴承。滑环表面应光洁平整，两滑环之间的槽内不得有油污和异物，转子绕组不允许有短路和断路故障。

（2）转子的断路检查。如图 4-12 所示，用万用表测试转子两滑环之间是否断路或电阻值过大；如有，应更换转子总成或检测。滑环与滑环之间电阻正常值为 2.9Ω。

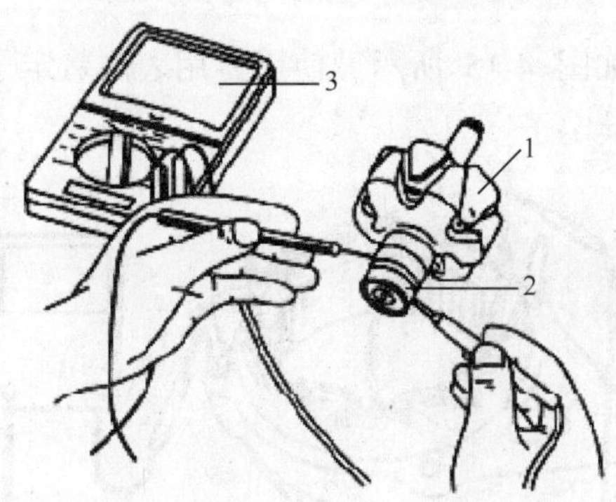

1—转子总成；2—滑环；3—万用表

图 4-12　转子的断路检查

（3）转子的搭铁检查。如图 4-13 所示，用万用表测试滑环和转子轴之间是否搭铁短路；如有，则表明线圈搭铁，应更换转子或线圈。

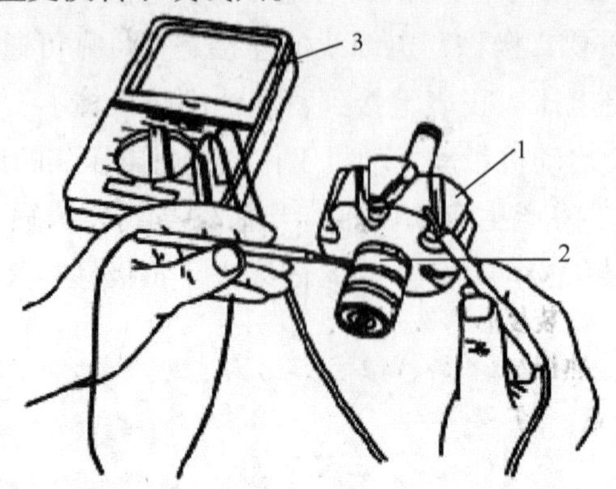

1—转子总成；2—滑环；3—万用表

图 4-13　转子的搭铁检查

2）定子的检查

（1）定子表面不得有刮痕，导线表面不得有碰伤、绝缘漆剥落现象，绕组不得有短路和断路现象。

（2）定子的断路检查。如图 4-14 所示，使用万用表测量定子绕组的 3 根导线与中心抽头是否导通，如不导通，应更换定子。

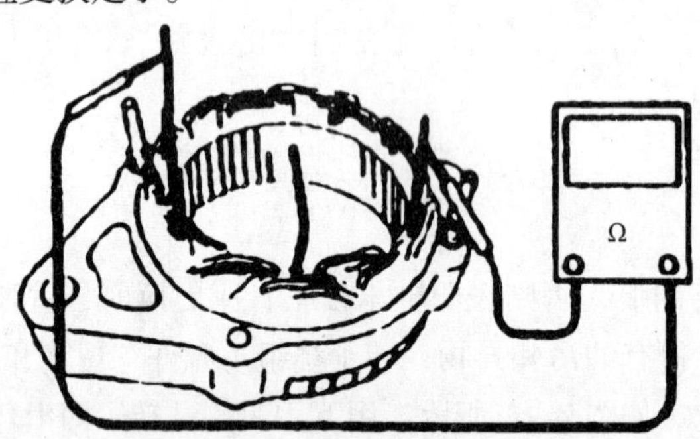

图 4-14　定子的断路检查

（3）定子的搭铁检查。如图 4-15 所示，使用万用表测量定子绕组 3 根导线与定子铁芯是否导通，如能导通，应更换定子。

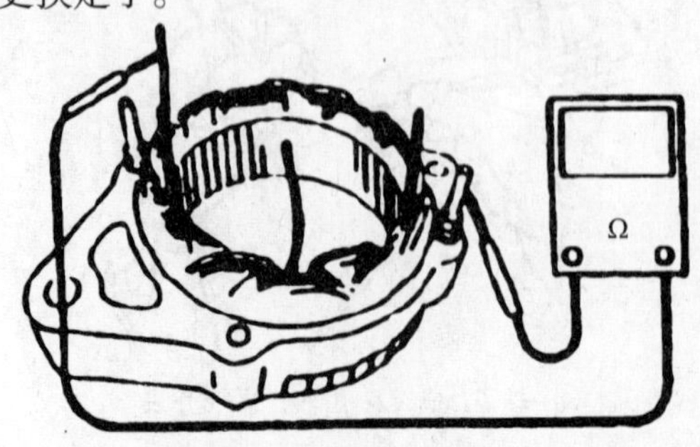

图 4-15　定子的搭铁检查

3）电刷长度的检测

如图 4-16 所示，用游标卡尺测量电刷的长度，应符合规定值。标准值一般为 10.5mm，极限值一般为 4.5mm。如低于使用极限值时，应更换新的电刷；如表面烧损，应予以修磨。

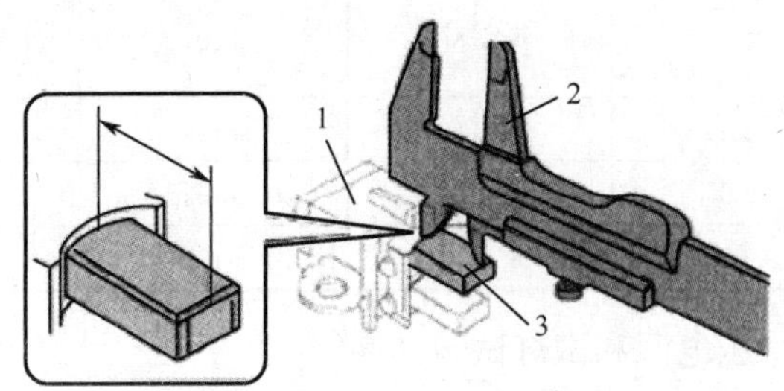

1—电刷架；2—游标卡尺；3—电刷

图 4-16 电刷长度的检测

4）整流器的检测

如图 4-17 所示，用万用表分别检测 B 与 P_1、P_2、P_3、P_4；E 与 P_1、P_2、P_3、P_4之间的正向和反向导通情况，正常时应为正向导通，反向截止。若正、反向电阻值均为 0，则说明二极管短路；若正、反向电阻值均为无穷大，则说明二极管断路，应更换整流器。

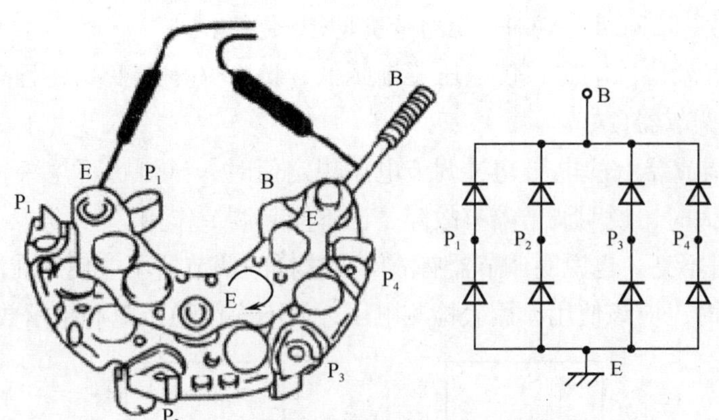

B—正极接线柱；E—负极接线柱；P_1 ~ P_4—整流器接线柱

图 4-17 整流器的检测

5）集成电路调节器（IC）的检测

集成电路调节器（IC）是全封闭模块，对它的性能检测通常按以下方法进行。

（1）使用万用表测量各接线柱之间的电阻值，初步判断其性能

注意：当使用此方法时，要选择合适的电阻挡位，以及使用合适的万用表的种类与型号。

对于测量结果只能与表中数据对照参考。常见集成电路调节器各接线柱之间正常电阻参考数值如表 4-1 所示。

表 4-1　常见集成电路调节器各接线柱间电阻值（单位：Ω）

发电机型号	“F”与“E”间电阻	“B”与“E”间电阻		“N”与“E”或“B”间电阻	
		正向	反向	正向	反向
JF11，13，15，21，132N	4 ~ 7	40 ~ 50	≥10k	10 ~ 15	≥10k
JWF14（无刷）	3.5 ~ 3.8	40 ~ 50	≥10k	10 ~ 15	≥10k
夏利 JFZ154	2.8 ~ 3.0	40 ~ 50	≥10k	10 ~ 15	≥10k
桑塔纳 JFZ1913	2.8 ~ 3.0	65 ~ 80	≥10k	10 ~ 15	≥10k

（2）使用可调直流稳压电源和试灯试验其性能

使用可调直流稳压电源（输出电压为 0 ~ 30V，电流为 5A）和一只 20W 的汽车灯泡代替发电机励磁绕组，按图 4-18 所示的接线进行试验。

注意：检查内搭铁式调节器时，试灯应接在调节器“F”与“−”接线柱之间；检查外搭铁式调节器时，试灯则应接在调节器“F”与“+”接线柱之间。试验步骤如下。

① 调节直流稳压电源，使其输出电压从零逐渐升高，14V 调节器当电压升高到 6V（28V 调节器电压升高到 12V）时，试灯开始点亮。

② 随着电压的不断升高，试灯逐渐变亮，14V 调节器当电压升高到（14 ± 0.5）V[28V 调节器当电压升高到（28 ± 1）V]时，试灯应立即熄灭。

③ 继续调节直流稳压电源，使电压逐渐降低，试灯又重新变亮，且亮度随电压的降低逐渐减弱，则说明调节器良好。

④ 当施加到调节器上的电压超过调节电压规定值时，试灯仍不熄灭，或者起控电压数值与规定值相差较大时，说明调节器有故障，已不能起调节作用。

⑤ 如试灯一直不亮，也说明调节器有故障，这样的调节器不能使用在汽车发电机上。

注意：在试验时，应该使用万用表检测电压，而不应以稳压电源指示数值为准。

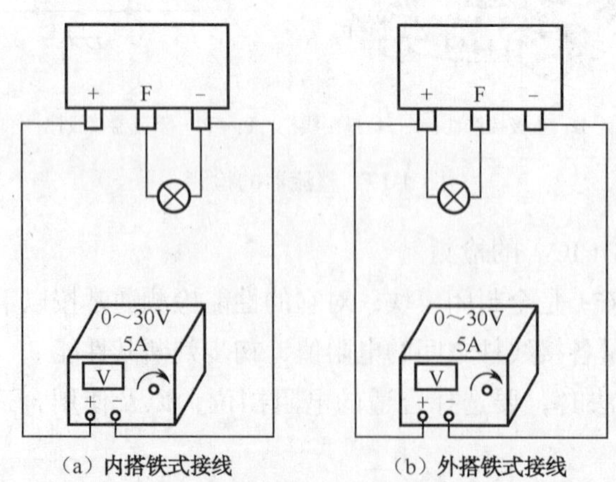

图 4-18　用直流稳压电源检查集成电路调节器接线图

6）交流发电机性能简单测试

如图 4-19 所示，检测装复的交流发电机，在车辆使用大灯、应急闪光灯（4 个）、雨刮器的情况下，发动机以 3000～4000r/min 的转速运转，用万用表测试其输出电压和电流。若检测数据与标准值不符时，应找出原因并予以修理。

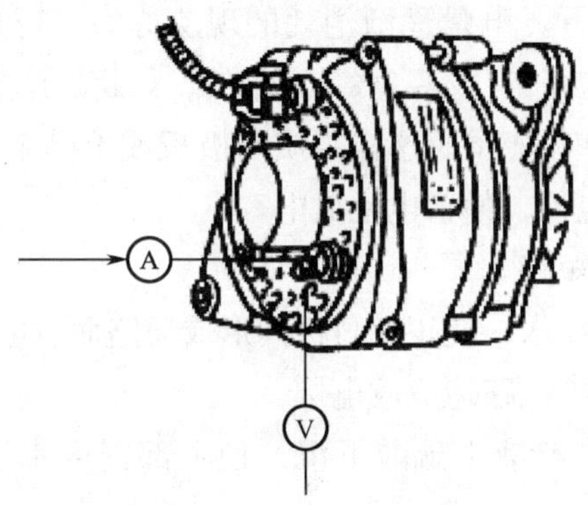

图 4-19　发电机的检测

二、电源系统故障诊断与排除方法

1．蓄电池常见故障

1）充电不足

（1）故障现象

汽车长时间行驶，电池一直充电，蓄电池还是亏电，一踩油门大灯就暗。

（2）故障原因

① 充电系统故障，发电机或电压调节器故障。

② 线路问题。

③ 电池因素：失水，电池内部有单格短路，硫化较为严重。

（3）排查方法

① 检查充电系统是否损坏、充电电流是否过小。

② 检查和测量单格电压，看是否有单格短路的存在。

③ 查看电池内部是否有干涸现象，即电池是否缺液严重。干涸的电池应补加纯水或 1.05g/cm^3 的稀硫酸，采用维护充放电法进行修复。

④ 检查极板是否存在不可逆硫酸盐化（硫化）。硫化严重时，内阻增大，充电就会引起严重发热。

极板的不可逆硫酸盐化，可通过充放电测量其端电压的变化来判定。在充电时，电池的电压上升特别快，某些单格电压特别高，放电时电压下降特别快。出现上述情况，可判断电池出现不可逆硫酸盐化。如果发现有不可逆硫酸盐化，应采用均衡充电法进行修复。

2）自放电

（1）故障现象

汽车放置 2～3 天后无法启动，启动机不转，喇叭响声弱，蓄电池亏电。

（2）故障原因

蓄电池在不工作的情况下，电量逐渐消耗的现象称为自行放电。自行放电不能完全避免，一般认为每天消耗本身容量的 1%～2%是正常的，如超过此数值，为不正常自行放电。

① 极板材料或电解液中有杂质，这样杂质与极板或不同杂质间就会产生电位差，形成闭合的“局部电池”而产生电流，使蓄电池放电。

② 隔板破裂，造成局部短路。

③ 蓄电池盖上有电解液或水，使正、负极间形成通路而放电。

④ 活性物质脱落，使极板短路造成放电。

⑤ 蓄电池长期存放，电解液中硫酸下沉，使上部密度小、下部密度大，引起自行放电。

（3）排除方法

要减少自行放电，电解液必须力求纯净，使用中应经常保持蓄电池盖清洁，以免短路。如电解液不纯，需将蓄电池用标称容量的 1/10 的电流放电至单格电压 1.7V 为止，然后将电解液倒出，并用蒸馏水清洗干净，再换用纯净电解液进行充电。

3）容量降低

（1）故障现象

蓄电池很容易充足电，但是启动机多转一会就没电了，启动机转速降低很快，蓄电池容量小。

（2）故障原因

蓄电池极板硫化，产生极板不可逆硫酸盐化的原因归结如下。

① 存放时间过长，自放电率高，未对其进行维护充电。

② 放电后未对其及时充电。

③ 长时间处于欠充电状态。

④ 过放电。

⑤ 干涸或加入的电解液浓度过高。

（3）诊断和处理

蓄电池产生不可逆硫酸盐化时，应根据其程度的轻重进行修复。

硫化较轻者，对其进行一般的活化充电（即均衡充电），就可以恢复正常。具体方法如下。

恒压限流充电：第一阶段 0.18C2A 充电到 2.7V/单格，充电 12～24h。

恒流充电第一阶段：0.18C2A 充电到 2.4V/ 单格，第二阶段：0.05C2A 充电 5～12h。

硫化较重者，需要对其进行“水疗法”充放电，才能恢复正常。具体方法为：先对蓄电池补加纯水或密度为 1.059g/cm^3 稀硫酸到富液状态，再以 0.05～0.18C2A 的电流充电 20h 左右，抽尽流动液，再做容量试验。反复上述操作，直到电池容量恢复。

4）活性物质脱离

（1）故障现象

电池一直充电，充不足，蓄电池还是亏电，汽车放置几天后无法启动，有自放电现象。

（2）故障原因

① 起始充电电流过大。因为极板活性物质的还原是从导电最好的栅格处开始的，大电流充电时，该处硫酸铅迅速还原，所以距栅格较远的硫酸铅来不及起化学反应，由于硫酸铅体积较大，故与内部已还原的活性物质间的附着力就差，所以易从极板上脱落下来。

② 充电终期电流过大。这样会产生大量的气泡，剧烈地冲击极板表面，使已还原的比较松软的二氧化铅大量脱落。

③ 经常性的过量充电。过量充电的电流虽然不大，但因此时极板上硫酸铅已全部还原为二氧化铅和铅，充电电流全部用到电解液上，这时产生的气泡虽不太多，但同样对极板表面产生冲击作用使活性物质脱落。

④ 放电电流过大。此时化学反应剧烈，会引起极板翘曲，从而造成活性物质脱落。

（3）处理方法

由于活性物质脱落，会使极板短路，造成电池自行放电，有条件的可将蓄电池拆开更换极板，建议更换蓄电池总成。

5）单格短路

（1）故障现象

突然失去启动能力；蓄电池电压低，偶尔启动时，短路单格有电解液喷出。

（2）故障原因

其原因是：单格短路后，使蓄电池阻力增加，电压降低，不能供出强大的电流，同时在短路处产生高温使电解液急剧受热而喷出。

① 活性物质脱落。

② 使用的电解液有杂质。

（3）诊断和处理

检查方法：可用一根细导线对各格进行正、负极打火，无火花或火花较弱的单格，即为短格，需送修。

6）极板硫化

（1）故障现象

① 放电时，电压急剧下降，电池容量降低。

② 蓄电池在充电时单格电压上升快，电解液温度迅速升高，但密度却增加得很慢。

③ 蓄电池在充电时过早产生气泡，甚至一开始就有气泡。

（2）故障原因

蓄电池长期充电不足或放电后长时间未充电，极板上会生成一层白色粗晶粒的硫酸铅，在正常充电时不能转化为二氧化铅和海绵状纯铅。这种现象称为“硫酸铅硬化”，简称“硫化”。这种粗而坚硬的硫酸铅晶体导电性差、体积大，会堵塞活性物质的孔隙，阻碍电解液的渗透和扩散，使蓄电池的内阻增加，启动时不能供给大的启动电流，以至于不能启动发动机。极板硫化的常见原因如下。

① 蓄电池长期充电不足，或放完电后未及时充电，当温度变化时，硫酸铅发生再结晶。

② 蓄电池经常过量放电或小电流深度放电，便在极板孔隙的细小孔隙内层生成硫酸铅，平时充电不易恢复。

③ 电解液液面过低，使极板上部与空气接触而强烈氧化（主要是负极板）。在汽车行驶的过程中，由于电解液上下波动，与极板的氧化部分接触，也会生成大晶粒的硫酸铅硬层，使极板上部硫化。

④ 电解液不纯，不但促进了电池自行放电的进行，也是造成极板硫化的主要原因。电解液中有害的杂质吸附在硫酸铅的表面，将使硫酸铅的溶解变慢，限制了在充电时铅离子的阴极还原，使充电不能正常进行。

（3）排除方法

极板硫化的处理方法：轻度极板硫化的蓄电池，可用 2 ~ 3A 的小电流长时间充电，即过充电，或用全放、全充的充放电循环的方法使活性物质还原；硫化较重的蓄电池，可用去硫充电的方法消除硫化；对严重硫化的则应更换极板或报废。

2. 交流发电机常见故障

1）电源充电指示灯不亮

（1）故障现象

闭合点火开关和发动机正常运转时，充电指示灯一直不亮。

（2）故障原因

① 充电指示灯灯丝断路。

② 熔断丝烧断使指示灯线路不通。

③ 指示灯或调节器电源线路导线断路或接头松动。

④ 蓄电池极柱上的电缆线头松动。

⑤ 点火开关故障。

⑥ 发电机电刷与滑环接触不良。

⑦ 调节器内部电路故障，如调节器内部电子元件损坏而使大功率三极管不能导通。

（3）故障排除方法

首先启动发动机并怠速运转，然后检查发电机充电系统能否充电。将充电指示灯不亮分为充电系统能充电和不能充电两种情况分别进行排除。

接通点火开关时充电指示灯不亮，启动发动机后发电机又能发电，说明发电机充电系统正常；检查仪表盘上的充电指示灯是否正常，若灯丝断路，则需更换。

当接通点火开关充电指示灯不亮，启动发动机后发电机不能发电时，故障排除方法如下：首先关闭点火开关，检查仪表熔断丝。如该熔断丝断路，更换相同规格的熔断丝；如熔断丝良好，继续检查。接通点火开关，用万用表检测熔断丝上的电压值，如电压为零，说明点火开关以及点火开关与熔断丝之间线路有故障，应予以检测或更换。如熔断丝上的电压正常则检查发电机电刷与滑环接触是否不良或调节器内部电路是否有故障。

2）电源系统不充电

（1）故障现象

发动机启动后，仪表盘上的充电指示灯始终亮着，这说明发电机出现了不充电故障。

（2）故障原因

① 发电机磁场绕组短路、断路或搭铁而导致磁场电流减小或不通。

② 定子绕组短路、断路或搭铁故障。

③ 整流器故障。

④ 电刷与滑环接触不良。

⑤ 调节器故障。

⑥ 发电机的传动带过松而打滑，发电机不转或转速过低而不发电。

（3）故障诊断

当充电指示灯常亮时，说明点火开关、熔断丝以及充电指示灯技术状态良好，启动发动机并将其转速逐渐升高，此时用万用表检测发电机端子 B 与发电机壳体间电压，如万用表指示的电压高于蓄电池电压，说明发电机发电，可能发电机端子 B 与蓄电池正极的线路断路。如电压为零或过低，说明充电系统有故障，应按如下方法继续检查：断开点火开关，检查发电机传动带的挠度是否符合规定（5 ~ 7mm），挠度过大应调整。如传动带的挠度正常，则继续检查，拆下调节器接线端子上的导线，接通点火开关，用万用表检测调节器接线柱上的导线电压，如电压为零，充电指示灯亮，说明仪表盘与调节器之间的线路搭铁，应予检测。如电压正常，则跨接发动机端子 B 与 F，如发电正常则故障是调节器或调节器到发电机的线路；如还是不发电则故障在发电机，应拆检发电机。

3）充电指示灯时亮时灭

（1）故障现象

接通点火开关和发动机正常运转时，充电指示灯不稳定，时亮时灭。

（2）故障原因

① 发电机传动带挠度过大而出现打滑现象。

② 发电机整流二极管断路、定子绕组连接不良或断路而导致发电机输出功率降低；发电机电刷磨损过多。

③ 调节器调节电压过低。

④ 相关线路接触不良。

（3）故障排除

① 检查传动带的挠度是否符合规定。

② 检查相关线路连接情况，如不正常，则需检测。

③ 拆下调节器和电刷组件总成，并按前述方法检查调节器和电刷，如不正常，则需检测或更换。

④ 检测发电机总成。

4）充电电流不稳定

（1）故障现象

发动机在怠速运转时，电流表指针不断摆动。

（2）故障原因

充电电流不稳故障主要有以下原因。

① 接线的各连接处松动，接触不良。

② 发电机故障，其原因如下。

a. 发电机 V 带过松。

b. 励磁绕组或定子绕组有故障。

c. 电刷压力不足，接触不良。

d. 接柱（接线柱）松动，接触不良。

③ 调节器故障，如果是电磁振动式调节器，其故障有下述 3 个原因。

a. 触点脏污、接触不良。

b. 线圈、电阻有故障。

c. 附加电阻断路。

如果是晶体管式调节器，其故障也有下述 3 个原因。

a. 连接部分松动。

b. 电子元件性能变坏。

c. 继电器工作不良。

（3）故障排除

充电不稳，对内搭铁发电机，将调节器上“+”与“F”两接柱上的导线拆下悬空，用一试灯跨接在发电机“+”与“F”之间，然后逐渐提高发动机转速，注意观察试灯，对外搭铁发电机，应把试灯接在“F”与“-”之间，试灯正常发亮，故障在发电机外部，充电电路连接不良，接头松动。试灯闪烁发光，故障在发电机内部，励磁电路接头松动。

5）发电机工作中有异响

（1）故障现象

发电机在运转过程中有不正常噪声。

（2）故障原因

发电机工作中有异响的故障主要有以下原因。

① 风扇传动带过紧或过松。

② 发电机损坏被卡住或松旷缺油，轴承钢球保护架脱落及轴承走外圆。

③ 发电机转子与定子相碰，俗称“扫膛”。

④ 电刷磨损过大，或电刷与滑环接触角度偏斜，电刷在电刷架内倾斜摆动。

⑤ 发电机总装时部件不到位使机体倾斜或发电机电枢轴弯曲。

⑥ 发电机传动带与轴松旷，使传动带盘与散热片碰撞。

（3）故障诊断与排除

发电机工作中有异响可按以下步骤进行判断与排除。

① 检查风扇传动带松紧度。

② 检查发动机传动带轮与发电机安装是否松旷。

③ 用手触摸发电机外壳和轴承部位，是否烫手或有振动感，若烫手说明定子和转子相碰或轴承损坏。借助听诊器或旋具听发电机轴承部位，声音清脆、不规则，说明轴承缺油或滚柱已损坏。

④ 拆下电刷，检查其磨损和接触情况。

⑤ 拆检发电机，检查其内部机件配合和润滑是否良好。如果发电机噪声细小而均匀，应检查硅二极管和励磁绕组是否断路或短路。

6）蓄电池充电不足故障

（1）故障现象

闭合点火开关发动机启动时充电指示灯会亮，发动机启动后充电指示灯也熄灭，但是蓄电池很快出现亏电现象，并且启动发动机时，启动机运转无力、夜间行车前照明灯灯光暗淡。

（2）故障原因

① 发动机传动带过松或损坏。

② 发电机端子 B 与蓄电池正极柱线路短路或导线端子接触不良。

③ 发电机电刷与滑环接触不良。

④ 调节器的调节电压过低或其内部电路有故障。

⑤ 发电机转子绕组短路使磁场变弱而导致发电机输出功率降低。

⑥ 发电机整流器故障或定子绕组有短路、缺相故障而导致发电机输出功率降低。

⑦ 蓄电池使用时间过长、极板硫化、损坏或活性物质脱落。

⑧ 全车线路中有导线搭铁而漏电。

（3）故障诊断与排除

出现蓄电池充电不足现象时，具体诊断方法如下。

① 检查蓄电池的技术状态是否良好，如使用时间过长或负载电压低于 9.6V，则需要更换蓄电池。

② 检查传动带的挠度是否符合规定（5 ~ 7mm）。

③ 检查发电机端子 B 至蓄电池正极的线路是否断路或导线端子是否接触不良。

④ 拆下发电机总成，检查电刷组件，如电刷高度过低，则更换电刷；如电刷弹簧卡滞

或弹力不足，应更换弹簧。

⑤ 试验检测调节器的调节电压，如调节电压过低（低于 14.2V）或调节器损坏，应予以更换。

⑥ 如上述检测均良好，则断开所有电气开关，拆下蓄电池正极电缆端子，并且该端子与蓄电池正极柱之间串联一个电流表，检测全车电路有无漏电现象。如有漏电，可将驾驶室内和发动机罩下的熔断器上的熔断丝逐一拔下，检查漏电发生在哪一条线路，然后进行排除。

三、维修实例

案例一

1. 故障现象

行驶里程约 12 万 km 的大众捷达轿车。用户反映该车停放几天后，启动时感觉蓄电池电力不足，但跨接外接电源后点火正常。

2. 故障原因

行李舱内的照明灯开关工作不良。

3. 故障诊断与排除

接车后试车，观察仪表板，无任何故障提示。检测发动机控制单元，无故障码。测量发电机正极对搭铁的电压，为 14.21V，说明发电良好。熄火后测量蓄电池电压为 12.4V。询问用户得知，该车蓄电池已使用 3 年多。怀疑蓄电池容量不足，于是更换了蓄电池。着车后用户将车开走。几天后用户来电反映再次出现以上故障。维修人员赶到现场，将车跨接着车后行驶 10 km，开到修理厂。在此期间，车辆行驶正常。 将车辆停放一天后，故障再现。此时测量休眠电流为 39 mA，显然过大。经询问，得知该车未加装或改装任何电气设备，也无编程。由此判断，出现程序错误的可能性基本排除。 检查和测量搭铁线，无松动和电压降。检查制动灯开关线路，正常。该车装配的蓄电池容量为 51 Ah，正常情况下停放一个多月或更长时间启动也不会有任何问题。 本着先易后难的思路，查阅线路图分析，重点怀疑某个活动开关工作不良。经仔细思考，决定重点检查 4 个门的室内照明灯开关和行李舱照明灯开关，结果发现行李舱内的照明灯开关工作不良。在关上行李舱盖后，照明灯有时长亮。由此推断该车在停放几天后由于照明灯开关故障，使行李舱照明灯长亮，导致蓄电池慢性放电亏电。

更换行李舱照明灯开关，再次测量休眠电流为 3.6 mA。停放数日后，启动正常，故障排除。

案例二

1. 故障现象

一辆丰田 RAV4 越野车，车主打电话反映该车发电机故障灯亮，车辆无法启动，要求救援。

2. 故障原因

连接线路破损，短路。

3. 故障诊断与排除

救援时发现车辆无法启动，很多电器都不能用，测量蓄电池电压只有 9V，蓄电池亏电。用跨接线启动车辆，故障灯熄灭，测量发电电压为 10V。发电机不发电，此车是新车，客户只是偶尔开车，所以客户的意见很大，并且一个月前也出现过这样的情况。当时只是换了个熔丝。

根据电路图测量 B21 的 2 号端子无 IG 电源，查看 GAUGE I 熔丝已烧坏，更换新的熔丝，发电机工作正常。为什么总是烧坏熔丝呢？测量线束的对地电阻都在正常范围之内，发电系统应该没什么问题。使用 GAUGE1 熔丝的系统有四轮驱动系统、音响系统、倒车灯、巡航、充电系统、ECT 和 A/T 挡位指示。此车为两轮驱动，无巡航，音响系统是原车的，ECT 和 A/T 挡位指示故障的可能性很小，查看车辆得知，此车加装了倒车雷达，看来问题主要出现在倒车灯的线路上。拔掉两个倒车灯的插头，测量线束对地电阻为无穷大，正常。查看加装线路，连接正常，怀疑是雷达的品质问题。拆除倒车雷达，启动车辆，打开音响，倒车测试，正常。当车辆上下颠簸时，发现熔丝烧断，拆卸后部的倒车灯，进行检查，发现左侧的灯线有破皮裸露。

问题的原因是在加装倒车雷达的时候，将连线划破，但没做处理，客户倒车时只要有不平的道路就搭铁，把熔丝烧坏，造成故障。把线束重新整理，安装，更换新的熔丝。故障排除。三日后回访，客户说使用正常。

案例三

1. 故障现象

一辆标致 307 轿车从车库开出后熄火，再次启动时发动机因启动转速低而不能启动，并很快出现启动机不转、电动车窗不能升降的故障现象。按照车主的说法，蓄电池在车库第一次启动时还是好好的，突然失去电能，肯定是蓄电池坏了。

2. 故障原因

线夹内表面有氧化物致使接触不良。

3. 故障诊断与排除

根据此故障现象初步分析故障原因，蓄电池是在再次启动时其电能迅速下降至“没电”的，蓄电池严重亏电或蓄电池极板硫化的可能性较大；另一个可能的原因是电源线路连接不良。

用万用表测量静止状态下的蓄电池正负极桩之间的电压为 12V；接通启动开关时电压下降很小，说明蓄电池在启动状态下的输出电流很小，初步判断为蓄电池与启动机之间的电缆线连接不良，并非蓄电池本身的问题。然后在启动发动机时，检测蓄电池正负极桩上两电缆线夹之间的电压，只有 7. 2V，最终确认为蓄电池极桩与线夹接触不良。将蓄电池正负极桩线夹拆下，发现线夹内表面有一层黑色的氧化物。

用砂纸将两个电缆线夹内表面的氧化物清除干净，再装回线夹后，启动正常，故障排除。

四、启动机的检测

1．磁场绕组的检测

磁场绕组的故障有断路、短路和对地短路。

（1）磁场绕组断路的检测

用万用表测量磁场绕组两端的导通情况，若不通，则说明磁场绕组有断路现象。

（2）磁场绕组短路的检测

当怀疑磁场绕组有短路现象时，可用蓄电池的 2V 直流电源检查磁场绕组有无短路。如图 4-20 所示。开关接通后，将旋具放在每个磁极上，磁极对旋具吸力应相同。若一极吸力太小，表明磁场绕组有匝间短路。若各磁极均无吸力，则为断路。

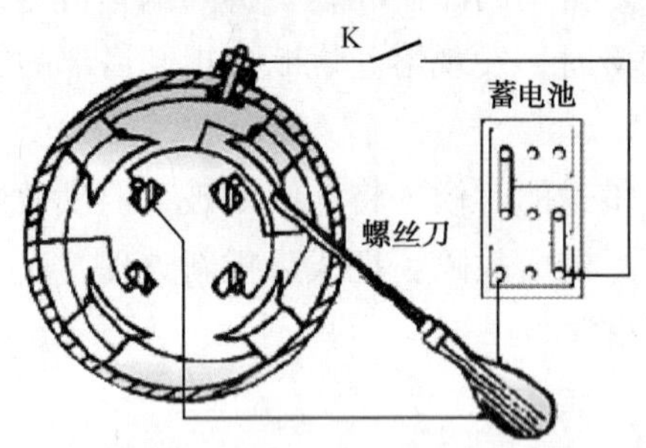

图 4-20　磁场绕组有无匝间短路的检查

（3）磁场绕组搭铁的检测

用万用表检查磁场绕组与外壳之间的电阻值。若导通，说明励磁绕组有搭铁故障。

2．电枢绕组的检测

电枢绕组的故障主要是断路、短路和对地短路。

（1）电枢绕组断路的检查

用电阻挡，将两个表笔分别接触换向器相邻的铜片，如图 4-21 所示，测试换向器片之间是否导通，如不导通，说明焊点或电枢线圈断路，应修理或更换。

（2）电枢绕组搭铁的检查

用电阻挡检测，用一根表笔接触铁芯（或电枢轴），另一根表笔依次接触换向器铜片，电阻为无穷大，如图 4-22 所示，如果导通，说明电枢绕组与电枢轴之间绝缘不良，应更换。

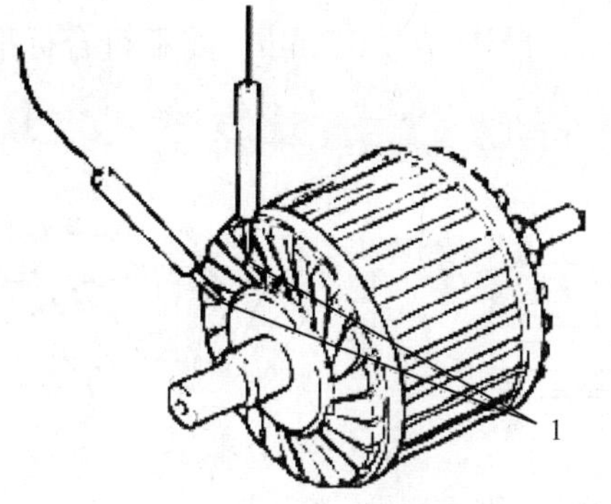

图 4-21 电枢绕组断路的检查

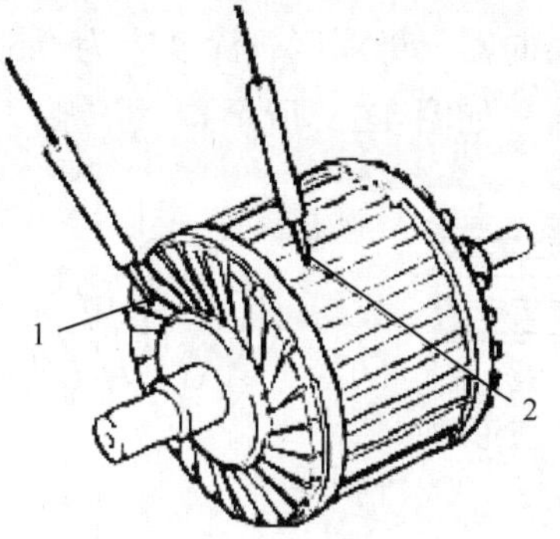

图 4-22 电枢绕组搭铁的检查

3．电枢轴的检测

电枢轴的常见故障是弯曲变形，检查方法如图 4-23 所示，用百分表测量电枢轴的弯曲程度，径向跳动不大于 0.15mm，否则应校正。

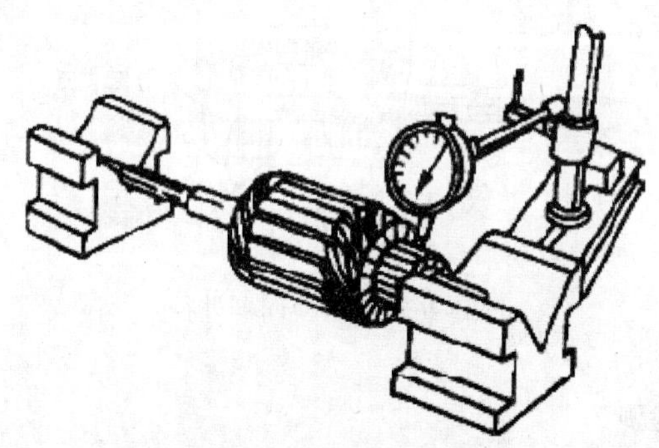
图 4-23 电枢轴的弯曲检查

4．换向器的检测

检查换向器表面是否清洁，如有烧蚀、脏污，可用细砂纸打磨修整（图 4-24），严重烧蚀或失圆（径向圆跳动>0.05mm）时应进行机加工。

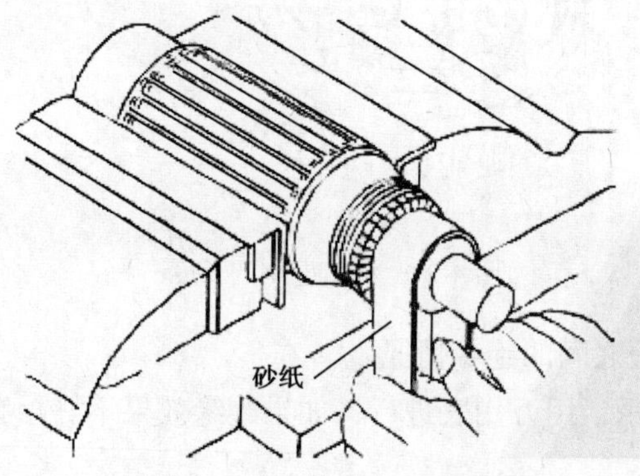

图 4-24 用细砂纸打磨换向器

检查换向器云母深度，深度应为 0.5 ~ 0.8mm；最浅应为 0.2mm，如不符合标准，修理或更换换向器，如图 4-25 所示。

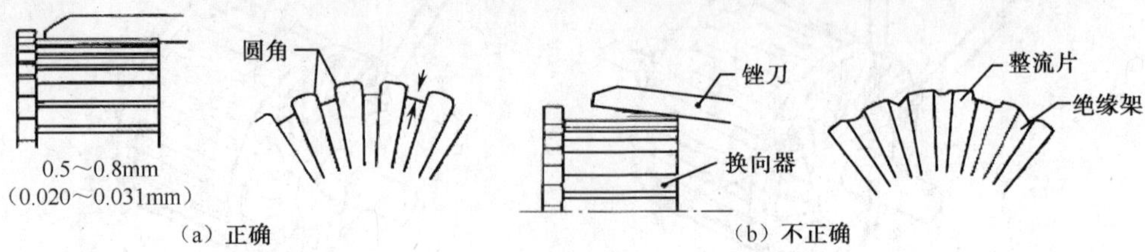

图 4-25　检查换向器云母深度

用游标卡尺测量换向器的外径（图 4-26），当磨损低于使用极限时，应更换。

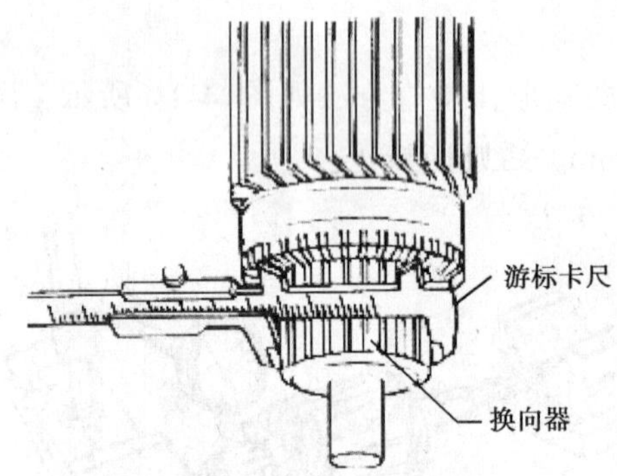

图 4-26　测量换向器外径

5．电刷与电刷架的检测

（1）检查电刷长度

测量电刷长度，检查电刷是否磨损（图 4-27）。如果低于极限值，应更换电刷。

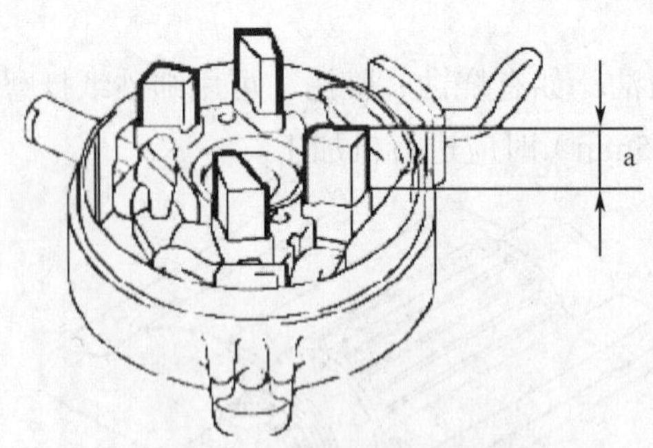

图 4-27　测量电刷的长度

（2）检查电刷架与底板之间的绝缘情况

检查时可按图 4-28 所示，用万用表进行，如果绝缘效果不好，必须更换。

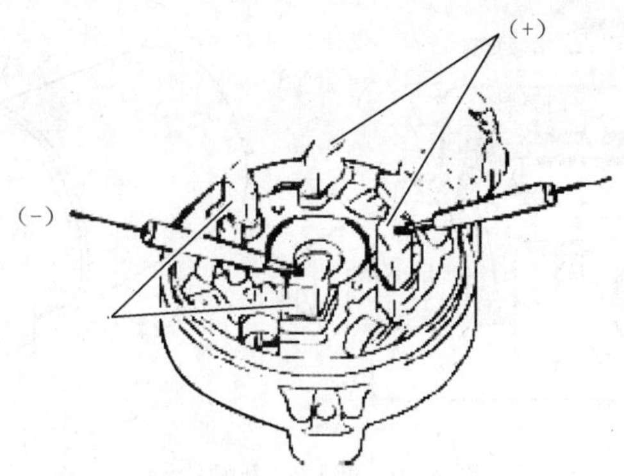

图 4-28 检查电刷架与底板之间的绝缘情况

6. 单向离合器的检测

握住外座圈，转动驱动齿轮，应能自由转动；反转时不应转动，否则就有故障，应更换单向离合器，如图 4-29（a）所示。将单向离合器夹紧在虎钳上，用扭力扳手逆时针方向转动，如图 4-29（b）所示，单向离合器应能承受规定的转矩而不打滑。

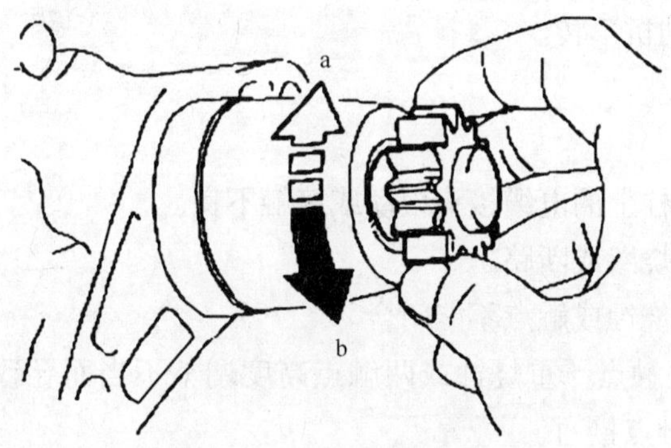

图 4-29 单向离合器的检测

7. 电磁开关的检测

可用万用表测量线圈电阻的通断来判断电磁开关内部线圈有无断路。

（1）吸拉线圈的检测

检查电磁开关 50 号接线柱与励磁绕组接线柱 C 之间的导通情况（图 4-30）。如果不导通，线圈开路，应更换。

（2）保持线圈检测

检查电磁开关 50 号接线柱与电磁开关壳体之间的导通情况。如果不导通，线圈开路，应更换。

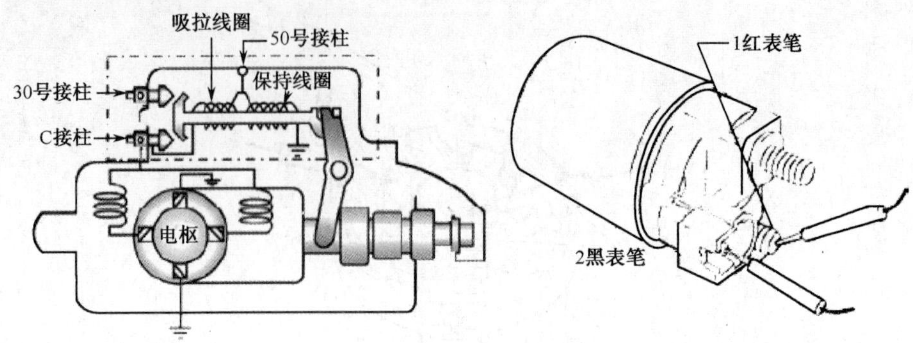

图 4-30　吸拉线圈的检测

五、启动系常见故障诊断

1. 启动机不转

（1）故障现象

接通启动开关，启动机不转。

（2）故障原因

① 蓄电池严重亏电。

② 蓄电池正、负极柱上的电缆接头松动或接触不良。

③ 继电器线圈绕组烧毁或断路。

④ 继电器触点严重烧蚀或触点不能闭合。

⑤ 启动机电磁开关触点严重烧蚀或两触点高度调整不当而导致触点表面不在同一平面内，使触盘不能将两个触点接通。

⑥ 换向器严重烧蚀而导致电刷与换向器接触不良。

⑦ 电刷弹簧压力过小或电刷卡死在电刷架中。

⑧ 电刷与磁场绕组断路或正电刷搭铁。

⑨ 磁场绕组或电枢绕组有断路、短路或搭铁故障。

⑩ 电枢轴的铜衬套磨损，使电枢铁芯与磁极发生摩擦或碰撞。

（3）维修思路

① 按喇叭或开前照灯，若喇叭响声变小或前照灯灯光暗淡，说明蓄电池容量过低或电源导线接触不良。

② 蓄电池良好，应对蓄电池的正极线、搭铁线及各接线柱和总电源开关进行检查。若有脏污或松脱，应清洁或紧固。

③ 用金属条短接启动机电磁开关上的两个主接线柱（30 号接线柱与 C 接线柱），若启动机不转且无火花，说明电动机有故障，应解体检测；若启动机运转，说明电动机正常。

④ 用导线连接电磁开关上的蓄电池正接线柱和 50 号接线柱（即吸引及保持线圈流入

端）。若启动机不工作，说明电磁开关有故障，应进一步检查电磁开关；若启动机工作，说明 50 号接线柱至蓄电池之间线路或点火开关有故障。

⑤ 用导线短接启动继电器的点火开关与电池接线柱。若启动机工作，说明点火开关及其连线有故障；若启动机不工作，说明继电器及其连线有故障。

2. 启动机转动无力

（1）故障现象

启动机转动缓慢无力，带动发动机困难；接通启动开关后，启动机只有“咔嗒”一声并不转动。

（2）故障原因

① 蓄电池亏电或导线连接不良。

② 电磁开关触点烧蚀、接触不良。

③ 电磁开关内部线圈断路或短路。

④ 启动机换向器过脏或电刷磨损严重。

⑤ 磁场绕组或电枢绕组局部短路。

⑥ 启动机装配过紧或电枢轴弯曲轴承间隙过大导致转子与定子碰擦。

（3）维修思路

① 检查蓄电池容量和电源导线的连接情况。

② 在确认蓄电池容量足够、线路连接良好的情况下，用金属条短接启动机电磁开关的两个主接线柱，如果短接后启动有力了，说明启动机电磁开关内主触点和接触盘接触不良；如果短接后启动仍然无力，则可认为电动机有故障，或其搭铁不良，需进一步拆检。

③ 在接通启动开关后，启动机内部发出连续的“咔嗒”声。

如果短接启动机电磁开关的两个主接线柱，启动机转动正常，说明电磁开关保持线圈断路或短路。

3. 启动机空转

（1）故障现象

接通启动开关，启动机只是空转，不能带动发动机运转。

（2）故障原因

① 飞轮齿圈磨损过大或损坏。

② 电磁开关铁芯行程太短，驱动小齿轮与飞轮齿圈不能啮合。

③ 单向离合器打滑。

（3）维修思路

① 由于操纵机构有故障，造成启动机驱动齿轮不与飞轮齿圈啮合而空转，此时应检查电磁控制式启动机的接触盘的行程，若行程过小，则会使启动机提前转动，不能与飞轮齿圈啮合，而出现打齿现象。

② 启动机空转速度较快但无碰齿声音，说明是单向离合器打滑。

4．启动机异响

启动机在工作中出现异响的几种情况如表 4-2 所示。

表 4-2　启动机在工作中出现异响的几种情况

故障现象	故障原因	维修思路
发动机能启动，启动前有频率非常高的噪声	驱动齿轮与飞轮齿圈之间的间隙过大	调整启动机的安装垫
发动机能启动，启动后释放点火钥匙时有频率非常高的噪声	驱动齿轮与飞轮齿圈之间的间隙过小	调整启动机的安装垫，并检查飞轮齿圈有无损坏，必要时更换齿圈
发动机启动后不关钥匙有非常大的噪声	启动机存放时间过长而生锈，单向离合器损坏	更换单向离合器
发动机启动后，启动机转速降到零时，有轰隆隆的敲击声	电枢轴弯曲或电枢轴不平衡	更换启动机电枢总成

任务三　照明、仪表和信号系统的检测与诊断

一、系统检测

1．照明系统的调整与检测

（1）准备工作

① 将汽车停在水平地面上，按规定充足轮胎气压，从汽车上卸下所有负荷（一名驾驶员除外）。

② 在距离前照灯 S（m）处挂一白幕巾（或利用白墙），在屏幕上画两条垂直线（各线应通过各前照灯的中心）和一条水平线，水平线的高度与前照灯离地面的高度相等，如图 4-31（a）所示。再画一条比水平线低 D（mm）的水平线，如图 4-31（b）所示，该水平线与两条前照灯的垂直中心线分别相交于 a、b 两点。

③ 启动发动机，并使之以 2000r/min（约为发动机最高转速的 60%）旋转，即在蓄电池不放电的情况下点亮前照灯远光（有些车则用近光调整）。

（2）调整过程

① 应先将一只灯遮住，然后检查另一只前照灯的光束中心是否对准 a 点或 b 点（同一侧的光照中心）。

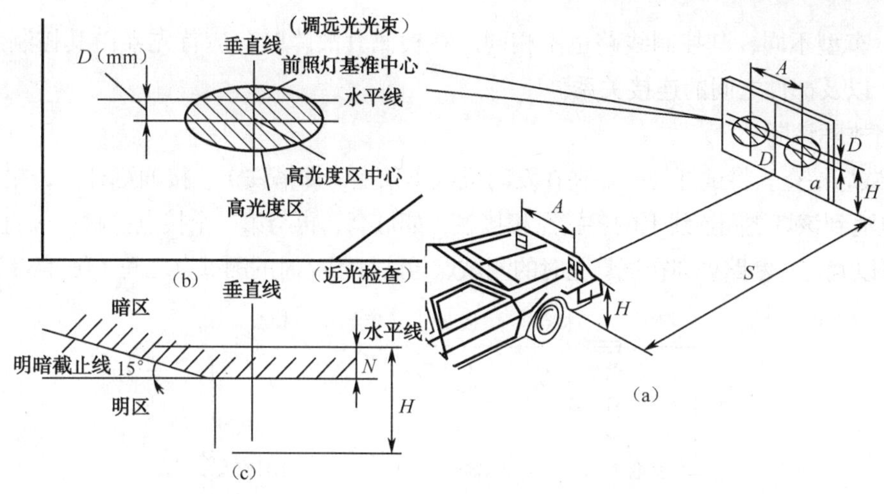

图 4-31 前照灯光束的检查与调整

② 如果不符合要求，则可拆下前照灯罩圈，用螺丝刀旋入或旋出侧面的调整螺钉，可作水平方向上的调整；用螺丝刀旋入或旋出上面的调整螺钉，可作高低方向上的调整，如图 4-32 所示。

③ 待一只前照灯调好后，再按同样的方法调整另一只前照灯，使其光束中心对准 *b* 点或 *a* 点。

（3）调整后的检查

当远光调好后，应打开近光灯，检查屏幕上是否有明显的明、暗截止线，其高度是否符合规定。一般规定是：前照灯上边缘距地面不大于 1350mm 的汽车，在距灯 10m 远处的屏幕上的明、暗截止线水平部分应比前照灯基准中心低 H/3 左右，如图 4-31（c）所示。

对于按近光调整的四灯式前照灯，当调好外侧两只前照灯的近光后，还应打开远光束，分别调整内侧两只前照灯（仅有远光），使其光形的最亮点落在近光切断面的上方，如图 4-32 所示。

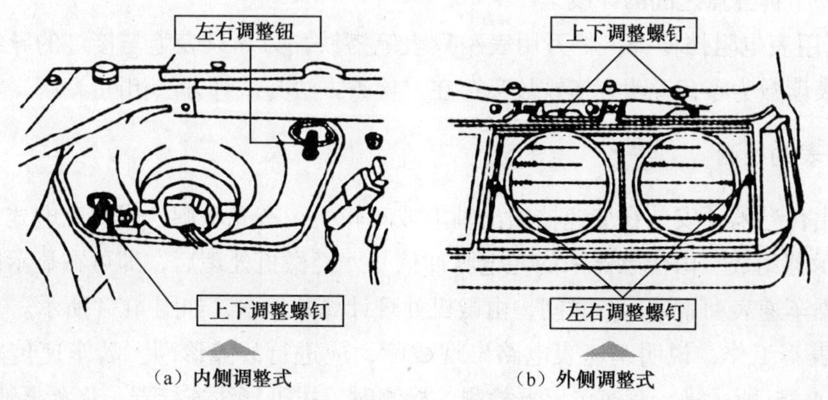

图 4-32 前照灯调整部位

（4）照明系统电路故障诊断

照明系统主要由蓄电池（发电机）、熔丝、灯控开关、灯光继电器、变光器、车灯及其线路组成。车型不同，其控制线路也不相同。在检测其故障时，应首先弄懂其控制线路的组成和原理，以及部件之间的连接关系。

①断路故障诊断

a. 用试灯检查。将试灯的一端夹在发动机或车架上（即搭铁），接通灯开关，把试灯的另一端与蓄电池到该灯之间连线上的各接点相接触，如灯亮，再与第二个接点接触……直至试灯不亮为止。可以确定，断路处即在试灯亮时的测试点与试灯不亮时的测试点之间（图 4-33）。

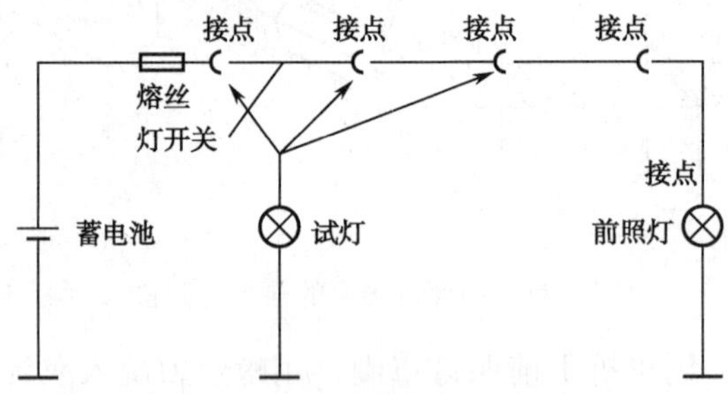

图 4-33 用试灯方法检查断路故障

b. 用万用表直流电压挡检测。其方法与试灯法基本相同。万用表“-”表笔搭铁，“+”表笔分别与蓄电池到该灯之间连线上各接点相接触，检测其电源电压是否正常，如果不正常，则断路发生在有电压指示和无电压指示两个被测试点之间的这段线路中。

② 搭铁故障诊断

当接通灯开关时，熔断器立即烧坏，说明开关所接通的线路有短路搭铁故障，其搭铁部位在灯开关与灯之间。

a. 用试灯方法检查。首先断开导线与灯及灯开关连接处的导线，将试灯一端与蓄电池“+”极相连接，另一端与接灯（或灯开关）的线头相连接，如试灯亮，说明有搭铁故障存在，此时逐个拆开从灯开关到灯之间导线上的各个接点，如灯灭，则搭铁故障发生在灯灭时拆开点与上一个拆开点之间的导线上。

b. 用万用表电阻挡检查。将万用表一只表笔搭铁，另一只表笔与接灯的导线线头相连接，如万用表读数为零，说明有搭铁故障存在。检查方法与试灯方法相同。

2. 车速表的检测

车速表由传感器（安装在变速器输出轴上或车轮上，有光电耦合式和磁电式）、微机处理系统和显示器组成。由传感器来的光电脉冲信号，经微机处理后，即可在显示屏上显示。里程表则根据车速表和累计运行时间，由微机处理计算并显示，如图 4-34 所示。

若车速表不工作，说明车速表电路出现故障，应进行故障诊断。若车速传感器出现故障，则按图 4-35 所示进行车速传感器检测。检测时，拔下导线连接器，将蓄电池“+”极接传感器端子 2，“-”极接端子 3，转动传动轴，使传感器转轴转动，检测传感器端子 1 和 3 之间的电压，应在 0 ~ 11V（或更大）范围内连续变化。车速传感器轴每转一圈，电压变化应为 20 次，否则说明传感器损坏，应更换。

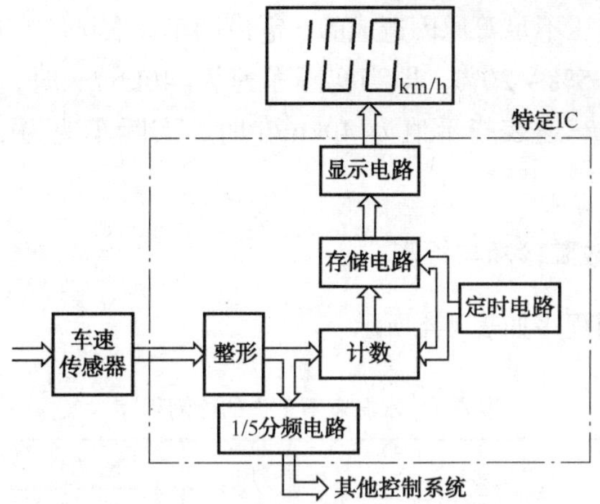

图 4-34　电控车速指示系统

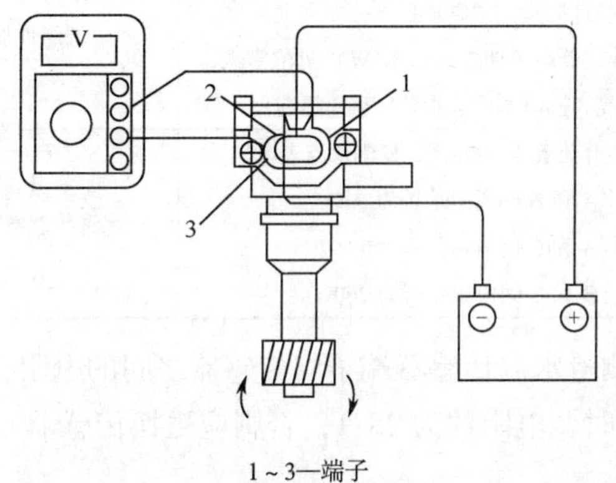

1～3—端子

图 4-35　车速传感器检测示意图

车速表不工作的检测程序如表 4-3 所示。

表 4-3　车速表不工作的检测程序

步　骤	诊断与检测方法	结　果	
		是	否
1	检查行驶中里程表是否工作	车速表故障	至步骤 2
2	① 拔下仪表连接器 A 和 C，顶起车辆，点火开关置于“ON” ② 转动传动轴的同时检测端子 A-8 和 C-8 之间的电压 ③ 传动轴每转一周，电压应在 0～11V 间连续变化	电路板故障	至步骤 3
3	检查车速传感器工作是否正常	车速传感器电源组件或其导线故障	车速传感器故障

除进行上述电路和元件检测外，对车速表还应进行误差检测。车速表误差主要是由于车

速表故障、轮胎磨损、气压不足等原因造成的，需借助车速表试验台进行检测。

车速表允许误差为-5%～20%，即当实际车速为 40km/h 时，车速表指示值为 38～48km/h 内为合格；或当车速表指示值为 40km/h 时，实际车速为 33.3～42.1km/h 内为合格。

3．水温表不工作的故障诊断与检测

水温表不工作的检测程序如表 4-4 所示。

表 4-4　水温表不工作的检测程序

步　骤	诊断与检测方法	结　果	
		是	否
1	① 脱开水温传感器，点火开关置于“ON”，水温表的指针应指向“COOL” ② 将连接器端子伸入一只 3.4W 的灯泡搭铁，灯泡应点亮，同时水温表指针应移向热端	电源组件故障	至步骤 2
2	① 点火开关置于“OFF”，检测水温表电阻 ② 端子 A 和 B 间电阻是否为 54Ω ③ 端子 A 和 C 间电阻是否为 146Ω ④ 端子 B 和 C 间电阻是否为 200Ω	水温传感器故障	水温表故障

水温传感器的检测：测量水温传感器端子与传感器之间的电阻，在水温为 50℃时，电阻约为 249Ω；水温为 115℃时，电阻约为 28Ω，否则应更换传感器。

4．燃油表不工作的检测

燃油表装置如图 4-36 所示。燃油表不工作的检测程序如表 4-5 所示。

燃油传感器的检测：将 3 节 1.5V 的干电池串联，将正极通过一只 3.4W 的灯泡接至端子 3，负极接至端子 2，将电压表的表笔“+”极接端子 3，表笔“-”极接传感器外壳，当油箱内浮标从顶部移到底部时，电压表的指示值应连续上升，否则为传感器损坏。

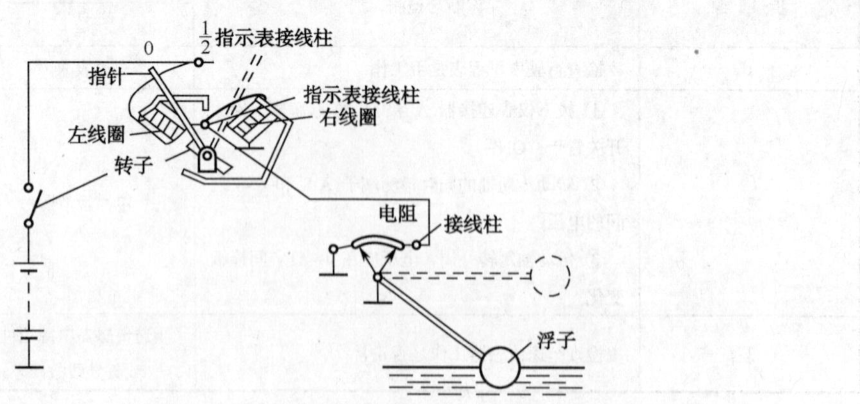

图 4-36　燃油表装置

表 4-5 燃油表不工作的检测程序

步 骤	诊断与检测方法	结 果	
		是	否
1	① 脱开燃油传感器，点火开关置于“ON”，看表的指针是否指向“EMM” ② 在燃油表端子 2 和 3 间串入一个 3.4W 的灯泡，观察灯泡是否点亮，同时燃油表指针是否移向满刻度	电源组件故障	至步骤 2
2	① 点火开关置于“OFF”，检测燃油表电阻 ② 端子 A 和 B 间电阻是否约为 73Ω ③ 端子 A 和 C 间电阻是否约为 188Ω ④ 端子 B 和 C 间电阻是否约为 115Ω	燃油传感器故障	燃油表故障

5．发动机机油压力警告灯的检测

（1）警告灯不亮

警告灯不亮的检测程序如表 4-6 所示。

表 4-6 警告灯不亮的检测程序

步 骤	诊断与检测方法	结 果	
		是	否
1	① 拔下仪表系统连接器 B ② 点火开关置于“ON”，看约 40s 后警告灯是否点亮	至步骤 3	至步骤 2
2	检查灯泡是否正常	电路板故障	更换灯泡
3	① 确保机油压力在 49kPa 以上 ② 发动机停机时，看机油压力警告开关端子与搭铁是否导通 ③ 发动机运转时，看端子与搭铁间是否不导通	电源组件故障	机油压力警告开关故障

（2）警告灯一直亮

警告灯一直亮的故障诊断程序如表 4-7 所示。

机油压力警告灯感应开关如图 4-37 所示。

表 4-7 警告灯一直亮的故障诊断程序

步 骤	诊断与检测方法	结 果	
		是	否
1	① 点火开关置于“ON”，15s 内启动发动机 ② 观察发动机启动后 15s 内警告灯是否熄灭或灭后又亮	至步骤 4	至步骤 2

续表

步　骤	诊断与检测方法	结　果	
		是	否
2	将仪表端子 B-18 搭铁	电路板故障	至步骤 3
3	① 确保机油压力在 49kPa 以上 ② 发动机停机时，看机油压力警告开关端子与搭铁是否导通 ③ 发动机运转时，看端子与搭铁间是否不导通	电源组件故障	机油压力警告开关故障
4	拔下发电机连接器，看警告灯是否点亮	至步骤 5	交流发电机故障
5	检查仪表端子 B-6 与搭铁是否导通	该线路故障	电路板故障

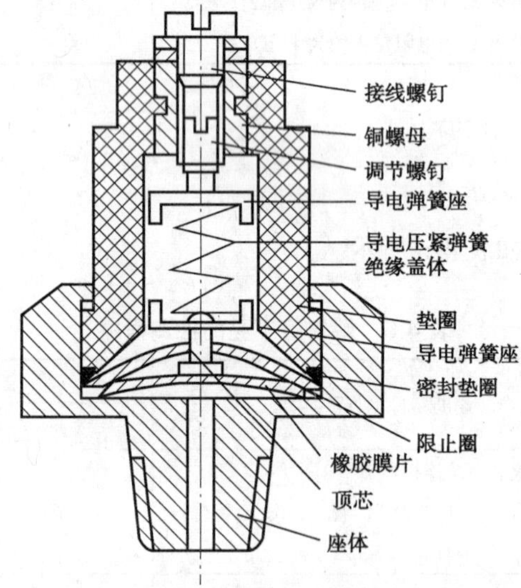

图 4-37　机油压力警告灯感应开关

6．电喇叭的调整

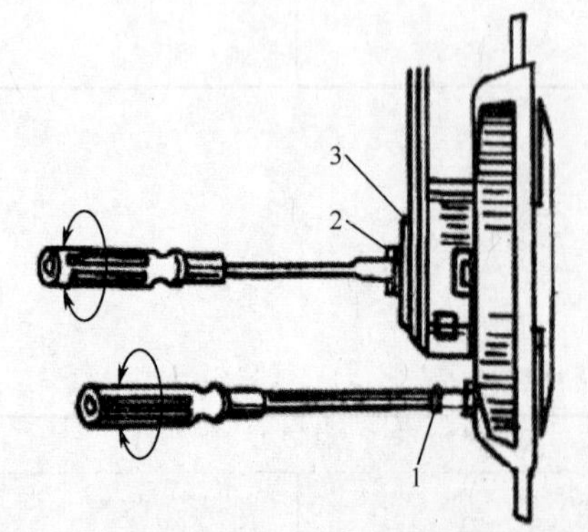

1—音量调整螺钉；2—音调调整螺钉；3—锁紧螺母

图 4-38　盆形电喇叭的调整

电喇叭的调整包括音调调整和音量调整两部分，以盆形电喇叭为例，如图 4-38 所示。

（1）音调调整

音调的高低取决于膜片的振动频率。通过改变盆形电喇叭上、下铁芯之间的间隙就可改变膜片的振动频率。将上、下铁芯之间间隙调小，可提高电喇叭的音调。调整方法：松开锁紧螺母，旋转铁芯，调至合适的音调时，旋紧锁紧螺母即可。

（2）音量调整

电喇叭的音量与通过电喇叭线圈的电流的大小有关，电喇叭的工作电流大，电喇叭发出的音量也就大。

电喇叭线圈电流可以通过改变电喇叭触点的接触压力来调整。压力增大，流过电喇叭线圈的电流增大，电喇叭音量增大；反之，音量减小。调整时不要过急，每次调整 1/10 圈。

二、故障诊断与排除方法

1．前照灯不发亮

（1）故障现象

打开前照灯开关，前照灯不发亮。

（2）原因分析

引起前照灯不发亮的原因主要有灯泡损坏、熔断丝熔断、灯光开关或继电器损坏及线路短路或断路等故障。灯光系统控制电路图如图 4-39 所示。

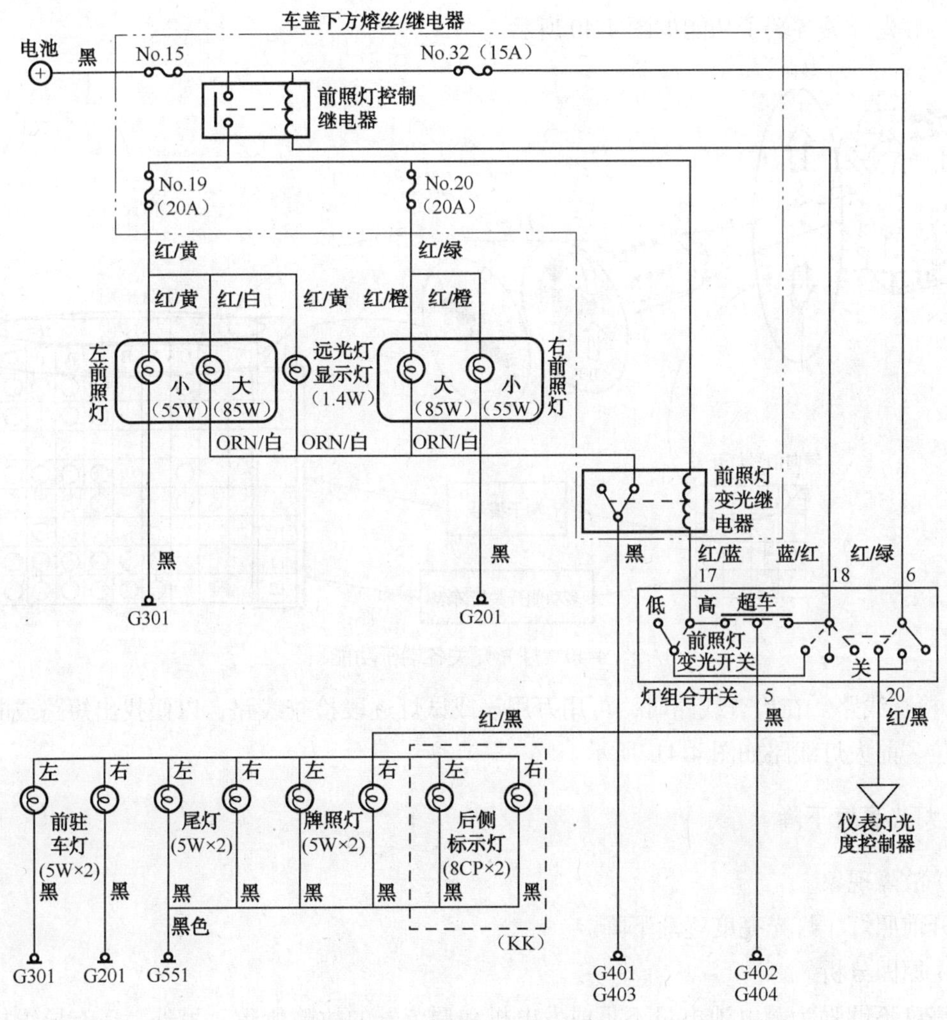

图 4-39　灯光系统控制电路图

（3）诊断与排除

① 如果只有一只灯泡不亮，一般为该灯的灯丝熔断，可将灯泡拆下后检查。

② 如果是几只灯泡都不亮，可按喇叭，喇叭也不响，则是熔断丝熔断。

③ 如果同属一个熔断丝的灯泡都不亮，则可能是该支路的熔断丝被熔断。

处理熔断丝熔断故障时，在总熔断器复位或更换新的熔断丝之前，应查找出超负荷的原因。其方法是：将熔断丝所接各灯的接线从灯座上拔掉，用万用表电阻挡测量灯端与搭铁之间的电阻，若电阻较小或为零，则可断定线路中有搭铁故障。排除故障后，再把熔断器复位或更换新的熔断丝。

④ 如果前照灯均不发亮

a. 检查继电器。将继电器线圈直接供电，可检查出继电器是否能正常工作，如不能正常工作，应更换继电器。

b. 检查灯光开关。可用万用表检查开关各挡位的通断情况，若与要求不符，应更换灯光开关。灯光开关各端子功能如图 4-40 所示。

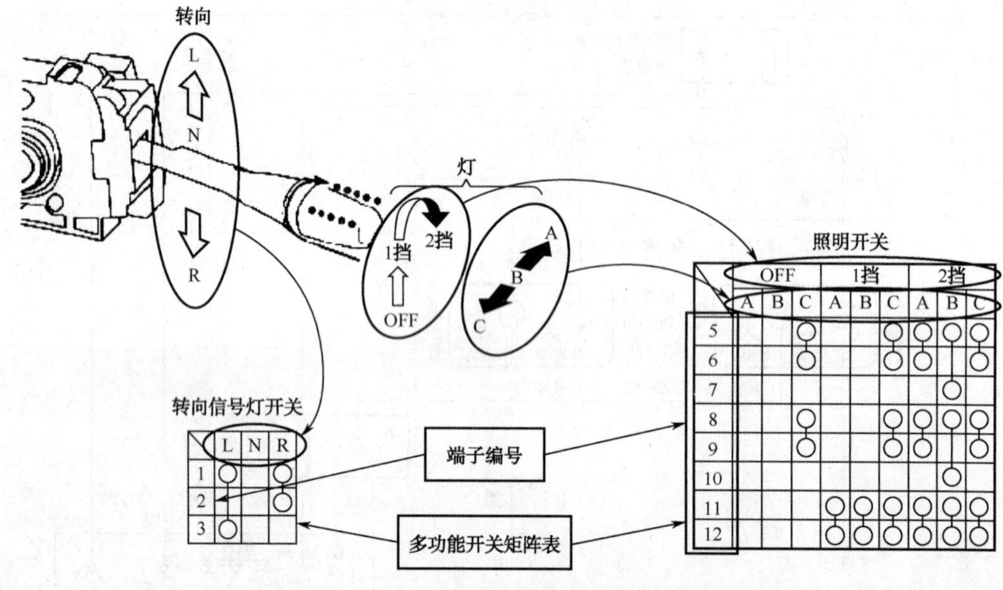

图 4-40　灯光开关各端子功能

c. 检查线路。在检查线路时，可用万用表或试灯逐段检查线路，以便找出短路或断路故障的部位。前大灯线路如图 4-41 所示。

2. 灯光亮度下降

（1）故障现象

打开前照灯，灯光亮度逐渐下降。

（2）原因分析

光亮度不够强为蓄电池电量不足或发电机和调节器的故障所致。另外，还有导线接头松动或接触不良、导线过细或搭铁不良等原因。

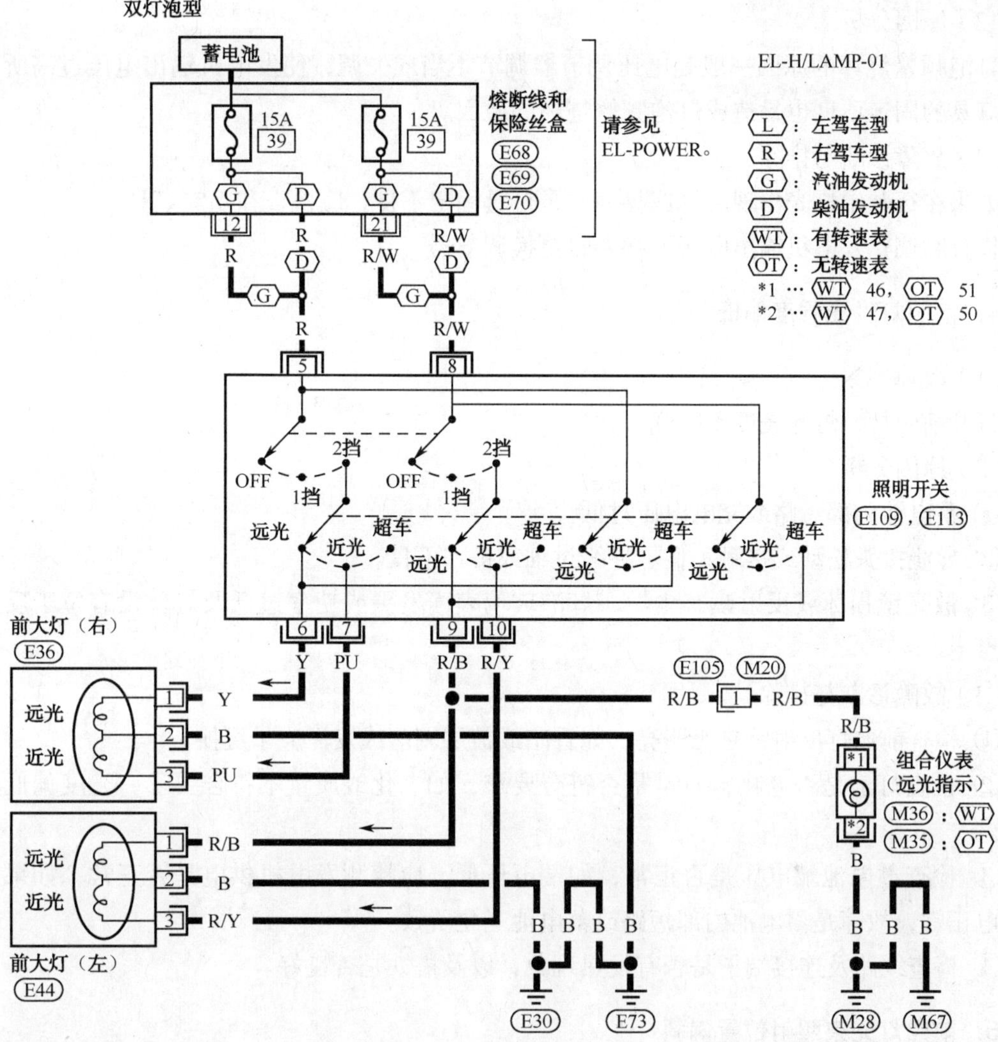

图 4-41　东风日产汽车前大灯线路图

（3）故障诊断与排除

打开前照灯将发动机转速稳定在中速，测量发电机输出电压。

如果电压达到额定标准，故障是导线接头松动或接触不良、导线过细或搭铁不良等原因所致。检查方法为：持续打开前照灯 30min，然后用手摸前照灯各段导线和各连接端口，如果哪个部位有发热现象，即为故障点。

如果电压达不到额定标准，则故障在发电机或调节器，可短时间短接发电机输出接柱和磁场接柱，如果电压上升，故障在调节器；如果电压不上升，故障在发电机。

3．灯泡频繁烧坏

（1）故障现象

灯泡经常烧坏。

（2）原因分析

灯泡频繁烧坏的原因一般是电压调节器调节不当或失调，使发电机输出电压过高所致。此外灯具的固定不良也是造成灯泡频繁烧坏的原因。

（3）故障诊断与排除

如果在行驶中灯光出现闪烁或晃荡，是灯具固定不良，应检查和固定灯具。

检查和调整发电机输出电压，必要时更换调节器。

4．前照灯发光强度偏低

（1）故障现象

打开前照灯，灯光亮度不够强。

（2）原因分析

① 蓄电池内部短路或充电电压过低。

② 导线接头松动或接触不良、导线过细或搭铁不良。

③ 散光镜损坏或反射镜有尘垢、灯泡玻璃表面发黑或功率过低及灯丝没有位于反射镜的焦点上。

（3）故障诊断与排除

① 检查前照灯反射镜是否明亮，如昏暗或镀层剥落或发黑应予更换。

② 检查灯泡是否老化，质量是否符合要求，如老化或质量不符合要求，光度偏低者应更换。

③ 检查蓄电池端电压是否正常，如端电压低，应检测发电机供电是否正常，如果发电机供电正常，故障是蓄电池内部短路或蓄电池老化所致。

④ 检查线路及连接端子是否有发热现象，以及搭铁是否良好。

5．前照灯光束照射位置偏斜

（1）故障现象

前照灯光束照射位置偏斜。

（2）原因分析

① 因强烈震动而错位致使光束照射位置偏斜。

② 灯泡远近光灯丝位置不合格。

（3）故障诊断与排除

前照灯安装位置不当或因强烈震动而错位致使光束照射位置偏斜，应予以调整。前照灯光束照射位置偏斜的调整可在前照灯检测仪上进行。

根据检测标准，在检测调整光束照射位置时，对远、近双光束灯以检测调整近光光束为主。如果灯泡质量合格，近光光束调整合格后，远光光束一般也能合格；若近光光束调整合格后，经复核远光光束照射方向不合格，则应更换灯泡。

6．转向信号灯不亮

（1）故障现象

打开点火开关（转向信号灯工作受点火开关控制的车辆），接通转向信号灯开关，转向信号灯不亮。

（2）故障原因

转向信号灯不工作的故障原因如下。

① 熔断丝熔断、电源线路断路或灯系中有短路处。

② 闪光继电器损坏。

③ 转向信号灯开关损坏。

（3）故障诊断与排除

① 首先检查熔断丝是否熔断，如果熔断应检查线路是否有短路搭铁处。

② 检查闪光器是否正常，否则应更换。

③ 检查转向灯开关电源线是否有12V，如果有，则检查开关是否正常，否则应更换。

7．左右转向灯亮度不一样

（1）故障现象

左右转向灯亮度不一样。

（2）原因分析

左右转向灯均不亮的原因可能是熔断丝熔断、闪光器损坏、转向开关出现故障或线路有断路的地方。

（3）故障诊断与排除

① 检查熔断丝，如果被熔断，应更换。

② 检查闪光器。

③ 若以上都正常，检查转向灯开关或其接线，视情况修理或更换，转向灯电路如图4-42所示。

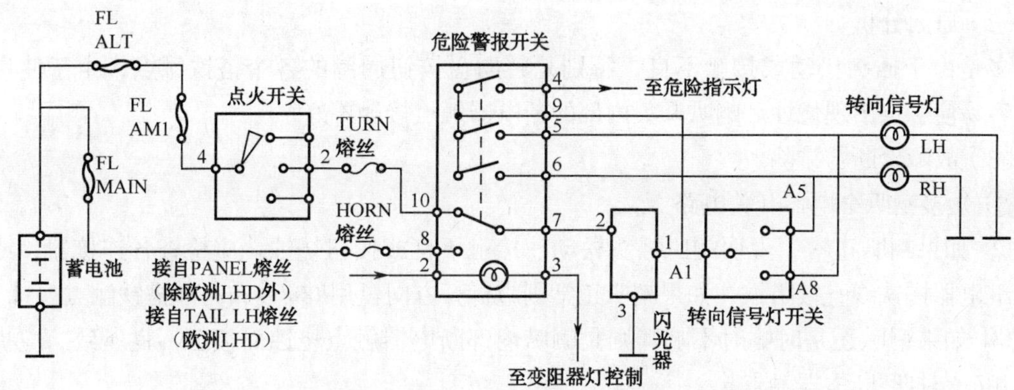

图4-42 转向信号和危险警报系统电路图

左右转向灯均不亮，除以上检查法外，还可以先打开危险警报开关，若左右转向灯均不亮，说明闪光器有故障。

8. 喇叭不响

（1）故障现象

按喇叭没有声音。

（2）原因分析

熔断丝熔断、喇叭插头松脱、喇叭线束断路、喇叭继电器损坏和喇叭触点烧蚀。

（3）故障诊断与排除

首先检查熔断丝是否熔断，然后拔下喇叭插头，用万用表测量在按喇叭开关时此处是否有电。如果没有电，应检查喇叭线束和喇叭继电器；如果有电，则是喇叭本身的问题，此时也可以试着调节喇叭上的调节螺母看是否能发声，如果还是不响，则需要更换喇叭。

喇叭不响的故障诊断程序如表 4-8 所示。

表 4-8 喇叭不响的故障诊断程序

步　骤	诊断与检测方法	结　果	
		是	否
1	检测喇叭继电器端子 B 与搭铁之间电压是否为 12V	至步骤 2	供电线路故障
2	短接继电器端子 B 和 H，看喇叭是否响起	至步骤 3	喇叭本身故障
3	按下喇叭按钮，同时听继电器是否有触点闭合声	继电器触点故障	至步骤 4
4	将继电器端子 s 搭铁，看喇叭是否响起	喇叭按钮故障	继电器线圈故障

9. 喇叭有时响有时不响

（1）故障现象

按喇叭有时响有时不响。

（2）原因分析

多是由于插头松动或接触不良，特别是转向盘按钮周围的各个搭铁触点，由于使用频繁，容易使触点出现烧蚀。喇叭开关内部的断电器触点接触不好。

（3）故障诊断与排除

① 短接喇叭继电器开关电路。

② 如果喇叭正常，说明喇叭插头松动、接触不良或按钮烧蚀。应检查各连接器，或将喇叭继电器搭铁线直接搭铁，如果喇叭正常则应拆开方向盘用 00#砂布打磨搭铁触点。

③ 如果喇叭还是时响时不响，则是喇叭内部断电器触点烧蚀而接触不良所致。应拆开喇叭用砂布打磨断电器触点。

三、维修实例

案例一

1. 故障现象

一辆行驶里程约 7.6 万 km 的爱丽舍轿车。用户反映该车在接通点火开关时仪表板上的机油压力警告灯不亮。

2. 故障原因

传感器插头松动，导致电路断路。

3. 故障诊断与排除

打开发动机盖，检查相关线束插接器连接，没有发现异常；将机油压力传感器的插头拔下，接通点火开关后，用直流电压表测量插头端子与搭铁之间的电压，为蓄电池电压，说明机油压力警告灯线路连接良好，故障在机油压力传感器。

更换了机油压力传感器，接通点火开关时，机油压力警告灯能亮，发动机启动后灯又能熄灭，故障排除。但是，不久又出现了机油压力警告灯不亮的故障，还是用电压表测量传感器插头端子的电压，仍为正常。

仔细检查插头，发现有些损伤，将其插回传感器时感觉不太紧密，用手拨动机油压力传感器插头，仪表板上的机油压力警告灯时亮时不亮，故障原因是传感器插头不能插紧，导致电路断路。

对机油压力传感器插头进行修整，使其与传感器插座连接良好，接通点火开关时，机油压力警告灯能亮起，发动机启动后该灯又可熄灭，故障排除。

案例二

1. 故障现象

一辆行驶里程约 10 万 km 的别克君越 2.4L 轿车。客户反映该车转向灯工作不正常，有时左侧外后视镜上的转向指示灯和左后转向灯不亮，只有仪表上的转向指示灯和左前转向灯亮，但是闪烁频率快，右侧转向灯正常。

2. 故障原因

线束破损造成搭铁。

3. 故障诊断与排除

验证故障现象时发现，左右两侧转向灯的闪烁频率均正常，各灯泡和仪表上的转向指示灯也工作正常，但是用力开关左前门或晃动左前门时，客户描述的故障现象会出现。

查阅维修手册，君越车的转向灯操作是由转向灯开关向车身控制单元（BCM）提供左/右转向信号，BCM 根据此信号单独向左/右转向信号灯提供电源。参阅转向灯电路图，BCM 通过 J2-43 脚同时向左后转向灯和左侧外后视镜上的转向指示灯供电，因为开关和晃动左前门时可以产生故障现象，所以应该重点检查车身至左前门的线路。

拆卸左前门内饰板检查，未发现有线路磨破搭铁。将车身线束至左前门线束 P301 插头从左前 A 柱内取出检查，发现连接插头靠近车身侧的 D1 脚（黄色线，BCM 向左侧车外后视镜供电）与左前 A 柱内侧铁皮有磨破搭铁现象，开关和晃动左前门时会造成此线路间歇性搭铁，造成 BCM 保护功能启动，从而无供电输出，此时只有左前转向灯点亮且闪烁频率快。A 柱内侧车身钢板未做处理，边缘较锋利，线束部位也安置不当，两者有接触。

修理破损线束并调整线束安置位置后，反复试车再无故障出现。

案例三

1. 故障现象

一辆配备 5AR 发动机、U760E 自动变速器的 2014 年丰田七代凯美瑞轿车。客户进厂报修车辆，每次启动时大灯清洗器都会自动喷水一次。维修人员上车启动车辆，发现在启动的同时大灯清洗器工作一次，启动着车后就一切正常了，故障现象和客户描述的一致。

2. 故障原因

IA3 连接器进水，造成内部短路。

3. 故障诊断与排除

首先，由于该车为新车大灯清洗控制继电器和主车身 ECU 损坏的可能性应该不大，判断电子元件好坏最快捷的方法就是替换法，为了进一步验证推断，维修人员替换试驾车的前照灯清洗器控制继电器和主车身 ECU 后试车，故障依旧，由此可以判断原因不在前照灯清洗器控制继电器和主车身 ECU，应该在相关控制线路。

其次，分析故障现象仅仅发生在车辆启动的瞬间，说明故障原因应该和启动系统相关联。对于这种有规律的故障排除的关键是首先要找到两个系统相关联的部件或共用的连接器。

最后，确定了故障诊断的方向，重点检查前照灯清洗器和启动系统电路，寻找这两个系统之间的共用连接器或部件。通过分析电路图发现在这两个系统中都有共用的连接器 IA3，通过分析电路图 IA3-3，在前照灯清洗器系统中作为前照灯清洗器开关工作信号，IA3-11 在启动系统中作为启动时的火线。是否连接器 IA3 内部出现短路导致启动时直接给 IA3-3 供电，造成前照灯清洗器工作呢？推断出故障原因，重点检查连接器 IA3，在工作台左下方找到连接器 IA3，断开连接器插头，发现连接器内有水雾，非常潮湿。询问客户得知其刚在外面装饰店贴完前挡膜后就出现了上述故障现象。

由此，可以确定由于 IA3 连接器内部短路，造成启动时 IA3-11 直接给 IA3-3 供电，从而使前照灯清洗器工作。用吹风枪吹干 IA3 连接器内的水分后，装复试车，故障彻底排除。

任务四 车辆辅助电器的检测与诊断方法

一、各部件的检测

1. 电动车窗的检测

1）电动车窗控制开关的检测

基本方法：将各开关分别置于不同的工作挡位，利用万用表或试灯检查各端子之间的通断情况，然后进行好坏判断。

（1）电动车窗主开关导通性检查。

① 如图 4-43 所示，驾驶员侧车窗开关（车窗未锁和上锁）检查标准如表 4-9 所示。

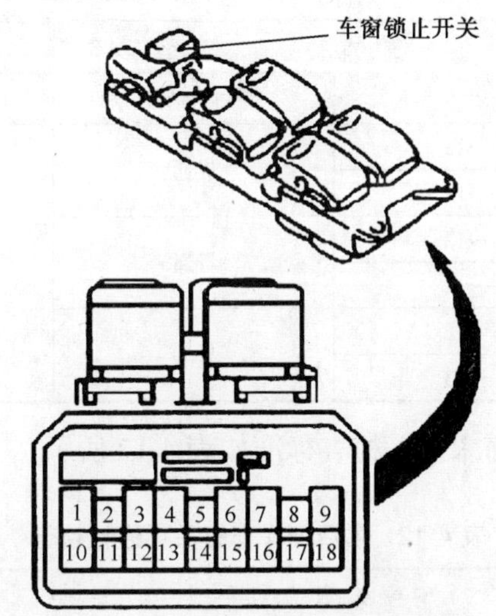

图 4-43 电动车窗主开关及插接器

表 4-9 驾驶员侧车窗开关导通性检查

开关位置	车窗未锁和上锁	
	端子	正常情况
UP	1←→3←→7 6←→7←→9	导通
OFF	1←→3←→4 1←→3←→9	导通
DOWN	1←→3←→4 6←→7←→9	导通
AUTO DOWN	1←→3←→4 6←→7←→9	导通

② 前乘员侧车窗开关检查标准如表 4-10 所示。

表 4-10 前乘员侧车窗开关导通性检查

开关位置	车窗未锁		车窗上锁	
	端子	正常情况	端子	正常情况
UP	1←→3←→15 6←→7←→18	导通	6←→7←→18	导通
OFF	1←→3←→15 1←→3←→18	导通	15←→18	导通
DOWN	1←→3←→18 6←→7←→15	导通	6←→7←→15	导通

③ 左后侧车窗开关（车窗未锁）检查标准如表 4-11 所示。

表 4-11 左后侧车窗开关导通性检查

开关位置	车窗未锁		车窗上锁	
	端子	正常情况	端子	正常情况
UP	1←→3←→13 6←→7←→12	导通	6←→7←→12	导通
OFF	1←→3←→13 1←→3←→12	导通	12←→13	导通
DOWN	1←→3←→12 6←→7←→13	导通	6←→7←→13	导通

④ 右后侧车窗开关（车窗未锁）检查标准如表 4-12 所示。

表 4-12 右后侧车窗开关导通性检查

开关位置	车窗未锁		车窗上锁	
	端子	正常情况	端子	正常情况
UP	1←→3←→10 6←→7←→16	导通	6←→7←→10	导通
OFF	1←→3←→10 1←→3←→16	导通	10←→16	导通
DOWN	1←→3←→10 6←→7←→16	导通	6←→7←→16	导通

（2）车窗主开关照明灯检查。如图 4-44 所示，端子 6 接电源正极，端子 3 接电源负极，照明灯应该亮，否则应更换开关总成。

（3）其他车窗开关检查。其他车窗开关（前乘客侧、左后侧、右后侧）均应以同样的步骤进行检查，若不符合标准，均应更换开关总成，如图 4-45 所示，其标准如表 4-13 所示。

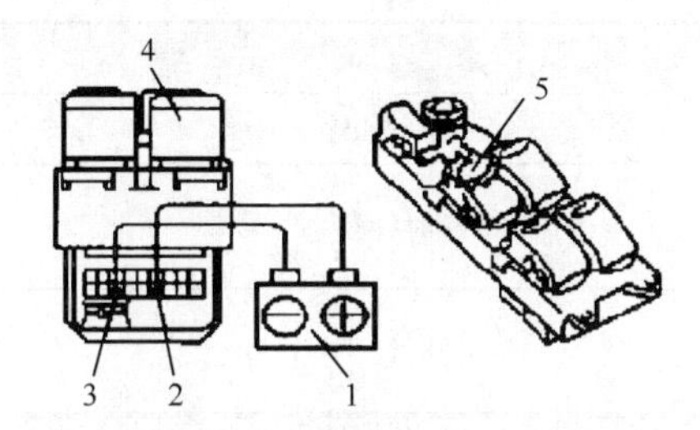

1—蓄电池；2—端子 6；3—端子 3；4—主开关；5—照明

图 4-44　车窗开关照明灯检查

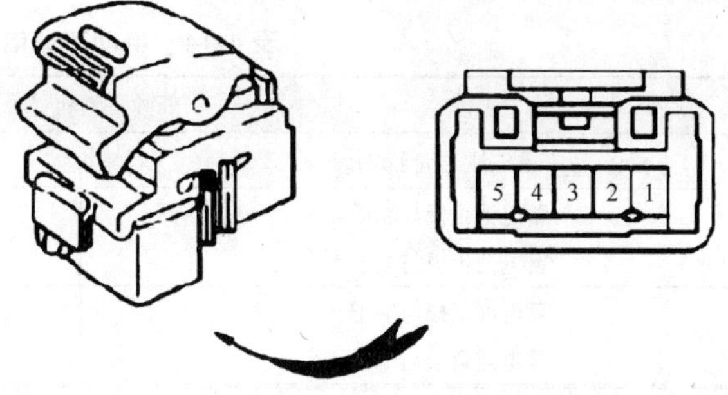

图 4-45　更换开关总成

表 4-13　其他车窗开关检查

开关位置	车窗未锁和上锁	
	端　子	正常情况
UP	1←→3←→7	导通
	6←→7←→9	
OFF	1←→3←→4	导通
	1←→3←→9	
DOWN	1←→3←→4	导通
	6←→7←→9	

2）电动车窗电动机的检查

（1）电动车窗电动机的转动情况检查。如图 4-46 所示，按表 4-14 所列步骤、标准检查。

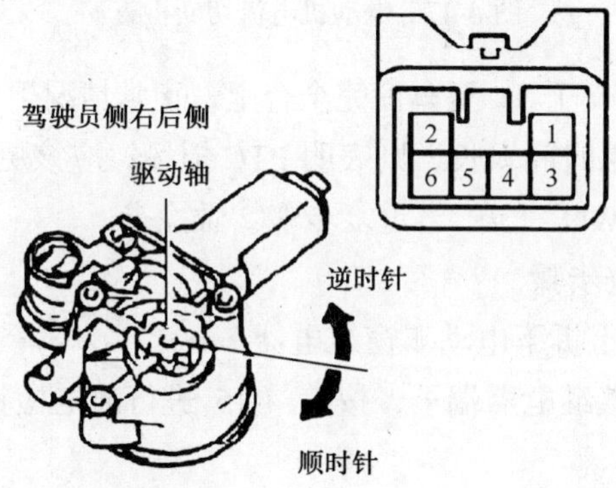

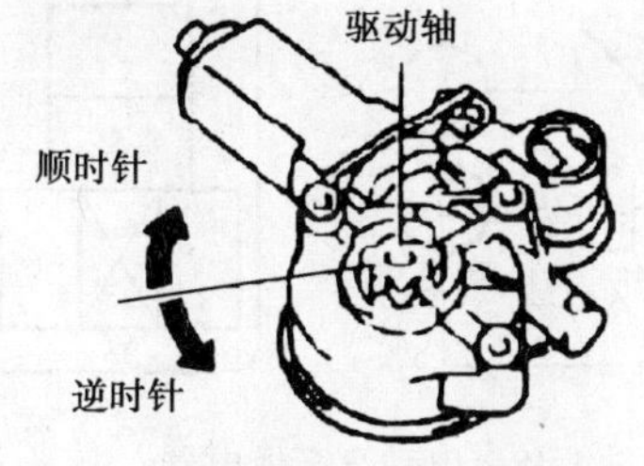

图 4-46　电动车窗电动机检查

表 4-14　电动车窗电动机检查

驾驶员侧和右后侧	
蓄电池与端子连接	正 常 情 况
蓄电池正极与端子 4 蓄电池负极与端子 5	顺时针
蓄电池正极与端子 5 蓄电池负极与端子 4	逆时针
前乘员侧和左后侧	
蓄电池与端子连接	正 常 情 况
蓄电池正极与端子 4 蓄电池负极与端子 5	逆时针
蓄电池正极与端子 5 蓄电池负极与端子 4	顺时针

（2）电动车窗电动机内热敏电阻（PTC）工作情况检查。对电动机进行电流切断检查，检查步骤如下。

① 将 400A 的万用表表笔接端子 4 或 5，使其与检查电路电流方向一致，如图 4-47 所示。

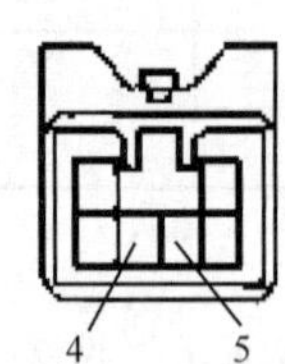

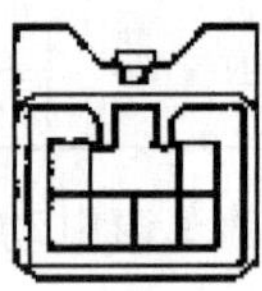

图 4-47　电动机电流切断检查

② 将主开关置于“UP”（升），至车窗完全合上，正常情况下再经过 4 ~ 90s 后，电流就会由 16 ~ 34A 降到 1A。如果时间太长，则表明 PTC 损坏，应该更换电动机。

③ 将主开关置于“DOWN”（降），重复步骤②做检查。

3）电动车窗继电器检查步骤

（1）从仪表总成接线盒上拆下电动车窗继电器。

（2）按图 4-48 所示连接继电器端子，按表 4-15 进行通电检查，如不符合要求，则更换继电器。

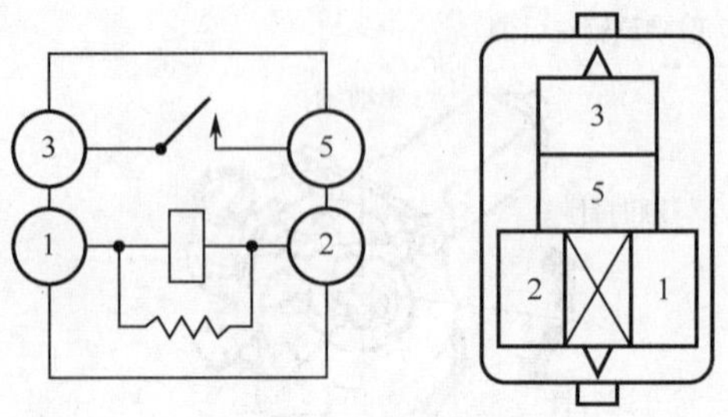

图 4-48　电动车窗继电器

表 4-15 电动车窗继电器检查标准

	端　子	正常情况
常态	1⟷2	导通
端子 1、2 接电源正极	3⟷5	导通

2. 电动座椅的检测

1）普通电动座椅的检测与维修

若电动机运转，但是座椅不动，首先检查座椅是否已达到极限位置。如果不是，则检查电动机与变速机构和相关的传动部分是否磨损过大或卡住，必要时进行更换。若电动机不转，应该检查电路中是否有断路，熔丝是否烧毁，搭铁情况是否良好，然后进行以下单件的检查。

（1）电动座椅控制开关的检查。首先拔出控制开关的连接器，图 4-49 所示的是控制开关和插接器的端子图。然后按表 4-15 所示检查各端子的导通情况，如果不导通，要更换控制开关。

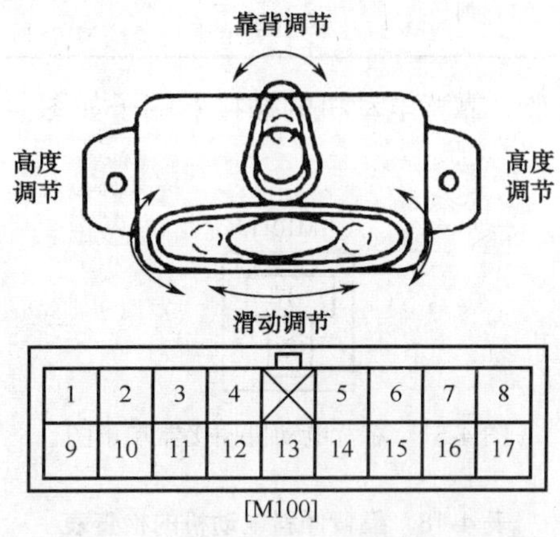

图 4-49 电动座椅开关及插接器端子图

表 4-16 电动座椅控制开关的检查

开关位置＼端子号		1	2	3	4	5	6	7	8	9	10	11	12	13	14	15	16	17
滑动开关	前	○	—	—	○													
				○	—	—	—	—	—	—	—	—	—	—	—	—	—	○
	后		○	○														
					○	—	—	—	—	—	—	—	—	—	—	—	—	○
前高度开关	UP											○	—	—	—	—	—	○
										○	—	—	○					
	DOWN												○	—	—	—	—	○
												○	○					
后高度开关	UP					○	—	—	—	—	—	—	—	—	—	—	—	○
							○	○										
	DOWN					○	—	—	—	—	—	—	—	—	—	—	○	
							○	—	—	—	—	—	—	—	—	—	—	○
靠背开关	前								○	—	—	—	—	—	—	○		
															○	—	—	○
	后								○	—	—	—	—	—	○			
																○	—	○

（2）电动座椅电动机的检查。电动座椅电动机的检查基本思路是，拆下电动机的插接器，用蓄电池的正负极分别接某电动机的两个端子，观察电动机的运转情况；然后颠倒正负极的接法，再观察反转的情况。

注意：电动机停止转动时要立刻断开电源，以免烧坏电动机。

① 前后滑动电动机的检查。滑动电动机的插接器端子如图 4-50 所示，检查表如表 4-17 所示。

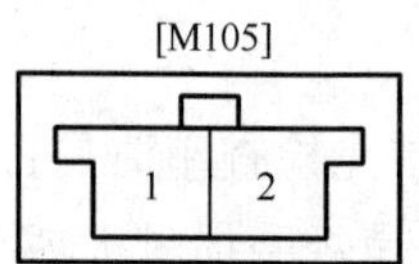

图 4-50　滑动电动机插接器端子图

表 4-17　前后滑动电动机的检查表

测量条件	运转方向	测量条件	运转方向
蓄电池（+）接 M105 的 1 端子 蓄电池（−）接 M105 的 2 端子	前移	蓄电池（+）接 M105 的 2 端子 蓄电池（−）接 M105 的 1 端子	后移

② 靠背倾斜电动机的检查。靠背电动机的插接器端子如图 4-51 所示，检查表如表 4-18 所示。

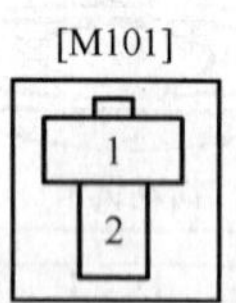

图 4-51　靠背电动机插接器端子图

表 4-18　靠背倾斜电动机的检查表

测量条件	运转方向	测量条件	运转方向
蓄电池（+）接 M101 的 1 端子 蓄电池（−）接 M101 的 2 端子	前倾	蓄电池（+）接 M101 的 2 端子 蓄电池（−）接 M101 的 1 端子	后仰

③ 高度调节电动机的检查。前、后高度调节电动机的插接器端子分别如图 4-52 和图 4-53 所示，检查表如表 4-19 所示。

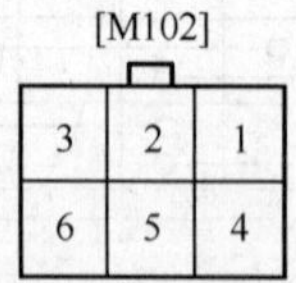

图 4-52　前高度调节电动机插接器端子图

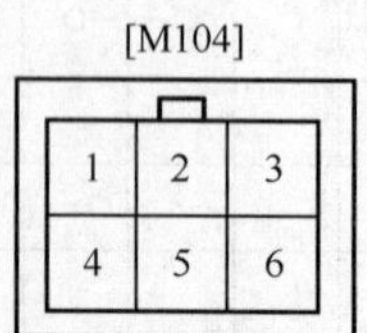

图 4-53　后高度调节电动机插接器端子图

表 4-19 高度调节电动机的检查表

电动机类型	测量条件	运转方向	电动机类型	测量条件	运转方向
前端高度升降电动机	蓄电池（+）接 M102 的 1 端子 蓄电池（−）接 M102 的 2 端子	向上	后端高度升降电动机	蓄电池（+）接 M104 的 1 端子 蓄电池（−）接 M104 的 2 端子	向上
	蓄电池（+）接 M102 的 2 端子 蓄电池（−）接 M102 的 1 端子	向下		蓄电池（+）接 M104 的 2 端子 蓄电池（−）接 M104 的 1 端子	向下

在以上检查中，若电动机不转，应该进行相应更换。

2）自动座椅的检测

若电动机运转而座椅不动，同样首先看是否已到极限位置，然后检查电动机与变速机构之间的相关传动部分是否磨损过大或损坏，必要时应更换。

若电动机不工作，应检查电源线路、开关线路、电动机控制线路是否断路，搭铁是否牢固，然后进行以下单件检测。

（1）电动座椅开关检查

检查各端子之间的导通状况，如表 4-20 所示。若导通状况不符合规定要求，应更换开关。

表 4-20 自动座椅开关的检查表

开关位置 \ 端子		3	4	5	6	7	8	9	10	11	12	13	14	15	16
滑动开关	向前（FRONT）									○	—	—	○		
											○	○			
	关断（OFF）									○	—	○			
											○	○			
	向后（BACK）									○	—	○			
											○	—	○		
前垂直开关	向上（UP）							○	—	—	—	—	○		
									○	—	—	○			
	关断（OFF）							○	—	—	—	○			
									○	—	—	○			
	向下（DOWN）							○	—	—	—	○			
									○	—	—	—	○		
后垂直开关	向上（UP）			○	—	—	—	—	—	—	—	—	○		
					○	—	—	—	—	—	—	○			
	关断（OFF）			○	—	—	—	—	—	—	—	○			
					○	—	—	—	—	—	—	○			
	向下（DOWN）			○	—	—	—	—	—	—	—	○			
					○	—	—	—	—	—	—	—	○		
倾斜开关	向前倾斜（FORWARD RECLINING）		○	—	—	—	—	—	—	—	—	—	○		
		○	—	—	—	—	—	—	—	—	—	○			
	关断（OFF）		○	—	—	—	—	—	—	—	—	○			
		○	—	—	—	—	—	—	—	—	—	○			
	向后倾斜（REAR RECLINING）		○	—	—	—	—	—	—	—	—	○			
		○	—	—	—	—	—	—	—	—	—	—	○		
头枕开关	向上（UP）												○	○	
												○	—	—	○
	关断（OFF）											○	—	○	
												○	—	—	○
	向下（DOWN）											○	—	○	
													○	—	○

（2）腰垫开关的检测

腰垫开关共 4 个接线端子，如图 4-54 所示，各端子间的导通状况如表 4-21 所示。

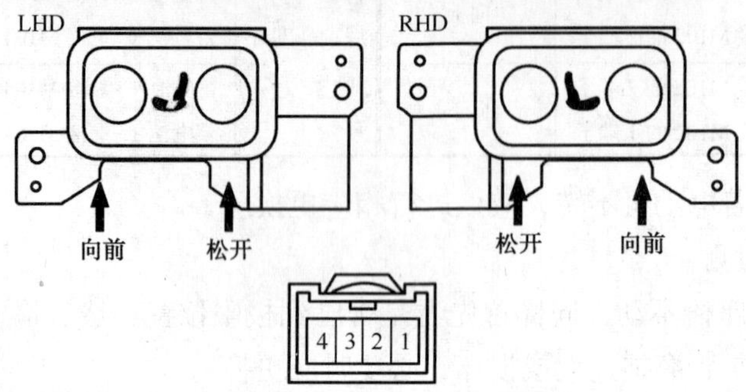

图 4-54　腰垫开关示意图

表 4-21　腰垫开关的检查表

端子 开关位置	1 （4）	2 （3）	3 （2）	4 （1）
向前 （FORWARD）	 ○—	○— ○—	—— —○	—○
关断（OFF）	○— 	—— ○—	—○ —○	
松开 （RELEASE）	○— 	—— ○—	—— —○	—○

若导通状况不符合规定要求，应更换腰垫开关。

（3）座椅位置传感器检测

① 拆下驾驶员座椅。

② 拆下前垂直调节器上的螺栓并将座椅略微抬高。座椅不宜抬得过高，否则线束会被拉出，夹箍可能会松动。

③ 随连接器一起从座椅下面的固定处拆下电动座椅 ECU。

④ 把电动座椅 ECU 的端子 CHK 连接车身搭铁，使 ECU 进入检查状态。

⑤ 测量电动座椅 ECU 的端子与车身搭铁间的电压（采用指针式电压表）。

⑥ 检查应输出图示“已准备好”代码。

⑦ 分别打开电动座椅手动开关并检查座椅各向移动时的电压变化。

⑧ 输入信号正常和不正常时，输出电压的变化。

⑨ 当座椅移动到极限位置时，电压应从正常码变为不正常码，当证实其他系统功能完好，并通过对电压表指针的摆动量比较，确认正常和不正常码后，再进行分析处理。

3. 电动刮水器的检测

1）电动刮水器线路的检查

（1）供电线路的检查

① 拔下熔丝，用万用表检查熔丝是否损坏，如果损坏则更换。

② 插上完好的熔丝，将点火开关置于“ON”位置，用万用表测量熔丝两端电压，均应为蓄电池电压。如果无电压或电压值不符合规定，检查供电线路。

（2）检查刮水器电动机线束

断开刮水器电动机线束插接器，用万用表测量线束各端子的电压。如果测量结果与规定值不相符，则说明电动刮水器电路存在故障，进行下一步检查。

2）刮水器和洗涤器开关的检查

（1）检查端子导通情况

检查时按表 4-22 所示的标准进行。若检查结果不符合标准，应进行更换。

表 4-22　刮水器和洗涤器开关端子的检查表

开关位置 \ 端子（颜色）		B-4（L-R）	B-7（L-B）	B-13（L-O）	B-18（L-W）	B-8（L）	B-16（B）
刮水器	MIST（除雾）		○		○		
	OFF（断）	○	○				
	INT（间歇）	○	○				
	LO（低速）		○		○		
	HI（高速）			○	○		
洗涤器	OFF（断）						
	ON（通）					○	○

（2）检查间歇性动作

① 将刮水器的开关旋至“INT”位置。

② 将间歇时间控制开关旋至“FAST”位置。

③ 将蓄电池的正极和端子 18 相连，负极和端子 16 相连，如图 4-55（a）所示。

④ 将电压表正极和端子 7 相连，负极和端子 16 相连，检查电压表显示的电压应该为蓄电池电压。

⑤ 将端子 4 与端子 18 连接后再和端子 16 相连，如图 4-55（b）所示，然后对照表 4-22 所示的标准检查，在规定的时间内，电压应该从 0V 上升至蓄电池电压。

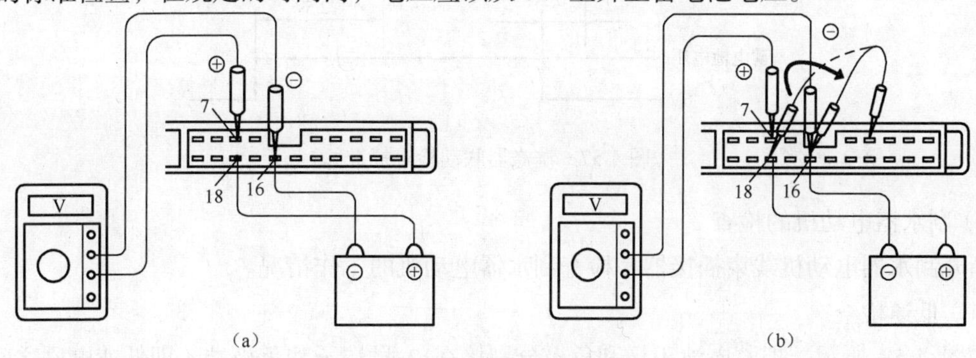

图 4-55　间歇性检查方法

表 4-23 间歇性检查标准

间歇时间控制开关位置	电　压
FAST（快速）	1.6±1s 蓄电池电压 0V
SLOW（慢速）	1.07±5s 蓄电池电压 0V
Non-Variable（不可变型）	3.3±1s 蓄电池电压 0V

（3）检查洗涤器联动开关（图 4-56）

① 将蓄电池的正极和端子 18 相连，负极和端子 16 相连。

② 将电压表正极和端子 7 相连，负极和端子 16 相连。

③ 打开洗涤器开关，检查电压应按图 4-57 所示的标准变化。

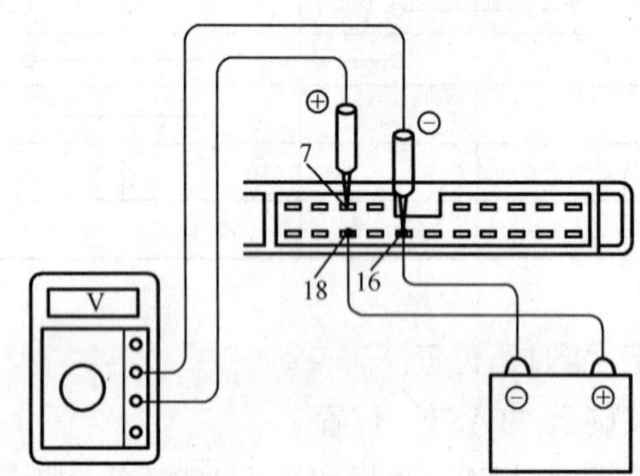

图 4-56 洗涤器联动检查

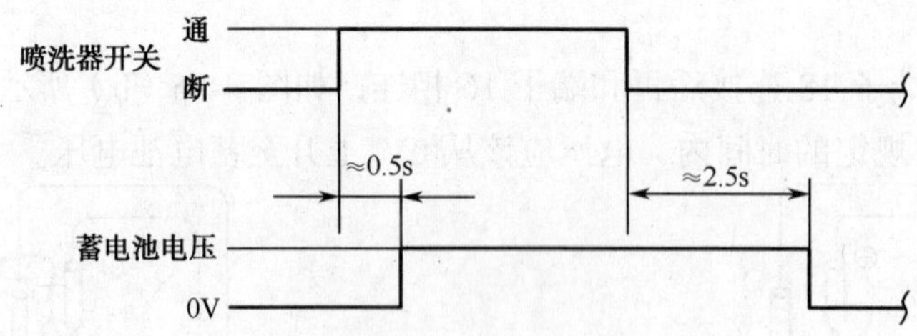

图 4-57 洗涤器联动检查标准

3）刮水器电动机的检查

断开刮水器电动机线束插接器，检查刮水器电动机的工作情况。

（1）低速检查

如图 4-58 所示，把蓄电池正极和负极分别接在 2 号端子和负极端（即低速电刷之间），此时观察电动机是否低速运转。

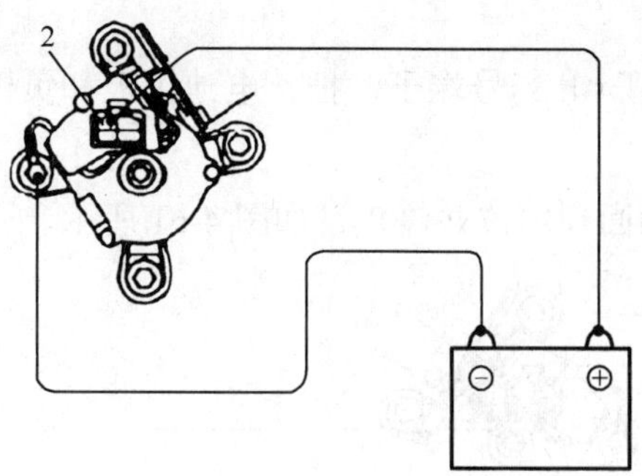

图 4-58 刮水器电动机低速检查

（2）高速检查

如图 4-59 所示，把蓄电池正极和负极分别接在 1 号端子和负极端（即高速电刷之间），此时观察电动机是否高速运转。

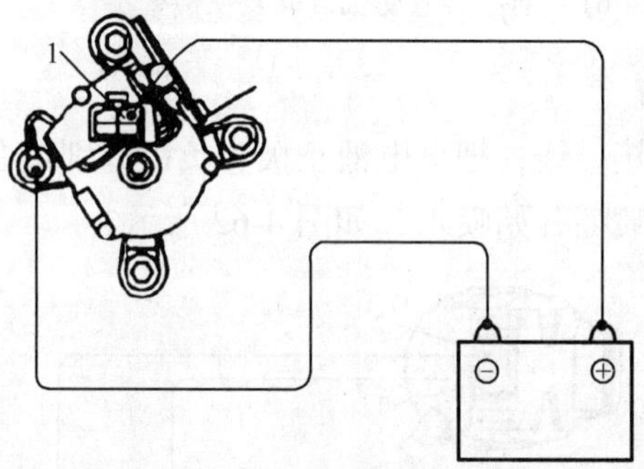

图 4-59 刮水器电动机高速检查

（3）自动复位检查

① 首先将刮水器电动机低速转动。

② 拆下刮水器电动机导线连接器，让电动机停在除了停止时的任意一个位置，如图 4-60 所示。

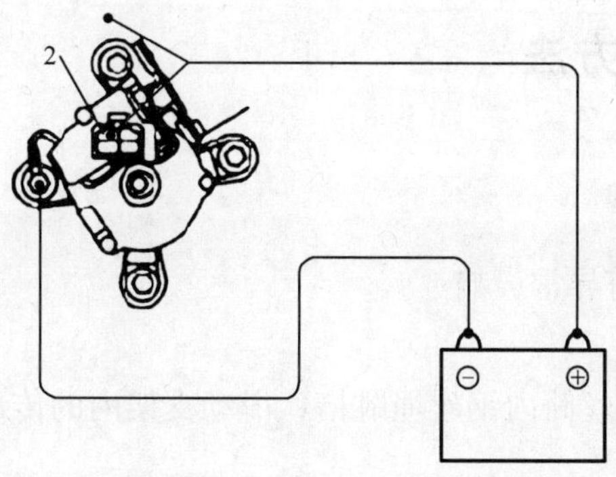

图 4-60 刮水器电动机自动复位检查步骤（一）

③ 用导线连接 2 号端子和 3 号端子，把蓄电池正极和负极分别接在 4 号端子和搭铁端。

④ 刮水器电动机应自动回到原位并停止，如图 4-61 所示。

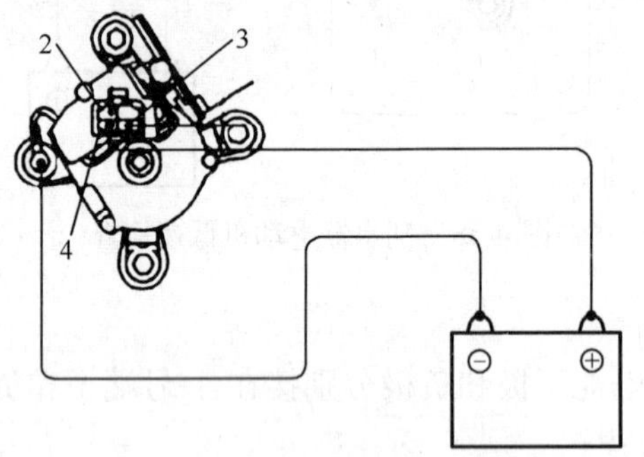

图 4-61 刮水器电动机自动复位检查步骤（二）

4）洗涤泵电动机的检查

断开洗涤泵电动机的连接导线，把蓄电池正极和负极分别接在 2 号端子和 1 号端子上，此时观察电动机应该运转且喷嘴开始喷水，如图 4-62 所示。

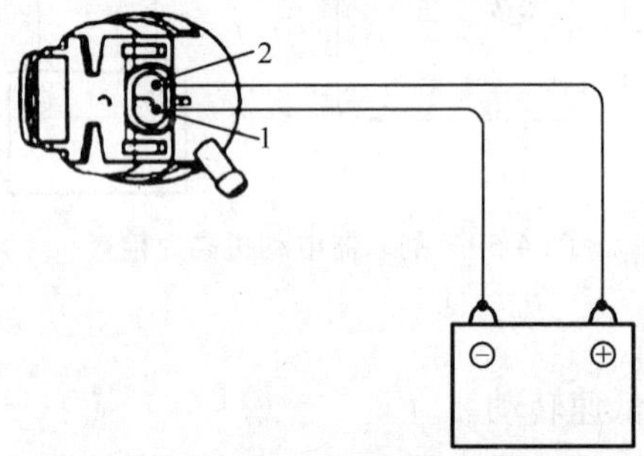

图 4-62 洗涤泵电动机的检查

二、故障诊断与排除方法

1．电动车窗的常见故障

1）玻璃升降器工作时有异常声响

（1）故障原因

安装时没有调整好，卷丝筒内钢丝绳跳槽，滑动支架内的传动钢丝夹转动，电动机盖板或固定架与玻璃碰擦。

（2）排除方法

重新调整升降器的安装螺钉，重新调整卷丝筒内的钢丝绳位置，检查安装支架弧度是否正确。

2）电动机正常，升降器不工作

（1）故障原因

钢丝绳断，滑动支架断或支架内的传动钢丝夹转动。

（2）排除方法

更换钢丝绳，重新铆接钢丝夹。

3）玻璃升降器工作时发卡、阻力大

（1）故障原因

导轨凹部有异物，导轨损坏或变形，电动机损坏，钢丝绳腐蚀、磨损。

（2）排除方法

清除异物，修理或更换损坏的零部件。

2. 电动座椅的常见故障

电动座椅常见故障有完全不动或某个方向不能动作。

1）电动座椅完全不工作

（1）故障原因

熔断器断路；线路断路；座椅开关有故障等。

（2）故障诊断与排除

首先检查熔断器是否断路；若熔断器良好，则应检查线路连接是否正常，最后检查开关。

2）电动座椅某个方向不能动作

（1）故障原因

该方向对应的电动机损坏，开关、连接导线断路。

（2）故障诊断与排除

可以检查线路是否正常，再检查开关和电动机。若电动机运转而座椅不动，首先看是否已到极限位置，然后检查电动机与变速器之间的相关轴器是否磨损过大或损坏，必要时应更换。

若电动机不工作，应根据图 4-63 所示（以本田雅阁座椅电路为例），检查电源线及电动机线路是否断路，搭铁是否牢固，然后进行如下检测。

① 调节开关的检测

a. 拔出调节开关钮，然后从驾驶席座椅处拆下调节开关罩。

b. 拆开调节开关的两个 6 芯插头，如图 4-64 所示。再拆下该开关的两个固定螺钉，然后从开关罩上拆下调节开关。

c. 按表 4-24 所示检查调节开关，否则更换调节开关。

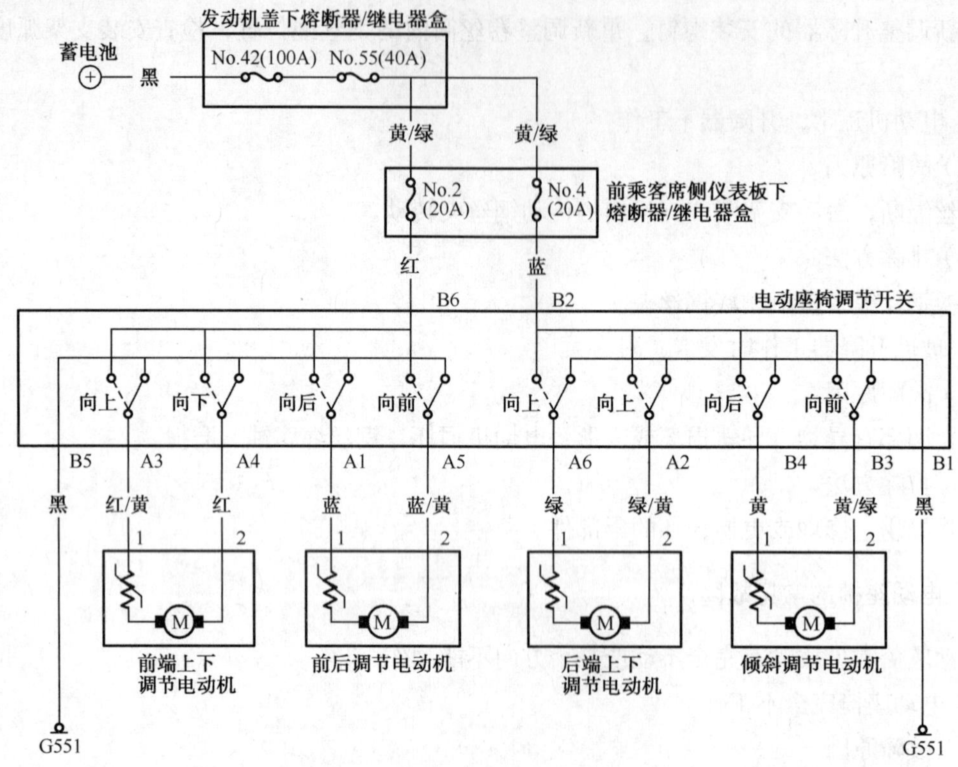

图 4-63　本田雅阁电动座椅控制电路

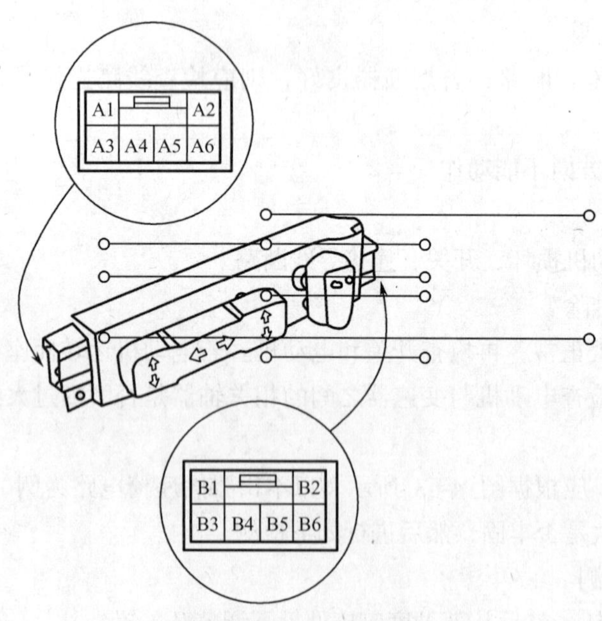

图 4-64　调节开关插头

表 4-24 调节开关的检测表

开关位置		端子											
		A1	A2	A3	A4	A5	A6	B1	B2	B3	B4	B5	B6
前端上下调节开关	向上			○	—	—	—	—	—	—	—	—	○
					○	—	—	—	—	—	—	○	
	向下				○	—	—	—	—	—	—	—	○
				○	—	—	—	—	—	—	—	○	
后端上下调节开关	向上		○	—	—	—	—	—	○				
							○	○					
	向下						○	—	○				
			○	—	—	—	—	○					
前后调节开关	向前					○	—	—	—	—	—	—	○
		○	—	—	—	—	—	—	—	—	—	○	
	向后	○	—	—	—	—	—	—	—	—	—	—	○
						○	—	—	—	—	—	○	
倾斜调节开关	向前								○	○			
								○	—	—	○		
	向后								○	—	○		
								○	—	○			

② 调节电动机的检测

a. 拆下驾驶席座椅轨道端盖，再拆下驾驶席座椅的 4 个固定螺栓。

b. 拆开座椅线束插头和线束夹，然后拆下驾驶席座椅。

c. 拆开调节开关的两个 6 芯插头。

d. 将两个 6 芯插头的某两端子分别接蓄电池正、负极，按表 4-25 所示检查各调节电动机的工作情况。

表 4-25 调节电动机的检测表

调节电动机的工作情况		电源	
		+	−
前端上下调节电动机	向上	A3	A4
	向下	A4	A3
后端上下调节电动机	向上	A2	A6
	向下	A6	A2
前后调节电动机	向前	A5	A1
	向后	A1	A5
倾斜调节电动机	向前	B3	B4
	向后	B4	B3

注意：当电动机停止运转时，应立即断开端子与蓄电池的连接。

e. 如果某个调节电动机不运转或运转不平稳，则应检查 6 芯插头与该调节电动机的 2 芯插头之间的线束是否有断路或虚接故障。如果线路正常，则应更换调节电动机。

3. 电动刮水器的常见故障

1）刮水器电动机不转

（1）故障现象

刮水器开关设在慢、快及间歇挡时，刮水器电动机均不转。

（2）故障原因

① 刮水器电动机电源线路断路。

② 卸荷继电器、点火开关及刮水器开关接触不好。

③ 刮水器电动机失效。

（3）故障诊断与排除

① 检查刮水器电动机电源线路是否断路。

② 检查电动机绕组是否内部断路。

③ 检查刮水器开关及卸荷继电器是否工作正常。

2）刮水器无慢速工作挡

（1）故障现象

接通点火开关，将刮水器开关置于慢速挡位置，刮水器不转。

（2）故障原因

① 刮水器开关损坏。

② 卸荷继电器损坏。

③ 刮水器电动机慢速挡工作线路故障。

④ 熔断丝熔断或线路中有短路处。

（3）故障诊断与排除

① 检查刮水器继电器（8 号位置）及 S5 熔断丝是否正常。

② 检查刮水器电动机插头中绿线是否有电。

③ 检查刮水器开关工作是否正常。

④ 检查刮水器电动机。

3）刮水器快速挡不工作

（1）故障现象

接通点火开关及刮水器快速挡，刮水片不动。

（2）故障原因

① 刮水器开关失效。

② 刮水器电动机故障。

③ 刮水器快速挡线路故障。

④ 卸荷继电器失效。

（3）故障诊断与排除

① 检查中央继电盘 4 号位置的卸荷继电器及 S5 熔断丝是否工作正常。

② 检查刮水器开关。

③ 检查刮水器快速挡工作线路是否有断路或接触不良的现象。

4）刮水器无间歇挡

（1）故障现象

接通点火开关及刮水器间歇挡，刮水器不工作。

（2）故障原因

① 刮水器开关失效。

② 刮水器继电器或卸荷继电器失效。

③ 刮水器电动机失效。

④ 刮水器间歇挡线路故障。

（3）故障诊断与排除

① 检查熔丝、刮水器继电器及卸荷继电器是否工作正常。

② 检查刮水器间歇挡线路是否有断路或接触不良处。

③ 检查刮水器电动机。

④ 检查刮水器开关。

5）刮水器无自动停位功能

（1）故障现象

在刮水器电动机慢速、快速、间歇、短时工作时，将刮水器开关扳到停位，刮水器雨刮片不能自动停在原来位置。

（2）故障原因

① 刮水器开关的停位触点损坏。

② 减速器涡轮输出轴背面的自动停位导电片和减速器盖板上的导电触点损坏。

（3）故障诊断与排除

① 检查刮水器开关的停位触点，若损坏则更换。

② 输出轴背面的自动停位导电片和减速器盖板上的导电触点若损坏，则更换。

三、维修实例

案例一

1. 故障现象

一辆行驶里程约 2 万 km，装载 CLS 发动机和 09G 型手自一体变速器的 2012 年大众朗逸 1.6L 自动挡轿车。用户反映该车前排乘客侧电动车窗不能由本门开关控制下降，但本门开关可以令车窗上升。

2. 故障原因

前排乘客侧车门控制单元损坏。

3. 故障诊断与排除

维修人员试车，发现使用驾驶员侧车门主开关面板上的车窗开关 E81 控制前排乘客侧车窗，升降正常。用故障诊断仪查询车身控制单元 J519 的故障信息，识别到一个前排乘客侧电动车窗开关 E107 损坏的静态故障码。

读取 13 组 2 区 El 07 的开关测量值，有上升信号而无下降信号。测量 E107 开关下降信号导线至前排乘客侧车门控制单元 J387 的 T6d/6 端子导通状态，阻值为 1.0Ω，正常。更换新的开关，故障依旧。用导线模拟开关信号，13 组 2 区的测量值仍显示未操作，表明 J387 始终没有接收到下降信号。用万用表在 J387 处测量开关信号，开关未操作时 T6d/6 端子的电压为 11.7V。按动开关至下降挡时，电压降低至 0.3V，表明信号已经输入给 J387。至于 J387 没有接收到开关信号或没有发出下降指令，已属控制单元内部的问题。

更换前排乘客侧车门控制单元，故障排除。

案例二

1. 故障现象

一辆行驶里程约 8 万 km，配置了 1.6L16V 发动机、自动变速器的世嘉轿车。该车在打开点火开关状态下，车辆的驾驶员侧电动座椅在按动各方向的调整开关时，座椅根本无任何动作。

2. 故障原因

电动座椅开关线路上的保险丝熔断。

3. 故障诊断与排除

先检查点火开关的状态是否符合要求。在点火开关打开状态下，测量相关线路上的电压值，并将测量结果与正常情况下的标准值进行对比，完全符合要求。表明点火开关的状态是没问题的，故障的产生与点火开关的状态无关。

接下来检查电动座椅电机的搭铁脚和供电脚的工作状态。用万用表测量搭铁脚的电压值，测量结果为 0V，继续测量它和工作正常车身上其他搭铁点之间的电阻值，结果小于 1Ω，表明电机的搭铁脚的工作状态是没有问题的。再检查供电脚在点火开关打开状态下的电压值，测量结果为蓄电池电压，表明此供电脚的供电状态是没有问题的。

检查座舱线束与座椅电机之间连接处插接器的状态，没有发现插接器接触不良情况。对插接器两端各工作脚的电压值进行测量，将测量结果与正常情况下的标准参数进行对比，没有发现任何异常，表明电机工作线路不是故障产生的原因。检查电动座椅的开关及其工作线路的状态，对开关的线路进行断路和短路检查，没有发现异常情况。

检查座舱保险丝盒内电动座椅电机和电动座椅开关供电线路上的保险丝的状态。将两个保险丝拆下用万用表测量其通断情况，发现给电动座椅电机提供供电线路上的保险丝的通断是符合要求的，而电动座椅开关供电线路上的保险丝存在熔断情况。

更换一个新的保险丝，而后进行电动座椅的各个方向的调整操作，发现故障现象已经完全消失。

案例三

1. 故障现象

一辆行驶里程约 10.6 万 km 的上海大众斯柯达明锐 1.6L 轿车。用户反映该车刮水器突然出现了不能喷水的现象。

2. 故障原因

控制单元故障。

3. 故障诊断与排除

连接故障诊断仪，对车辆进行检测，在组合仪表系统中存在故障含义为“J519 没有通信”的故障码，收音机中也存在同样的故障码。根据上述检测结果，对车载网络控制单元 J519 进行编码。编码后进行功能引导，将车辆恢复了出厂设置，但故障依旧。

考虑到刮水电动机不能运转，由于刮水电动机拆起来比较麻烦，为了判定刮水器喷水电动机及相关电路是否正常，对其进行执行元件诊断。但在利用故障诊断仪进行此项操作时，喷水电动机仍然无动作，需要对喷水电动机的电路进行检查。利用万用表测量 J519 到喷水电动机间的电路时，发现电路连接正常，但两根线均为电源线，电位为 0V，说明 J519 没有输出控制命令。根据诊断仪的检测结果，可以确定刮水器喷水开关已经向 J519 发出信号，J519 也接收到了信号，很有可能是 J519 出现故障。另外，考虑到多个控制单元没有收到 J519 数据信号，进行故障引导测量，发现 J519 供电正常，测量 J519 到诊断接口 CAN 数据总线正常，进一步证明 J519 损坏。

更换 J519 后，试车，故障排除。

任务五　车辆音响、通信系统检测与诊断

一、汽车音响的检测

1. 汽车音响的基本流程

接修一台汽车音响先不要急于拆、测、调、焊、修、换件，要掌握一定的故障规律，遵循一定的检测方法和步骤，否则可能修成无法修复的“死机”。检测步骤如下。

① 了解情况，核实故障。

② 分析判断，外观检查。

③ 调整、测量、试换，确定故障点。

④ 排除故障，检验性能。

⑤ 交付用户，总结提高。

（1）掌握故障规律

根据以往的修理经验，汽车音响系统故障中机芯故障频率要高于电路故障，电路故障中

功放块和音量电位器故障频率要高于其他电路故障。电路中除功放 IC 外的集成电路的损坏率非常低，一般不要轻易拆焊或更换。但是，集成电路是整个机子处理信号的核心，其他部件均是为辅助其正常工作而设置的，所以它是汽车音响系统检测思路的导向标。

（2）确认故障

接修一台汽车的音响首先要询问用户故障现象，故障发生经过及是否修理过，要做到心中有数。但是，还不能只依据用户的描述就轻易确定修理方案，打开机器检测，所有的机器维修前必须验证故障现象。

（3）查找资料，判断故障部位，确定修理方案

核实了故障现象后，要分析故障原因，必要时查询电路图等资料，以判断故障部位，确定修理方案。在确定修理方案时，应按先外后内、先简后繁、先清洁调整后测量试换、先电源后负载的顺序。

汽车音响一般都不带电路图，如果是简单故障，比如需更换音量电位器等，可以直接进行下一步修理。如果是复杂故障，可按以下步骤进行。

① 打开机盖，根据机器所采用集成电路的型号，查找有关单元电路，对号入座。

② 根据天线接线，调谐电感的位置，即可找到 AM 处理电路和 FM 中频处理电路，顺着中频电路即可找到立体声解码电路。

③ 根据磁头引线的去向来确定磁带放音前置放大电路。

④ 根据功放 IC 散热片和喇叭引线位置找到功放电路。

⑤ 必要时将上述有关部分根据实物绘制出电路草图。

（4）外观检查

打开机盖后，先不要急于测量与修理，先对外观进行检查，根据直观检查发现故障的隐患，可以提高检测速度。

电路部分外观检查：

① 机内是否有烧焦煳味；

② 各连线、插头是否松脱、断裂；

③ 是否有元器件如熔断丝烧断、电容漏液爆裂、电阻烧焦变黑、功放 IC 烧裂变色；

④ 各元件是否有虚焊、开焊、松动，电路板是否有断线；

⑤ 通电检查是否有冒烟或异味；

⑥ 摸功放 IC 及其散热片是否过热。

机械部分检查：

① 机芯内是否有异物；

② 磁头是否太脏或过度磨损；

③ 压带轮与主导轴是否缠有磁带，是否平行；

④ 传动带是否脱落、老化、伸长、断裂；

⑤ 其他机械部件是否磨损变形、齿轮错位掉牙、间隙过大；

⑥ 弹簧是否脱落、变形。

外观检查涉及面非常广，可根据具体故障有所侧重，并不一定要面面俱到。

（5）清洁调整

汽车音响系统中的运动机械部件长期使用后会出现严重磨损、发卡或脏污，清洁润滑后就能排除故障，比如在调整音量时，喇叭发出“喀喀”噪声，说明音量电位器接触不良，可先用针头注入少许无水酒精，然后左右旋转几次，等酒精蒸发后试机，看故障能否排除。再如磁带放的音量太小，声音低沉，高音不良，先不要急于检测电路，可先用药棉蘸酒精擦一下磁头，如果不行再调整一下磁头方位角。

注意：切勿无目的随便调整机内的可调电阻、电容、中周，特别是收音头内的元件，因为在没有专门仪器的条件下，这些元件很难调准，反而给故障判断增加了难度。

2．汽车 VCD 播放机故障的检测

1）汽车 VCD 播放机故障检测流程

VCD 播放机是在普通的 CD 唱机的基础上开发生产的，它的大部分组成系统与 CD 唱机相仿，融数字和模拟信号处理为一体，融合现代电子和计算机技术，因而在检测时，既要考虑到它的特殊性，也要注重它与 CD 唱机存在的共同性。就不同机型的 VCD 播放机而言，判断思路和检测方法大同小异。汽车 VCD 播放机的故障检测流程如图 4-65 所示。

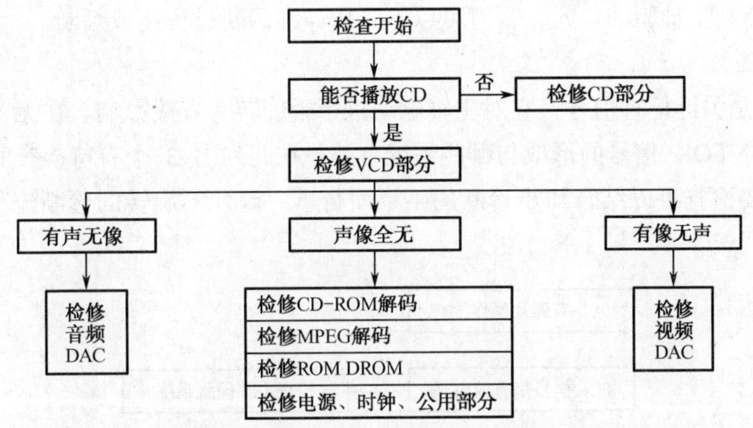

图 4-65 汽车 VCD 播放机的故障检测流程

2）汽车 VCD 播放机的检测思路

汽车 VCD 播放机的故障检测思路如下。

当 VCD 播放机出现故障时，如无声无像、声像不稳等。首先应判断是否 CD 部分出了故障，因为它是声像的公共通道，判断的方法是播放一张 CD 音乐碟片，若能正常播放，显示稳定均匀，则故障不在 CD 部分；若 CD 碟片也不能正常播放，则首先应检测 CD 部分。

当故障在 VCD 部分时，应根据图像和声音的有无，进行故障部位划分。当出现声像全无时，应检查 CD-ROM 解码器和 MPEG1 解码器。因为这是数据的公共通道，而且由于声像

解码互锁的关系，无论是音频解码或视频解码部分故障，都会引起解码停止。对于 CL480 系列单片解码芯片，无论是音频解码还是视频解码损坏，都必须更换 CL480 系列芯片。

检测声像全无的故障，思路应扩大到解码芯片和外围电路，若电源电路、时钟电路、DRAM 电路和 EPROM 电路，如果所有硬件和接线都没有查出问题，可将同型机的 EPROM 更换一试，看是不是 EPROM 内部软件有误。

当声音和图像只出现其一时，问题必然在解码输出以后，包括解码器至 DAC 电路的引线、DAC 电路、时钟信号电路、同步信号电路、参考电压电路等，还有 DAC 以后的电制式编码电路和复合同步信号电路、彩色副载波信号电路、电源电路以及输出放大电路。应逐级孤立检查、判断，排除故障。

3）汽车 VCD 播放机常见故障的检测

（1）碟片不旋转

① 初步诊断

初步诊断中主要观察的部件是激光拾音器组件和主轴电动机。要求观察的各项动作均对应着与此动作相配合的工作电路或执行部件，如果察觉出某项动作过程不正常，就可以提高诊断进程，有利于正确迅速排除故障。初步诊断主要观察 3 个动作过程，它们分别对应着滑动控制、聚焦搜索和激光控制系统。激光头进入内圈时，聚焦物镜应做上下搜索动作，同时激光管点亮呈暗红色。还要判断主轴电动机的旋转趋势，如果存在这种趋势，则可将检测判断位置一下子移到主轴驱动单元，暂时可以不必按详细诊断过程逐节判断。

② 详细诊断

FOK 信号是关键检查信号，它对主轴电动机是否旋转有直接影响。在无 FOK 信号的情况下，应该清楚 FOK 信号的形成与哪些系统有关，在此列出 3 个有待检查的系统，其中有的系统是否需要检查可以结合初步诊断的结果而行事。碟片不旋转的诊断流程如图 4-66 所示。

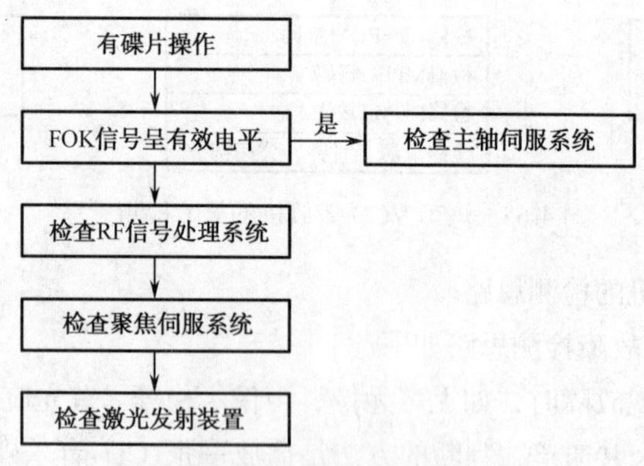

图 4-66 碟片不旋转的诊断流程

（2）无法读取目录信号

① 初步诊断

观察激光组件滑动机构，在主轴电动机旋转启动时，激光组件离开原来静止的起始位置，朝外运行，以便激光头读取目录，如果在观察中发现主轴电动机旋转后，激光器组件很快由内向外滑行，说明跟踪伺服系统存在故障的可能性比较大，则可进一步检查滑动机构是否存在卡死、传动不良等情况。另外，多功能显示屏工作状况以及主轴电动机的起转速度均属观察之列。

② 详细诊断

观察的关键信号是眼图，眼图幅度必须符合一定范围要求，一般在维修手册上均提供该项数值。其次注意眼图菱形孔的清晰程度，若眼图无法正常出现或幅值偏小，应该检查跟踪伺服系统，包括跟踪线圈和跟踪激光传感器。另外，RF 信号系统内的激光接收、RF 信号放大的异常都会引起眼图幅度下降。在观察到眼图比较正常的情况下，可以考虑数字信号处理内的锁相环频率是否正确，若频率偏移过多，使锁相失锁，以致影响位同步信号的提取。目录信号读取显示与子码译码和传输均有关联，在排除故障时应逐一检查判断，检查流程如图 4-67 所示。

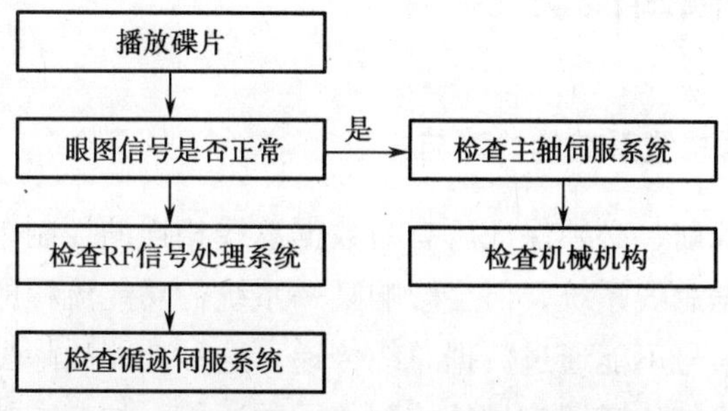

图 4-67 无法读取目录信号的诊断流程

3. 汽车 DVD 播放机常见故障的检测

（1）汽车 DVD 播放机检测注意事项

① DVD 碟片是双面结构，DVD 影碟机机芯上装有 U 形导轨，以便 DVD 激光拾音器读碟时从 A 面转到 B 面，或从 B 面转到 A 面。U 形导轨润滑不足或有异物阻挡都会使激光拾音器不能转换到位，出现播放故障。

② DVD 影碟机电源大多采用开关电源，而 VCD 影碟机大多采用直流串联稳压电源。开关电源容易出现振荡管或振荡集成电路停振， 无电压输出， 而使 DVD 影碟机不能工作。电源电路永远是 DVD 影碟机排除故障的重点检查部位。

③ DVD 影碟机可兼容播放 CD 和 VCD 碟片，有些机型是采用另设一个激光拾信头来完成该项工作的。该激光拾信头出现故障，机械运行不到位，就会造成 DVD 激光拾音器无法到位拾信号，出现播放故障。

④ DVD 影碟机大多加有地区密码，不是该地区的 DVD 碟片不能在该地区 DVD 播放机上播放，修理时需辨别清楚，以免误认为是 DVD 影碟机的故障。

⑤ DVD、VCD、CD 信号均送入数据处理集成电路进行数据同步识别，再分别送入 CD-DA 数据处理集成电路和 CD-ROM、DVDROM 数据解压集成电路进行数据处理。所以可以通过先播放 CD 唱片，再播放 VCD 碟片， 最后播放 DVD 碟片的方法来分离故障部位。CD 唱片能正常播放，而 VCD、DVD 碟片不能播放，则故障必定在数据处理集成电路以后。

⑥ 音频经 AC-3 解码集成电路解码后，输出 5.1 声道数字信号送音频输出接口电路。音频接口电路经 DAC 变换后分别输出前左、右声道信号，后左、右声道信号，中央声道信号和超重低音信号。若只有一路信号无输出，则不会是 AC-3 解码电路的故障，而可能是相应接口电路的故障，只有各路都无输出才可能是 AC-3 解码器的故障。大部分机型提供 AC-3 5.1 声道数据流信号输出，若音频无输出，也可试从该端口输出，若是 AC-3 解码器故障，该端口也无输出。

（2）汽车 DVD 常见故障的检测

汽车 DVD 常见故障的检测与汽车 VCD 相同，可参阅 VCD 播放机相关内容。

二、通信系统的检测与诊断

1. CAN 双线式数据总线系统的检测与诊断

在检查数据总线系统前，必须保证所有与数据总线相连的控制单元无功能故障。功能故障是指不会直接影响数据总线系统，但会影响某一系统的功能流程的故障。例如，传感器损坏，其结果就是传感器信号不能通过数据总线传递。这种功能故障虽然对数据总线系统只有间接影响，但会影响需要该传感器信号的控制单元的通信。如存在功能故障，应该先排除该故障。记下该故障并消除所有控制单元的故障代码。

排除所有功能故障后，如果控制单元间数据传递仍不正常，则应检查数据总线系统。检查数据总线系统故障时，须区分两种可能的情况。

（1）两个控制单元组成的双线式数据总线系统的检测

检测时，关闭点火开关，断开两个控制单元（图 4-68）。检查数据总线是否断路、短路或对正极/地短路。如果数据总线无故障，更换较易拆下（或较便宜）的一个控制单元试一下，如果数据总线系统仍不能正常工作，则更换另一个控制单元。

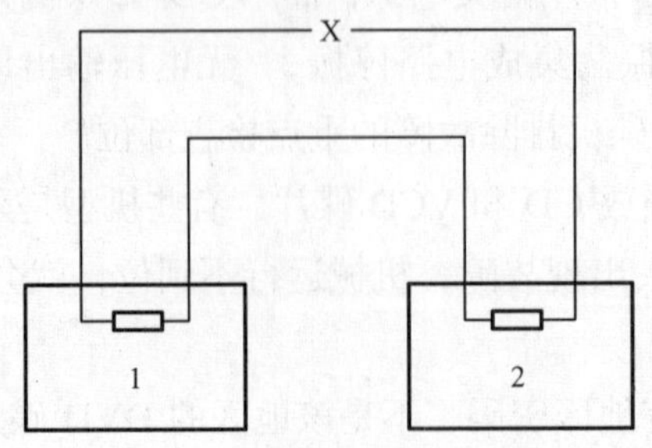

图 4-68　两个控制单元组成的双线式数据总线系统

（2）3 个或更多控制单元组成的双线式数据总线系统的检测

检测时，先读出控制单元内的故障代码。如图 4-69 所示，如果控制单元 1 与控制单元 2 和控制单元 3 之间无通信，关闭点火开关，断开与总线相连的控制单元，检查数据总线是否断路；如果总线无故障，更换控制单元 1；如果所有控制单元均不能发送和接收信号（故障存储器存储“硬件故障”），则关闭点火开关，断开与数据总线相连的控制单元，检测数据总线是否短路、是否对正极/地短路。

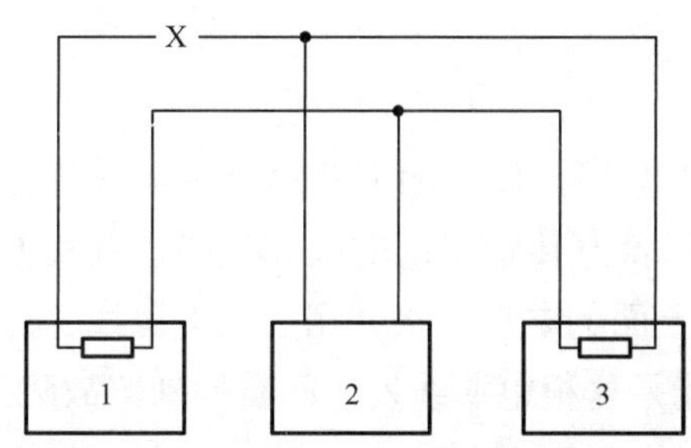

图 4-69　3 个控制单元组成的双线式总线系统

如果数据总线上查不出引起硬件损坏的原因，则检查是不是因为某一控制单元的故障而引起该故障。断开所有通过 CAN 双线或数据总线传递数据的控制单元，关闭点火开关，接上其中一个控制单元，连接 V.A.Gl551 或 V.A.Gl552，打开点火开关，清除刚接上的控制单元的故障代码。用功能 06 来结束输出，关闭并再打开点火开关，打开点火开关 10s 后用故障检测仪读出刚接上的控制单元故障存储器内的内容。如显示“硬件损坏”，则更换刚接上的控制单元；如未显示“硬件损坏”，接上下一个控制单元，再重复上述过程。

连接蓄电池接线柱后，输入收音机防盗密码，进行玻璃升降器单触功能的基本设定及时钟的调整，对于汽油发动机的汽车，还应进行节气门控制单元的自适应。

2. CAN-BUS 多路信息传输系统的检测与诊断

1）汽车电源系统故障引起的汽车多路信息传输系统故障

（1）故障机制

汽车多路信息传输系统的核心部分是含有通信 IC 芯片的电控模块 ECM，电控模块 ECM 的正常工作电压为 10.5 ~ 15.0V。如果汽车电源系统提供的工作电压低于该值，就会造成一些对工作电压要求高的电控模块 ECM 出现短暂停止工作的现象，从而使整个汽车多路信息传输系统出现短暂的无法通信。这种现象就如同用计算机故障检测仪在未启动发动机时就已经设定好要检测的传感器界面，但当发动机启动时，往往计算机故障检测仪又回到初始界面一样。

（2）故障实例

① 故障现象

一辆上海别克轿车，在车辆行驶过程中，时常出现转速表、里程表、燃油表和水温表指示为零的现象。

② 故障检测过程

用 TECH2 扫描工具（计算机故障诊断仪）读取故障代码，发现各个电控模块均没有当前故障代码，而在历史故障代码中出现多个故障代码。其中各模块出现的故障代码如下：SDM（安全气囊控制模块）中出现 Ul040（失去与 ABS 控制模块的对话）、U1000（二级功能失效）、Ul064（失去多重对话）、Ul016（失去与 PCM 的对话）；1PC（仪表控制模块）中出现 Ul016（失去与 PCM 的对话）；BCM（车身控制模块）中出现 U1000（二级功能失效）。

③ 故障分析和排除

经过故障代码的读取可以知道，该车的多路信息传输系统存在故障，因为 OBD-Ⅱ规定 U 字头的故障代码为汽车多路信息传输系统的故障代码。查阅上海别克轿车的电源系统的电路图（图 4-70）可以知道，上面的电控模块共用一根电源线，并且通过前围板。由于故障代码为间歇性的，一次断定可能是这根电源线发生间歇性断路故障。

经检查发现，此根电源线由于磨损导致接触不良，经过处理后故障排除。

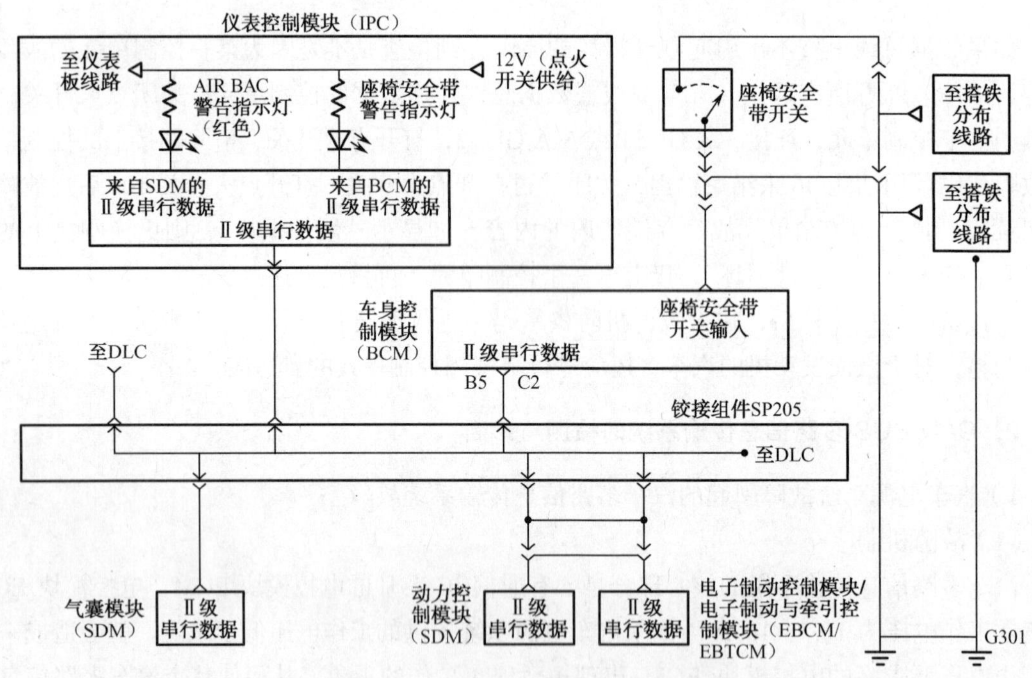

图 4-70 上海别克轿车的电源系统电路图

2）节点故障

（1）故障机制

节点是汽车多路信息传输系统的电控模块，因此节点故障就是电控模块 ECM 的故障。它包括软件故障和硬件故障。软件故障即传输协议或软件程序有缺陷或冲突，从而使汽车多路信息传输系统通信出现混乱或无法工作，这种故障一般成批出现，且无法维修；硬件故障一般表现为通信芯片或集成电路故障，造成汽车多路信息传输系统无法正常工作。对于采用低版本信息传输协议或点对点信息传输协议的汽车多路信息传输系统，如果节点有故障，则整个汽车多路信息传输系统均会无法工作。

（2）故障实例

① 故障现象

一辆上海帕萨特 B5 轿车在使用中出现机油压力报警灯与安全气囊故障指示灯报警，同时出现发动机转速表不能运行的故障。

② 故障检测

用 V.A.Gl552 故障检测仪读取发动机控制系统的故障代码，发现有两个偶发性故障代码：18044/Pl65035（安全气囊控制单元无信号输出）；l8048/Pl65035（仪表数据输出错误）。

用 V.A.G1552 故障检测仪读取仪表系统的故障代码为 01314049（发动机控制单元无通信）；01321049（到安全气囊控制单元无通信）。

③ 故障分析和排除

通过读取故障代码可以初步判断故障存在于汽车多路信息传输系统。通过对汽车电气线路进行分析，电源系统引起故障的概率很小，故障很可能是节点或链路故障。用替换法检验安全气囊控制单元，故障得以排除。

3）链路故障

（1）故障机制

汽车多路信息传输系统的链路（或通信线路），如通信线路的短路、断路以及因线路物理性质引起的通信信号衰减或失真，都会引起多个电控单元无法工作或电控系统错误动作。判断是否为链路故障时，一般采用示波器或汽车专用光纤诊断仪来观察通信数据信号是否与标准通信数据信号相符。

（2）故障实例

① 故障现象

一辆奥迪轿车的电控自动空调系统在开关接通的情况下鼓风机能工作，但是空调系统却不制冷。

② 故障检测

通过观察，发现空调压缩机的电磁离合器不吸合，但发动机工作正常。检查电磁离合器线路的电阻值，电阻值符合规定值，检查空调控制单元的输出端，发现没有输出信号。此时用 V.A.G1552 故障检测仪读取发动机控制系统和空调控制系统的故障代码，均无故障代码。

用 V.A.G1552 故障阅读仪读取空调控制单元的数据流，发现发动机的转速数据为零。由于发动机工作正常，因此发动机控制单元接收的发动机转速信号应该正常，检查发动机控制单元和空调控制单元之间的通信线路，发现二者之间的专束通信线的接脚变形，从而造成链路断路，修复接插件后故障排除。

4）总结

通过对以上三种汽车多路信息传输系统故障的分析，可以总结出该系统的一般诊断步骤，具体如下。

① 了解该车型的汽车多路传输系统特点（包括传输介质、几种子网及汽车多路信息传输系统的结构形式等）。

② 查看汽车多路信息传输系统的功能是否完好。如有无唤醒功能和休眠功能等。

③ 检查汽车电源系统是否存在故障。如交流发电机的输出波形是否正常（不正常将导致信号干扰等故障）等。

④ 检查汽车多路信息传输系统的链路是否存在故障。采用替换法或采用跨线法进行检测。

⑤ 如果节点有故障，只能采用替换法进行检测。

情境五 车辆环保与综合性能检测

任务一 车辆安全与环保性能检测

一、安全与环保性能检测的内容和分类

安全与环保性能检测主要包括两方面内容：一是检查与安全行车相关的项目，如灯光、制动和侧滑等；二是检查与环保相关的项目，如汽车尾气排放情况和噪声等。所以这类检测站也称为安全环保型检测站，隶属公安部门管理。

根据有关政策法规的要求，汽车的安全与环保性能检测站具有以下几种基本检验功能。

1. 初次检验

《中华人民共和国道路交通管理条例》第十七条规定："车辆必须经过车辆管理机关检验合格，领取号牌、行驶证，方准行驶"。所以车主在使用汽车之前，必须首先到车管部门指定的检测站对汽车做初次检验，合格之后方可办理登记申请、领取号牌、行驶证等手续。

初次检验的目的，一是保证汽车来源的合法性，二是保证汽车在技术性能方面必须符合国家有关规定的要求。

2. 定期检验

定期检验就是在用汽车必须按照公安部门的要求，定期到指定的检测站进行安全技术方面的检验。许多国家都有对在用车进行定期检验的要求。通过定期检查，可及时发现技术上的问题。凡检查不合格的，不准上路。必须进行调整或修理。

目前在我国一般情况下是规定汽车每年检验一次，也称为汽车年检。有些场合下可能一年要检验几次。

3．临时检验

除定期检验之外，在某些情况下，汽车要做临时检查。如以下几种情况。

① 新车或改装车领取临时号牌时。

② 机动车久置不用后，重新使用时。

③ 机动车受到严重损坏，在修复之后、上路之前。

④ 国外、境外汽车经批准在我国境内短期行驶时。

⑤ 车管部门规定的其他情况（如春运期间的营运车）等。

4．特殊检验

特殊检验是指在特殊情况下为特殊目的而进行的检验。例如，对改装车辆、事故车辆、报废车辆等进行的检验，这类检验的内容和要求往往与一般检验有所不同。

二、检测项目及检测站设备布置

1．检测项目

按照国家标准的规定，安全与环保检测站主要检测以下项目。

（1）外观检查

外观检查属于人工检查项目，要检查的项目很多。主要有车辆外表，如喷漆、喷字是否完好，牌照是否符合规定等；各种灯光、后视镜、刮水器、喇叭、仪表等设备是否齐全有效； 驾驶室及车厢的密封情况，门窗的开闭、门窗玻璃升降是否正常；方向盘、离合器、制动踏板的自由行程是否符合要求；油、水、电、气系统的泄漏情况；转向系统、制动系统和传动系统的各机件是否连接牢固、转动灵活；前后桥、传动轴、车架等装置是否有明显的断裂、损坏、变形等问题；排气管、消声器、燃油箱、蓄电池、减振器、冷却风扇等的连接是否可靠等。

这些检查项目总共达 60 项左右，可大致分成车上和车底两大部分。为了便于检查车底部分，往往需要一条地沟。

（2）前轮侧滑量

检查前轮侧滑量，要使用侧滑试验台。

（3）轴重测量

轴重也称为轴荷，即汽车某一轴的重量。它是为了配合检查制动效果而做的检测项目。测量轴重使用轴重仪。有时将轴重仪与制动试验台做在一起。

（4）制动效果检查

制动检查是安全检测站最重要的检测项目之一。检测制动力要使用制动试验台。

（5）车速表校验

车速表校验要在车速表试验台上进行。

（6）噪声测量

噪声的测量包括车内噪声和喇叭声级。测量噪声使用声级计。

（7）前照灯检验

目前由于在检测站测量近光较困难，因此以测量远光为主。包括前照灯的发光强度和照射方向。使用的仪器是前照灯检验仪。

（8）排气污染物检测

检查废气排放，也是检测站的一项重要任务。对于汽油车来说，要检测 CO 和 HC 的排放；对柴油车则检查排气的烟度。

2. 检测设备的布置

首先，要提高检测效率，各工位需要的检测时间应该比较均衡。比如四个工位的检测线，如果第三个工位的几个检测项目特别费时间，那就会出现第一、二工位的车辆长期等待，而第四个工位长期空闲的局面。

其次，要考虑检测项目的配合问题。例如，称轴重一定要在测制动之前进行；测前照灯比较费时，但可与测废气放在同一工位，这样可将废气测试与调整前照灯仪的位置同时进行。

再次，有的项目是在汽车前面检测（如前轴重、前制动、侧滑、前照灯），有的是在后面检测（如后轴重、后制动、废气、烟度），也有的项目可能在车前，也可能在车后（如车速表校验），而汽车在检测线上是只能前进、不能后退的。

最后，还要考虑车间的工作环境。检测废气、烟度和校验车速表时都要排放废气，测车速表时噪声比较大。所以最好不要把这些项目安排在检测线的中间。目前我国引进的某些国外检测线的布置，一般设置如下几个工位：车体上部的外观检查工位，称之为 L 工位（即灯光与安全装置检查）。将侧滑、制动和车速表的检测放在一起，称为 A. B. S. 工位（A 即侧滑试验台；B 即制动试验台；S 即车速表试验台）。另外把前照灯与废气检测放到一起，称为 H. X. 工位（H 即前照灯检验仪；X 即废气分析仪）。另设车底检查工位，称为 P 工位。

图 5-1 所示为四工位检测线设备布置的一个例子。其中，第一工位为车辆申报和外观检查工位，第二工位为 A. B. S. 及噪声检查工位，第三工位是 H. X. 工位，第四工位是车底检查及结果打印工位。也有的检测线将外观检查和车底检查合并在一个工位。各工位指示器位于该工位的前上方，图中未画出。

我国自行设计的检测线，就不一定都采用这种布置方式。目前国内的检测线都设计成微机控制的自动检测系统，如图 5-2 所示。所以检测线除了需要上述检测设备外，还需要一些控制设备。首先是两台计算机：一台放在检测线入口处，用于输入被检车辆有关信息；另一台则是全系统的主控计算机，放在检测线出口处，用于系统监控、数据采集处理、结果打印和档案管理等。对全自动检测线来说，为了提示各工位检测流程和显示检测结果，常使用工位操作指示器。一般有两种结构形式：一种是灯箱结构，通过点亮灯箱上的某些字牌提示测试操作，或给出测试结果是否合格。图 5-3 所示的是一个用于 A. B. S. 工位的灯箱式工位指示器的示意图。该图表示侧滑、前制动、后制动、手制动等项目均已测完并有了检测结果（其中侧滑检测不合格），现正在校验车速表。另一种是显示屏结构的工位指示器，提示信息的字符和数字直接以 LED（发光二极管）点阵形式显示，图 5-4 表示为某一工位的 LED 指示器，显示字符一般只有 1～2 行，不过其中显示的内容可随时变化，用以及时提示工位操作和给出测试结果。

此外，检测线上还需要一些辅助设备，如对讲机、监测器、反光镜、光电开关等。

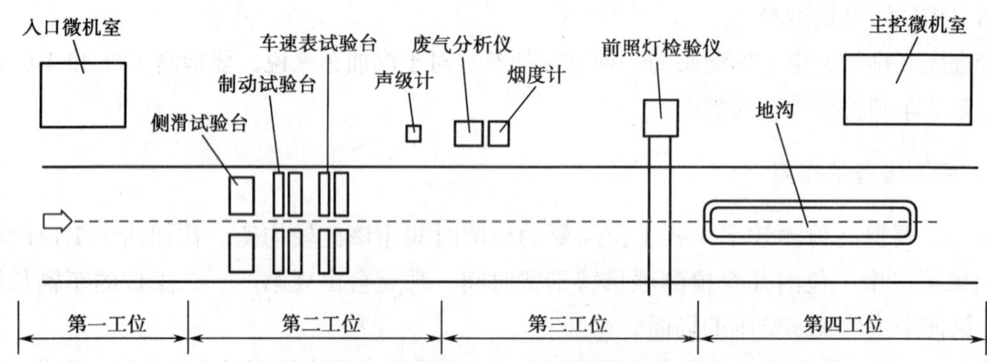

图 5-1　安全检测线设备布置

图 5-2　检测线实景

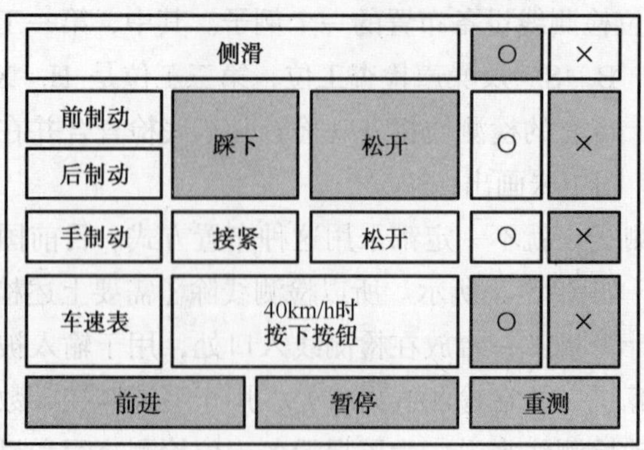

图 5-3　A.B.S 工位的灯箱式工位指示器示例

车速表　41.6km/h　合格

图 5-4　LED 点阵式工位指示器示例

三、检测流程

检测流程即某一汽车接受检测的全过程。现以目前国内大多数检测站所采用的设备和图 5-1 所示检测线布置为例进行说明。国内有些检测站采用了平板式制动试验台取代图中滚筒式制动试验台，或依据其他标准进行检测，其检测过程和方法都可能与此不同。

1．第一工位

一般在检测线入口处设置一个红绿灯。当第一工位空闲时，绿灯亮，受检车可以驶入。

在该工位一方面做外观检查，同时要将受检车辆的有关资料输入入口计算机。这些资料包括车牌号、发动机号、底盘号、厂牌型号、车主、燃料类别、驱动形式、前照灯控制、检验类型、检验次数等。同时也要将外观检查的结果输入同一台计算机。

检测结束时，程序指示器会显示检测结果。当第二工位无车时，指示器会显示“前进”，提示本工位的车可进入第二工位。

2．第二工位

进入第二工位后，若是一般后驱动、后驻车制动（手制动作用在后轮）的车，检测操作按以下程序进行。

（1）侧滑检测。让汽车低速驶过侧滑试验台，此时不可转动方向盘。通过后，第二工位指示器即可显示侧滑检测结果。

（2）将前轮驶上轴重仪测量前轴重。

（3）将前轮驶上制动试验台测量前轴制动力。按工位指示器的提示，将制动踏板踩到底，即可测得前轴制动效果。此时指示器会显示出检测结果。若结果不合格，允许重测一次。

（4）后制动。将后轮驶上制动台，按指示器的提示踩住制动踏板。指示器会显示后制动结果。若不合格，允许重测一次。

（5）驻车制动（手制动检测）。方法与测量前、后轮制动相同。可按指示器的提示拉住手制动杆。若不合格，允许重测一次。

（6）车速表校验。将后轮驶上车速表试验台，驾驶员手持测试按钮。慢慢踩下加速踏板（油门），当车速表指示 40km/h 时按下测试按钮。指示器可显示检测结果。若不合格，允许重测一次。测完后放松油门踏板，令车轮停转。

（7）噪声或喇叭音量测试。按提示要求按喇叭约 2s，或按要求测量车内噪声。测完后，指示器会显示检测结果。

这里需要注意，检测顺序与驱动轮的位置以及驻车制动器安装位置有关。处理的原则，就是测完前轮的项目之后，再测后轮的项目，以免车辆倒退。例如不同结构的车可采用以下不同的检测顺序。

（1）后驱动、后驻车：前制动——后制动——驻车制动——车速表。

（2）前驱动、前驻车：前制动——驻车制动——车速表——后制动。

（3）前驱动、后驻车：前制动——车速表——后制动——驻车制动。

该工位测完后，若第三工位空闲，则工位指示器会提示“前进”，否则会显示“暂停”。

3．第三工位

汽车进入该工位后，按以下步骤操作。

（1）将车停在与前照灯检测仪一定距离处（一般距离是 3m），面向正前方。前照灯仪会自动驶入，分别测量左右大灯远光的发光强度和照射方向。检测结果会在工位指示器上显示，如图 5-5 所示。

图 5-5　前照灯检测

（2）按指示器要求检测废气或烟度。测废气时，令发动机处于怠速状态，将探头插入排气管，几秒之后指示器即显示检测结果。测烟度时，应在发动机怠速状态下，将油门迅速踩到底。几秒之后指示器也会显示检测结果。烟度检测要求测三次，取平均值，如图 5-6 所示。

图 5-6　烟度检测

此时若第四工位无车，指示器会提示令车进入第四工位。

4．第四工位

此工位以人工方式检查车底情况。看部件连接是否牢固、有无变形、断裂，水、电、油、气有无泄漏等。检测人员通过对讲机或自制的按钮板等设备，将结果送至主控微机。工位指示器会给出检测结果。

主控微机汇总检测数据后，经过处理，打印出检测清单。

对检测结果的评价方法是：若某个检测项目中，有任意一个子项不合格，则该检测项目就不合格。只有该项全部子项目都合格时，该项检测才算合格。同样，全部检测项目合格后，总结果才算合格。只要有一项检测不合格，总结果就不合格，需送修理厂修理，然后再行复检。

这种全自动检测线的检测效率很高，据某检测线实际测算，一辆车全部检测一遍，大约需要 8min。即使按三个工位算，平均不到 3min 就可检完一辆车，1h 可检测 20 辆车。若考虑日常维护，每天按检测 6h 计，一天可检测 120 辆车，所以检测线的年检能力可达 3 万辆以上。

四、检测站的计算机联网管理

为加强上级主管部门对检测站的管理和数据统计，我国有些省份已开始实施检测站计算机联网工作。各检测站的检测数据可以通过专用通信线传送到车管部门的专用服务器，便于上级部门对检测站的数据进行查询、监控和统计工作，大大提高了检测站的管理水平。

1．联网模式

检测站与车管部门计算机联网，一般是通过 DDN 数字/数据专用网络或通过电话线网络实现的。前者是推荐的联网方式，而利用电话网传输则是过渡方式。车辆检测数据，从检测站的专用计算机通过网络单向传输到当地车管部门的检测数据服务器。

2．联网方案

由于各地检测站的建站时间先后不同，各检测站的检测设备及微机软硬件配置差别较大，这给联网工作的实施造成一定困难。各地的联网方案也应因地制宜。以下介绍某一个检测站与上级车管部门联网的实例，如图 5-7 所示。

以上检测系统联网的方案，采用 Windows XP/NT 操作系统平台，可将检测系统与联网软件构筑在同一台计算机内，既节约费用，又便于系统升级。

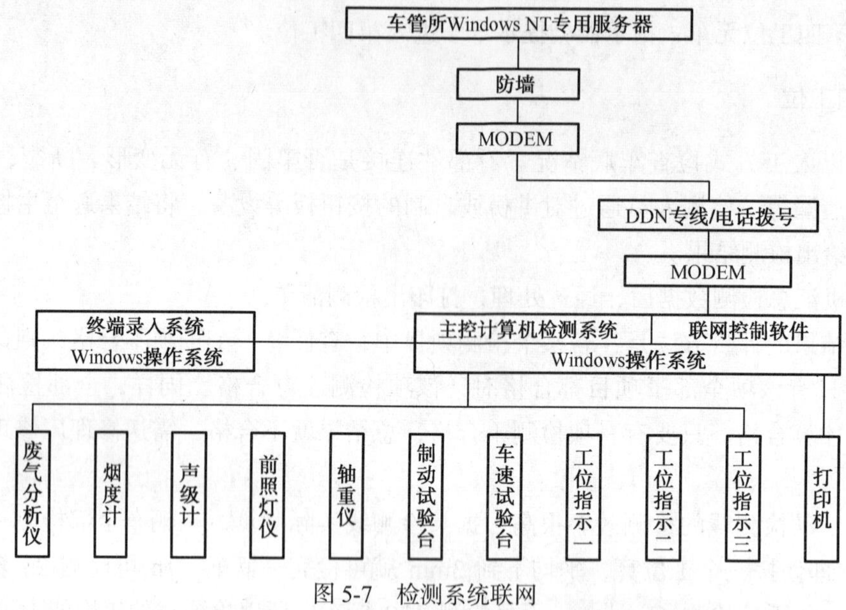

图 5-7　检测系统联网

任务二　综合性能检测

一、综合性能检测

1. 综合性能检测站的职能

汽车综合性能检测站是隶属交通监理部门管理的检测站。主要用于对运输车辆进行技术状况的监督和综合性能检验。综合性能检测站的主要任务如下。

（1）对在用运输车辆的技术状况进行检测诊断。

（2）对汽车维修行业的维修车辆进行质量检测。

（3）接受委托，对车辆改装、改造、报废及其有关新工艺、新技术、新产品、科研成果等项目进行检测，提供检测结果。

（4）接受公安、环保、商检、计量和保险等部门的委托，为其进行有关项目的检测，提供检测结果。

可以看出，综合性能检测站的功能比安全-环保检测站要强一些，也是技术上比较权威的检验部门。综合性能检测站可按其职能的不同，分为 A、B 两级。

（1）A 级站

A 级站是能够承担汽车技术状况检测、车辆技术等级评定检测、维修质量检测和接受有关部门委托对汽车及相关项目进行检测的汽车综合性能检测站。

（2）B 级站

B 级站是能够承担汽车技术状况检测和维修质量检测的汽车综合性能检测站。

可以看出，在 A、B 两级检测站中，以 A 级站功能更全。

2. 对综合性能检测站的一般要求

1. 检测项目及设备要求

综合性能检测站的检测项目与设备要求如表 5-1 所示。

表 5-1 汽车综合性能检测站检测项目与设备要求

序 号	检 测 项 目	检 测 设 备	设 备 要 求	
			A 级站	B 级站
动力性	发动机功率	汽车发动机检测仪	√	√
	底盘输出功率	汽车发动机检测仪	√	*
	加速时间		√	√
经济性	等速百公里油耗	汽车底盘测功机（或五轮仪）、油耗仪	√	√
制动性能和滑行性能	轴载质量	轴（轮）重仪	√	√
	制动力	制动检测仪（制动试验台）	√	√
	制动力平衡			
	车轮阻滞力			
	驻车制动力			
	制动系统协调时间			
	制动踏板力	制动踏板力计	√	√
	驻车制动装置操纵力	操纵力计	√	√
	ABS 性能	ABS 检测仪	*	*
	滑行距离或滑行时间	汽车底盘测功机	√	*
转向操纵性	侧滑量	侧滑检测仪	√	√
	车轮定位	车轮定位检测仪	√	√
	转向角	转向角检测仪	√	√
悬架特性	振幅或频率	悬架性能检测仪	*	*
	吸收率			
	左右轮吸收率差			
废气排放	汽油车废气排放	废气分析仪	√	√
	柴油车废气排放	烟度计	√	√
前照灯	前照灯发光强度	前照灯检测仪	√	√
	前照灯光轴偏移量			
车速表、里程表示值		车速表试验台（或汽车底盘测功机）	√	√

续表

序　号	检测项目	检测设备	设备要求	
			A级站	B级站
汽车噪声	汽车内噪声	声级计	√	√
	驾驶员身旁噪声			
	车外噪声			
车身防雨密封性		喷淋装置	*	×
汽车侧倾角		汽车侧倾角检验仪	*	×
整车外观		轮胎气压表、钢卷尺、漆黑光泽测量仪、钢板尺、轮胎花纹深度尺	√	√
发动机诊断		汽车发动机检测仪、发动机示波器、曲轴箱窜气量检测仪、汽缸压力表	√	√
底盘诊断		车轮动平衡机、汽车底盘间隙检测仪、传动系统游动角度检测仪、不解体探伤仪、测温计、秒表	√	√
注：√—必须执行项；*—选择执行项；×—不执行项。				

3. 对计算机系统的要求

综合性能检测站采用计算机系统的，应满足下列要求。

（1）采用计算机系统后，应不影响原检测设备所具有的功能。

（2）采用计算机系统后，系统的示值误差应不低于原检测设备的精度要求。

（3）当计算机及其附属设备、接口等出现故障时，原检测设备应能正常工作。

4. 对检测站人员的要求

（1）各级站应配备站长、技术负责人、质量负责人和专职检测员。

（2）技术负责人、质量负责人应具有相应专业中级以上（含中级）技术职称。

（3）全体检测人员必须经专门培训、考核、取得岗位合格证书。

5. 综合检测站设备布置

现以A级综合检测站为例进行说明。

检测站一般设计成两条检测线，一条是普通的安全检测线，另一条为其他专用设备。

（1）安全检测线部分

安全检测线是3个工位的。

第一工位除车辆数据录入之外，包括车速表、废气（或烟度）和侧滑。之所以把这几个检测项目放在一起，是考虑它们的污染都比较大，置于检测线入口处，有利于通风。

第二工位包括灯光、喇叭和外观检查，该工位有一条地沟。

第三工位包括轴重、制动以及主机打印等。

（2）综合检测线部分

综合检测线也是 3 个工位，这里对有关项目和设备稍加解释。

第一工位的设备，包括发动机综合分析仪、油耗仪和底盘测功机等。发动机综合分析仪是测试发动机功率、点火等工作状况的仪器，底盘测功机和油耗仪用于测量汽车的驱动力、功率、加速性等动力性能和燃料消耗情况。

第二工位的设备主要包括传动系统游动角度检测仪、汽缸漏气量检测仪和润滑油质检验仪等，分别用于测量传动系统游动角度、汽缸漏气量和分析润滑油质量。

第三工位主要包括车轮动平衡机、前轮定位仪、转向角度测试仪、方向盘测力计等设备。其中车轮动平衡机用于检验和校正轮胎动平衡，前轮定位仪可测量前轮定位的 4 个参数，转向角度测试仪用于测量前轮最大转向角度，方向盘测力计可测量转动方向盘时所用的力。

需要说明的是，综合检测站中，安全检测线一般是自动检测线，而综合检测线由于有些设备需手工操作，因此一般是手动线。

二、全自动汽车检测系统简介

1. 微机控制系统的总体要求

（1）检测数据要准确

作为计量器具，每一种检测设备都会有一定的误差。而计算机在进行数据采集和数据处理过程中，又难免会产生一些误差。人们总是希望检测结果的数据足够准确，清单上的每项检测结果的误差，都应在该检测项目的允许误差范围之内。为此，要从硬件和软件两个方面设法保证检测系统的精度。例如，在硬件方面，放大电路的线性度要好，A/D 转换（下面要介绍）精度要足够高，系统要具有较高的稳定性和抗干扰性等。在软件方面，要采用诸如数字滤波和曲线拟合等技术。

（2）系统可靠性要高

检测站的工作环境是比较差的，由于汽车连续通行，存在较多烟尘、噪声、振动和电磁干扰，同时，受气候影响，环境温度也经常变化。而全自动检测线每天要连续工作好几个小时，不能因环境干扰或自身系统故障而中断，因此对系统的可靠性要求很高。为此，硬件系统要采取许多措施，软件上要有系统自检功能。

（3）实时响应要快

由于检测线有好几个工位同时工作，计算机既要随时采集数据，又要及时发出提示信息，还要打印数据结果，计算机输入输出的数据量很大。为了应付繁忙的工作，一方面，计算机本身要具有较高的性能（速度快、容量大），另一方面软件上要采用适当的查询、中断和分时处理技术等。

（4）人机界面要好

这是软件设计的问题，要做到显示画面清晰美观，操作使用方便，主控微机能监控全线各工位的工作情况，便于查阅检测数据，入口微机要便于数据的录入等。

2．两种基本的系统设计方案

（1）集中控制方案

集中控制方案是以一台主机直接控制整个检测现场的方案。作为一个实例，集中控制系统框图如图 5-8 所示。现以主控微机为中心，说明系统是如何工作的。

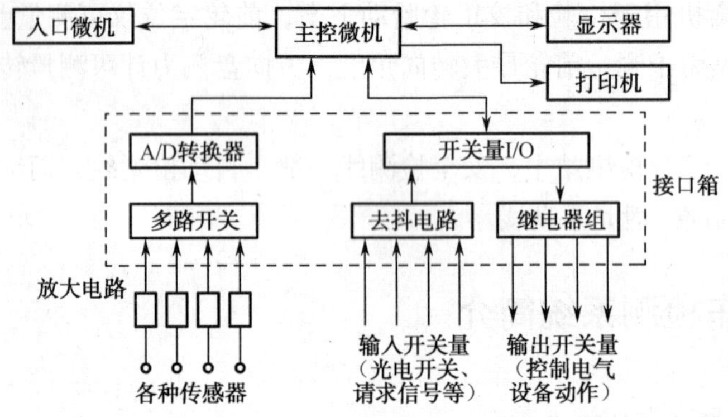

图 5-8　集中控制系统

① 与入口微机通信

被检汽车的资料信息从入口微机输入后，即以串行通信方式送入主控计算机。

② 模拟量输入

很多连接到微机系统上的检测仪器设备，在测量时都会输出小的电信号（mA 或 mV 级信号），它们与被测物理量成一定函数关系（大部分是正比关系，少数是某种曲线关系）。这些可连续变化的电信号称为模拟信号或模拟量。其中有些小信号来自传感器的输出（如轴重、制动、侧滑等），也有些是来自测量仪表的信号输出端（如废气、烟度、声级等）。图 5-9 中将这些小信号统统看成传感器信号。

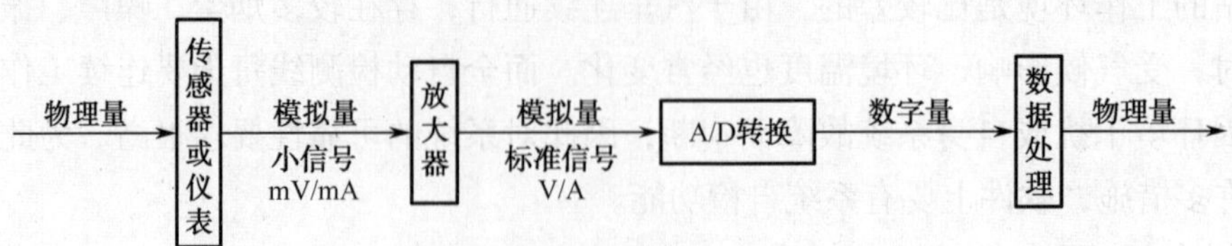

图 5-9　检测信号的多次变换

这些小信号需经放大后，成为“标准信号”，也就是一定大小的电压或电流信号。如 0 ~ 5V 或 0 ~ 10V 的电压信号，或 4 ~ 20mA 的电流信号。这些电信号要经 A/D 转换，即将模拟量转换为数字量后，方能输入计算机。被测信号的转换过程如图 5-9 所示。为了节省 A/D 转换器的数量以降低成本，往往在 A/D 转换之前加一个多路转换开关，在某一时刻只接通其中一路模拟信号。检测信号的输入过程也称为数据采集。

③ 开关量与数字信号输入

检测线上有不少开关，如感受车辆通过的光电开关，以及车速测试请求按钮等。这些信号称为开关信号或开关量。对计算机来说，这些开关量就是以 bit（位）为单位的数字信号。

④ 开关量输出

主机要控制很多检测设备的动作，这些控制命令往往也是开关量信号，从并行端口输出。例如，要控制入口处的红绿灯转换、制动试验台和车速表试验台的举升器升降、制动试验台驱动电机的开停、前照灯检测仪的启动和归位等。如果工位指示器是使用灯箱制作的，那么每个灯的亮灭也都是开关信号，开关量将更多。图 5-8 中，“开关量 I/O”表示开关量输入/输出端口。另外，微机本身的驱动能力很小，要控制上述这些有一定功率的开关器件，二者中间必须使用继电器。

在系统运行过程中，主机要承担以下工作。

a. 随时与入口微机通信，以及时取得被检车的有关资料。

b. 数据采集和数据处理。由上述过程和图 5-9 可知，检测数据送到主机之前，经过了多次变换，送入主机之后，必须首先还原成被测物理量，还要使主机处理的最终结果与被测原始物理量尽可能一致，要排除干扰信号，就需要采用数字滤波、曲线拟合等软件数据处理技术。另外，要判断该检测项目是否合格，还要考虑不同的车型、种类、不同的检测标准等，这些都要由软件进行分析、计算和处理。

c. 检测过程控制。全线几个工位要同时检测各自不同的项目，主机必须监视各工位的工作状态，并及时向工位指示器发出相应的控制信息，给检测设备发出动作命令。

d. 显示与打印。主机要将检测线工作状况在显示器上以不同窗口或画面的形式显示出来。某辆车检测结束，还必须马上汇总数据打印检测清单。

可见，这种集中控制系统的主机工作是非常繁忙的。

（2）分级分布控制方案

分级分布控制方案类似于工业过程控制中的分散控制系统。它由一台主控计算机和若干现场控制微机（一般是用单片机或单板机）组成一种树形结构，其框图如图 5-10 所示。

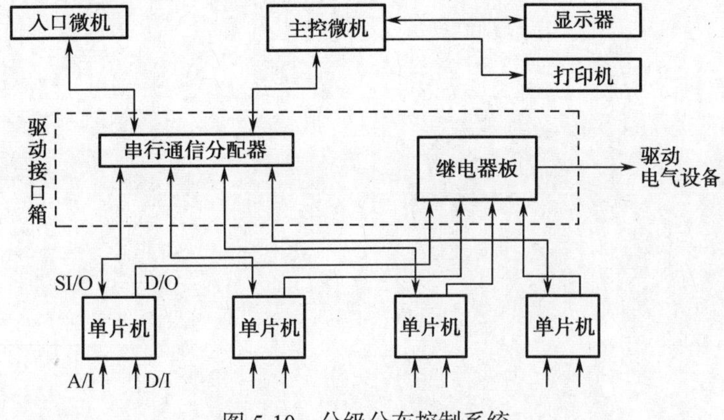

图 5-10 分级分布控制系统

在这种系统中，主控微机负责全线过程控制、打印以及数据管理工作，而检测现场数据采集、数据处理、开关量输入输出控制以及数据通信等任务则由单片机承担。所以每个单片机都包含放大电路、A/D 转换器、开关量输入输出和串行通信接口等。图 5-10 中，A/I 表示模拟量输入，D/I、D/O 分别代表开关量输入和输出，SI/O 表示串行通信接口。一般每个单片机控制 1～2 个检测项目，所以每个工位至少有 1 台单片机（作为示意图，图 5-10 中只画了 4 台单片机，实际可能不止 4 台）。有的检测线设计中，单片机还接有数显电路，可以显示检测结果。这种单片机系统，就成为完整意义的智能化检测仪表。

从图 5-10 可以看出，单片机、入口微机与主机之间全部是以串行通信形式进行信息传输的，而主机本身并没有那么多串行通信接口，所以使用了一个“串行通信分配器”，它起到“电话总交换机”的作用。

3. 两种方案的比较

集中控制系统现场各工位的全部数据采集、处理、打印、开关量 I/O 以及整个过程控制等都由一台主机完成。所以集中控制系统的主要优点是结构简单、硬件设备较少，微机系统资源利用充分，检测线造价较低。缺点是主机任务繁重，对主机的要求很高，因为一旦主机出了故障，就会引起全线瘫痪。所以系统的可靠性比较低。另外，模拟量的长线传输容易产生干扰，就有可能影响检测精度。

分级分布控制系统除主机外，还有多台单片机作现场控制。这种方式的主要优点是各台微机分工明确，任务比较均衡，便于局部调试和维护。由于单片机一般都做成显示仪表，因此若主机出了故障，各工位仍可独立工作，从而提高了系统的可靠性。另外，由于模拟量的采集处理都在下位机进行，通信线传输的都是数字量，从而提高了系统的抗干扰能力。这种方案的缺点是系统较复杂，需要硬件较多，系统成本较高，维护工作量也比较大。